Stephan Holthaus

Operation Zukunft

Christsein im neuen Jahrtausend

Meinen Eltern

die mir in der Vergangenheit
die christlichen Fundamente vermittelten,
ohne die ich in der Gegenwart nicht leben könnte und
ohne die keine «Operation Zukunft» möglich ist.

Stephan Holthaus

Operation Zukunft

Christsein im neuen Jahrtausend

Brunnen Verlag · Basel und Gießen

ABCteam-Bücher erscheinen in folgenden Verlagen:

Aussaat Verlag Neukirchen-Vluyn
R. Brockhaus Verlag Wuppertal
Brunnen Verlag Basel und Gießen
Christliches Verlagshaus Stuttgart
Oncken Verlag Wuppertal und Kassel

Die Bibelzitate wurden, wenn nicht anders angegeben, der revidierten Elberfelder Bibel (1985) entnommen.

Die Deutsche Bibliothek – CIP Einheitsaufnahme:

Holthaus, Stephan:
Operation Zukunft : Christsein im neuen Jahrtausend / Stephan Holthaus. – Basel ; [Gießen] : Brunnen-Verl., 2000
ISBN 3-7655-1214-1

Umschlag: Michael Basler, Lörrach
Bild: Incolor Bildagentur, Zürich
Satz: Bertschi & Messmer, Basel
Druck: Clausen & Bosse, Leck
Printed in Germany

ISBN 3-7655-1214-1

Inhalt

Prolog

Prolog

Was kommt auf uns zu? Was bringt die Zukunft? Worauf müssen wir uns im neuen Jahrtausend einstellen? Wohl selten sind diese Fragen so häufig gestellt und so kontrovers diskutiert worden wie in den letzten Monaten. Die Jahrtausendwende lud zur Standortbestimmung ein, ebenso zur Prognose. In unzähligen Vorträgen, Talkshows, Essays, Filmen und Büchern wurde unsere Welt an der Millenniumswende unter die Lupe genommen. Kaum ein Verlag, der nicht die Zukunfts- und Trendforscher bemühte. Kaum ein christlicher Gemeindebund, der nicht Kongresse zur Diagnose und Neuausrichtung anbot. Kaum ein Medium, das nicht Sondernummern und -sendungen mit Rückblick und Ausblick füllte. Selten hat sich der Mensch in seiner Geschichte so viel mit sich selbst und seiner Zukunft beschäftigt wie in der letzten Zeit.

Und das war gut so. In der Schnelllebigkeit der Moderne tut es Not, in sich zu gehen, Uhren anzuhalten, einen Strich zu ziehen und zur Besinnung zu kommen. Wo stehen wir heute? Wo gehen wir hin? Was muss sich ändern? Kann unser Leben einfach so weitergehen? Gibt es eine Grenze für Wohlstand und Fortschritt? Können Löhne und Preise ewig steigen? Wie weit darf ein Staat sich verschulden? Wie bekommen wir harmonische Beziehungen? Was heißt Kindererziehung in unserer Zeit? Wie viel Fernsehkonsum auf 50 Kanälen ist tolerabel? Was muss sich in unseren christlichen Gemeinden dringend ändern? Fragen über Fragen, die auf Antworten warten, damit im neuen Jahrtausend nicht wieder der alte Trott herrscht.

Der Übergang ins 3. Jahrtausend weckt manche Gefühle und schürt Verunsicherung. Die Endzeitpropheten haben Hochkonjunktur, Nostradamus lässt grüßen. Unnüchtern und emotional, wie (auch) die modernen Menschen nun einmal sind, ergötzte man sich an den befürchteten apokalyptischen Ereignissen. Der Jahrtausendwechsel wurde mediengerecht aufgemacht und marketingmäßig ausgeschlachtet. Die einen sprachen vom kommenden Antichristen, die anderen fürchteten den «Millenniums-Bug» der Computer. Wieder andere philosophierten über die ach so glorreiche paradiesische Zukunft des neuen Zeitalters.

Nun sind wir im neuen Jahrtausend angekommen und Katerstimmung macht sich breit. Die Millenniumspartys sind abgehakt, Realität und Alltag haben uns wieder. Plötzlich wird deutlich: Es war ein ganz normaler Jahreswechsel, der nur durch einen kalendarischen Zufall den Nimbus des Besonderen bekam. Unsere Probleme sind durch diese Sylvesternacht nicht kleiner geworden. Wir stehen in der Gefahr, wieder in den Trott des Alltäglichen abzurutschen und für die großen Fragen keine Zeit zu haben. Wir haben uns längst wieder in unser privates Schneckenhaus zurückgezogen. Der nächste Jahrtausendwechsel ist weit entfernt. An das neue Datum hat man sich langsam gewöhnt. Was soll´s: Wir machen so weiter wie bisher. «Same procedure as every year»?

Gegen diesen Trend der Resignation und gegen die schleichende Gleichgültigkeit gegenüber der Situation unserer Erde möchte dieses Buch protestieren. Ich bin davon überzeugt, dass Gott den Menschen durch den Jahrtausendwechsel einen Meilenstein gesetzt hat, an dem sie über sich selbst, ihr Verhältnis zu Gott und zur Welt neu nachdenken sollen. Gott möchte die Menschen wachrütteln, sich neu mit ihm und seinem Handeln zu beschäftigen. Der Eintritt in ein neues Jahrtausend der Weltgeschichte sollte ein Anstoß sein, wieder letzte Fragen zu stellen und sich selbst in Frage stellen zu lassen. Das neue Jahrhundert wird für das Christentum der westlichen Welt ein Schicksalsjahrhundert werden. In ihm wird sich entscheiden, wie es mit den christlichen Kirchen weitergehen wird. Manche Meinungsforscher sehen jetzt schon das neue Jahrhundert als Jahrhundert des Abschieds vom Christentum. Gerade *die* Religion, die unseren Kontinent fast zwei Jahrtausende lang geprägt und geordnet hat, scheint für viele ein Auslaufmodell zu sein. Wird das 3. Jahrtausend ein post-christliches sein?

Ich glaube es nicht, auch wenn die Diagnose der Moderne für Christen wahrlich nicht optimistisch ausfällt. Ich bin vielmehr davon überzeugt, dass im neuen Millennium der christliche Glaube eine entscheidende Rolle spielen wird. Christen werden sich allerdings auf erhebliche Veränderungen einstellen müssen. Altgewohnte Privilegien werden verloren gehen. In Konkurrenz mit anderen Religionen

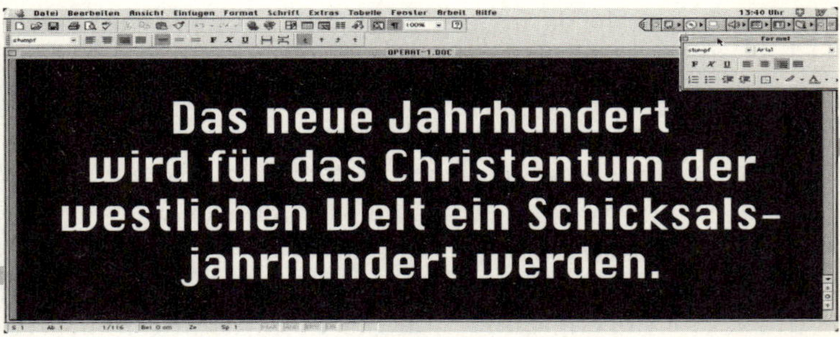

werden Christen Überzeugungsarbeit leisten müssen. Am Ende wird sich auch in den Kirchen die Spreu vom Weizen trennen. Nachfolge wird schwieriger werden. Und doch gibt es Hoffnung: Ich sehe in einer Rückbesinnung des westlichen Christentums auf die biblischen Grundwerte des wahren Glaubens eine ungeheure Chance für eine Erneuerung der Gemeinde Jesu und damit verbunden eine positive Auswirkung auf unsere Kultur.

Deshalb sind Christen aufgerufen, in dieser Welt Positionslichter zu setzen. Sie sind Schlüsselleute, die Gott gebrauchen möchte, um klare Wegweisung und Orientierung zu geben. Dieses Buch richtet sich an all die Christen, die bereit sind, Verantwortung zu übernehmen. Es ist für Menschen geschrieben, die es leid sind, sich mit dem Strom der Mehrheitsmeinung treiben zu lassen. Dieses Buch ist für die Leser gedacht, denen es um eine Erneuerung der geistlichen Fundamente der Gesellschaft und der einzelnen Menschen geht. Es ist ein Buch für Leute, die Verantwortung übernehmen wollen, die heraustreten wollen aus der Linie der Gewohnheiten und Anpassungen.

«Operation Zukunft» baut auf meiner Studie «Trends 2000: Der Zeitgeist und die Christen» auf, die 1998 erschienen ist und seither mehrere Auflagen erlebt hat. Das Trendbuch versuchte sich an einer Diagnose der Gesellschaft und des Christentums: Wo stehen wir als Gesellschaft und Gemeinde Jesu? Was prägt unser Denken und Verhalten? Warum haben wir uns von den christlichen Fundamenten entfernt? Ich habe darin aufgezeigt, wie stark wir vom Pluralismus und Individualismus geprägt sind, warum uns Materialismus und Genusssucht alle Werte zerstören und warum die Sucht nach Erlebnissen und Harmonie keine Basis für ein glaubwürdiges Zusammenleben bieten kann. Es ging mir in diesem ersten Werk auch darum, die schleichende Anpassung der Christen an den Zeitgeist der so genannten Postmoderne deutlich zu machen. Das Buch endete mit einem «Aufruf zur Gegenkultur», um der Postmoderne mit ihren Beliebigkeiten etwas Handfestes entgegensetzen zu können.

Dieses Plädoyer hat eine große Zahl von Lesern stark beschäftigt. Die Fülle der Reaktionen zeigte mir, wie viele Menschen heute noch bereit sind, aus den Fehlern der Vergangenheit zu lernen und gegen den Strom zu schwimmen. Manche Leser fragten nach weiteren Tipps für ihr tägliches Leben. Andere inszenierten Diskussionsforen in ihren Gemeinden, auf denen über praktische Handlungsschritte beraten wurde. Wieder andere schickten mir Ideen für ein radikales Christenleben gegen den Trend, die sie selbst in die Praxis umgesetzt haben.

Hier knüpft nun dieses neue Buch an. Es möchte über die Diagnose unserer Welt hinaus konkrete Handlungsan-

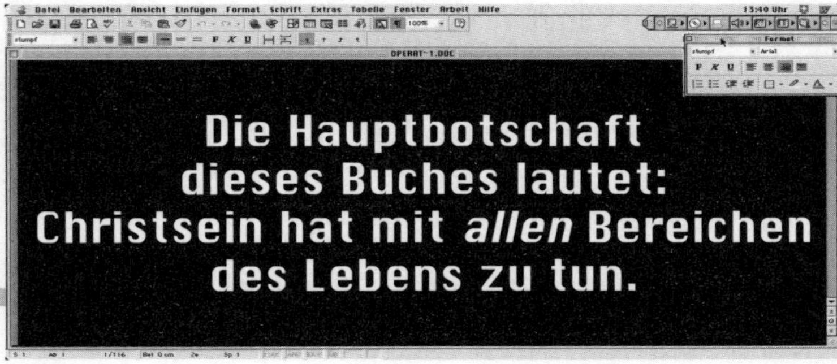

weisungen geben, wie wir in unserer Zeit glaubwürdiges Christsein leben können. Es geht mir nicht in erster Linie um die Beschreibung des Ist-Zustandes, sondern um die Wege hin zum Soll-Zustand. Welche Verantwortung haben Christen für die Welt heute? Wie sieht echtes Christsein konkret aus? Was muss sich ändern? Die Hauptbotschaft dieses Buches lautet: Christsein hat mit *allen* Bereichen des Lebens zu tun. Die christliche Existenz ist revolutionär – sie bestimmt alle Dimensionen des Lebens. Christsein ist nicht nur für das religiöse Gefühl oder für die sonntägliche Stimmung gut, sondern es verändert (vor allem) das alltägliche Leben. Christus ist nicht nur der Erlöser der Welt, sondern will auch der Herr unseres Lebens sein. Der Glaube hat eine ganzheitliche Dimension und einen globalen Anspruch. Er gibt uns klare Prinzipien für alle Gebiete unseres Lebens.

Eins ist klar: All diese Fragen sind bedeutsame Fragen. Bitte erwarten Sie keine einfachen Patentrezepte und Ad-hoc-Lösungen, sonst werden Sie enttäuscht sein. Kein einzelner Mensch ist in der Lage, unfehlbare Heilmittel für eine erkrankte Welt zu entwickeln. Wer das behauptet, wäre ein Scharlatan. Und noch eine Warnung: Sie werden nicht mit allen Aussagen in diesem Buch übereinstimmen. Manches ist bewusst provokativ formuliert worden, um herauszufordern und anzuregen, selber weiter nachzudenken. Das Buch will in Frage stellen, im positiven Sinne provozieren.

Wenn Sie weiter an der Diskussion um die «Operation Zukunft» teilnehmen wollen, dann schreiben Sie mir doch:

c/o FTA, Schiffenberger Weg 111, D-35394 Gießen.

E-Mail: FTA.Holt@t-online.de

Ich freue mich auf Ihr engagiertes Mitdenken.
Es gibt viel zu tun ...

Ihr Stephan Holthaus
im Juli A.D. 2000

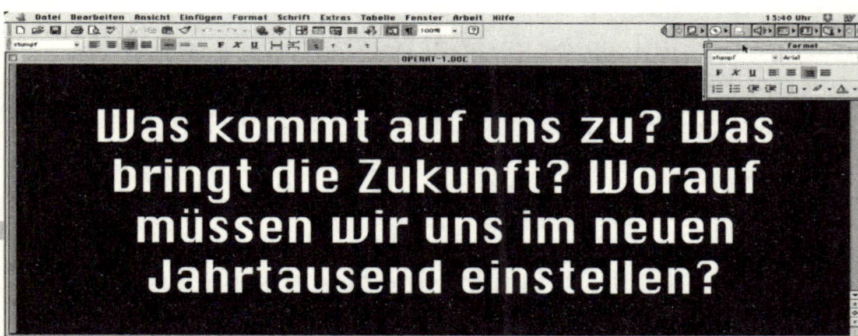

«Am Ende des 20. Jahrhunderts,
des blutigsten von allen,
stehen wir vor einer neuartigen,
ganz anderen Welt.»
Helmut Schmidt, Auf der Suche nach einer öffentlichen Moral

1. Global Village:

Die *Welt* im neuen Jahrtausend

«In der Welt nach dem Kalten Krieg
ist Weltpolitik zum erstenmal in der Geschichte
multipolar und multikulturell geworden.»
Samuel Huntington, Der Kampf der Kulturen

«Kein Zweifel,
es entsteht eine neue Welt.»
Peter Glotz, Die beschleunigte Gesellschaft

1. Global Village:

Die *Welt* im neuen Jahrtausend

1.1 Daten und Prognosen

Im neuen Jahrtausend bestätigt sich: Unser Planet ist ein Dorf geworden. Über die Entwicklungen auf unserer eigenen und auf der anderen Seite der Erdkugel werden wir täglich bestens und schnellstens informiert. Unsere Antennen reichen von Sydney bis Moskau, von Kapstadt bis Los Angeles. Die entferntesten Kontinente sind nur noch so weit entfernt wie das nächste Telefon oder Faxgerät. Das Internet verbindet uns innerhalb von Millisekunden mit den Servern an jedem Punkt der Erde. Unsere Satelliten umkreisen den Globus und vernetzen uns mit allen Punkten der Welt. Wir sind Weltbürger geworden. Scheinbar gibt es keine Grenzen mehr. Die Welt im neuen Millennium wächst mehr und mehr zusammen. Wir sind «global-players», multikulturell, überall zu Hause. Nichts kann uns aufhalten, alles ist möglich.

Das Stichwort Globalisierung ist in aller Munde. Die einen befürchten eine «Falle», die anderen preisen sie als einen großen «Segen». Sicher ist: Internationale Großkonzerne buhlen um die führenden Ränge auf dem Weltmarkt. Die Produktionsstandorte sind nicht mehr auf ein Land beschränkt. Teil 1 kommt aus Taiwan, Teil 2 aus Brasilien, Teil 3 aus Dresden; alles wird in Singapur zusammengeschraubt, in Kartons aus Kuala Lumpur verpackt und auf einem Containerschiff aus Malaysia nach New York verschifft. Die Produkte sind längst globalisiert. «Made in Germany» ist nur noch eine Halbwahrheit. «We are one world.» Klare nationale Zuordnungen sind kaum noch möglich. Internationalisierung ist «in».

Der Blick über den eigenen Tellerrand der Nation ist mittlerweile unumgänglich geworden. Der alte blaue Planet Erde ist längst nicht mehr nur eine Summe von einzelnen Ländern und Nationen. Wissenschaft und Wirtschaft funktionieren nur noch international. Die Kommunikationswege kennen keine Zollstationen. Die Mobilität führt uns in entlegenste Gebiete. Englisch ist die Weltsprache. Internationale Organisationen wie die UNO, der IWF oder auch Greenpeace bestimmen die Szene. Wichtiger jedoch: Auch die Probleme der Erde sind international geworden. Am Anfang des neuen Jahrtausends scheint es so, als ob wir das Überleben auf diesem Planeten nur noch auf internationalem Parkett sichern können.

Wie sehen die Prognosen für die nächsten Jahrzehnte aus?

Beobachten wir zunächst die Vorhersagen über die Bevölkerungsentwicklung. Auf der Erde ist es enger geworden. 1998 zählte man erstmals sechs Milliarden Menschen. Dabei überrascht nicht die Zahl an sich, sondern die Geschwindigkeit, in der immer neue Milliardenzahlen erreicht werden. Die Weltbevölkerung erreichte 1805 den Level der ersten Milliarde Erdbewohner. Die zweite Milliarde wurde 121 Jahre später erreicht, nämlich 1926. Für die dritte Milliarde wurden nur noch 34 Jahre (1960), für die vierte 14 Jahre (1974), für die fünfte 13 Jahre (1987) und für die sechste Milliarde sogar nur noch 11 Jahre benötigt. Zwar wird sich die Schrittfolge nach Berechnungen aller Experten in Zukunft verlangsamen und die Zahl der Geburten pro Frau abnehmen, trotzdem wird wohl erst am Ende des 21. Jahrhunderts die Zahl auf dem hohen Niveau von 11 Milliarden Menschen konstant bleiben.

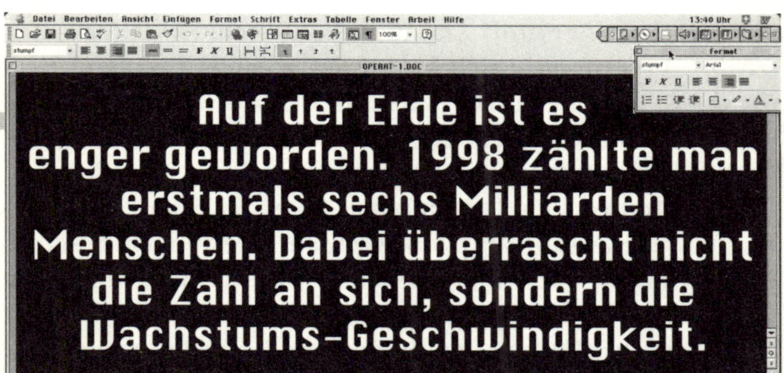

Der starke Anstieg der Bevölkerungszahlen hat verschiedene Gründe. Er hängt zum Beispiel mit der niedrigeren Säuglingssterblichkeit und mit der höheren Lebenserwartung zusammen, zwei Entwicklungen, für die jeder dankbar sein wird. Noch vor 150 Jahren lag die durchschnittliche Lebenserwartung in Deutschland bei 38 Jahren, heute bei 83 Jahren – mit steigender Tendenz. Auch in Ländern der Dritten Welt steigt der Lebensstandard und damit die medizinische Versorgung. Auch hier werden die Menschen älter, und die Säuglingssterblichkeit nimmt ab. Das bedeutet, dass unsere Bevölkerungen immer älter werden, manche von ihnen vergreisen regelrecht.

Parallel dazu gibt es weltweit immer mehr junge Menschen und damit in den nächsten Jahren auch immer mehr Frauen im gebärfähigen Alter. Die derzeit hohe Zahl von Kindern auf der Welt führt dazu, dass in wenigen Jahren diese große Zahl von Menschen wiederum selber viele Kinder zur Welt bringen wird. Bis sich also die Zahlen stabilisieren, werden zwei bis drei Generationen vergehen. Kurzfristig kann die Entwicklung nicht zurückgedreht werden.

Die mit diesen Zahlen zusammenhängende Problematik ist offensichtlich. Wie viele Menschen können auf der Erde denn überhaupt leben? Was bedeutet die große Bevölkerungszahl für die wirtschaftliche Entwicklung, für den Frieden auf der Welt, für das soziale Zusammenleben der Menschheit? Die hohen Geburtenziffern werden in erster Linie zu einem starken Bevölkerungswachstum in den Entwicklungsländern führen, nicht in den Industrieländern. Die Weltbevölkerung wird sich weiter nach Osten und Süden verschieben, nach Asien und Afrika. Im nächsten Jahrhundert werden – nach vorsichtigen Schätzungen – auf diesen beiden Kontinenten sechs Milliarden Menschen leben. Indien wird China in der Bevölkerungszahl überflügeln. Aber auch Länder wie Pakistan, Nigeria und Äthiopien werden sprunghaft ansteigende Bevölkerungszahlen zu vermelden haben. Und all das sind Länder, die schon jetzt erhebliche wirtschaftliche Schwierigkeiten haben und in denen schon heute Menschen hungern.

Eine weitere Folge der Bevölkerungszunahme ist die zunehmende Verstädterung der Entwicklungsländer. 1950 gab es auf der Erde nur eine Stadt mit mehr als 10 Millionen Einwohnern: New York. 1990 waren es schon 12 Städte, 2015 werden es 27 sein. Davon liegen 23 in Entwicklungsländern! Besonders betroffen sind Städte wie Bombay, Dhaka, Lagos, Mexico City und Karachi. 2025 werden 61% aller Menschen in Städten wohnen, heute sind es 47%. Die damit zusammenhängenden Wanderungsbewegungen führen zu einer Entwurzelung der Menschen von ihren angestammten Heimatgebieten. Sie verlieren durch den Zug in die Städte ihre Sicherheiten, müssen sich in einer ungewohnten und unter starkem Konkurrenzkampf stehenden Atmosphäre neu orientieren und sind in dieser Phase anfällig für jede Art von Ideologien und Propaganda. Man prognostiziert für die Megastädte der Zukunft eine hohe Arbeitslosigkeit, was zu einer Verelendung und zu erneuten Wanderungsbewegungen Anlass geben wird. Aber man befürchtet auch politische Radikalisierungen in den Megastädten des 21. Jahrhunderts. Die zunehmenden fundamentalistischen Bewegungen werden ihre Anhänger nicht auf dem Land, sondern in den Städten rekrutieren.

In den Industrieländern wird sich dagegen die Bevölkerungszahl im nächsten Jahrhundert nicht einmal konstant halten. Zwar steigt dort die derzeit niedrige Geburtenrate ab dem Jahr 2030 auf einen Wert von etwa zwei Geburten je Frau an, dies kann jedoch den Trend hin zur Singlisierung und zur Kleinstfamilie nicht stoppen. Die westlichen Kulturen werden auch in Zukunft das Problem des Bevölkerungsrückganges mit allen damit verbundenen Schwierigkeiten für die Sozialsysteme im Auge behalten müssen. In Westeuropa wird die Bevölkerungszahl von 1995 bis 2050 von 180 auf 149 Millionen Menschen schrumpfen. Für Deutschland schätzt man eine Schrumpfung von jetzt 82 auf 48 Millionen. Die Folgen dieser Entwicklung sind bisher jedoch nur den wenigsten bewusst.

Um die niedrige Geburtenrate aufzufangen, müssten in Zukunft vermehrt Menschen nach Deutschland einwandern. Aber auch diese Lösung wirft Probleme auf, denn die einheimische Bevölkerung wird eine weitere Zunahme des Anteils von Ausländern kaum akzeptieren. Eine kulturelle

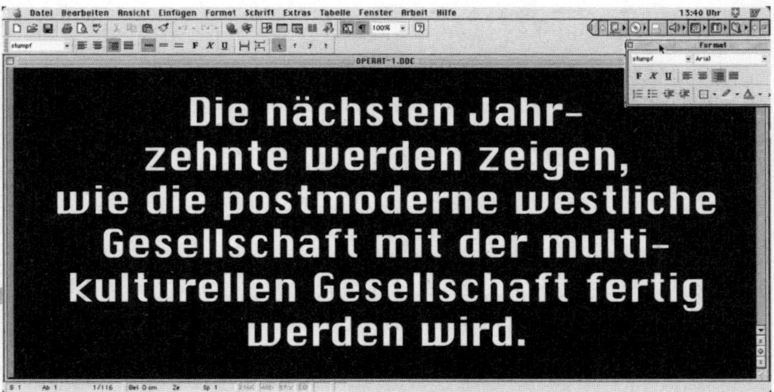

Durchmischung einer Nation ist immer mit Spannungen und Konflikten verbunden. Die nächsten Jahrzehnte werden zeigen, wie die postmoderne westliche Gesellschaft mit der multikulturellen Gesellschaft fertig werden wird. Zwar sollte man sich vor hysterischen Parolen ebenso hüten wie vor ausländerfeindlichen Agitationen; das Problem kann man dadurch jedoch nicht wegdiskutieren.

Zudem steigt die Zahl der alten Menschen in Deutschland. 2030 werden hundert Personen im Alter zwischen 20 und 60 Jahren schon siebzig Personen im Alter über 60 Jahren gegenüberstehen – mit umfassenden Konsequenzen für die Sozialversicherungen und die Lohnnebenkosten. Das Durchschnittsalter der Deutschen liegt heute bei 39 Jahren, im Jahre 2020 wird es bei 47 Jahren liegen. Immer weniger Menschen in einem Berufsverhältnis müssen die Rente für immer mehr alte Menschen aufbringen, die übrigens immer einsamer werden, da sie kaum Angehörige haben. Diese geriatrische Kurve muss ganz deutlich als eine der größten Herausforderungen der Industrienationen in den Blickpunkt gerückt werden.

Insgesamt muss man feststellen, dass die westlichen Industriestaaten, besonders Deutschland, sich über die Konsequenzen dieser letztgenannten Zahlen in keiner Weise

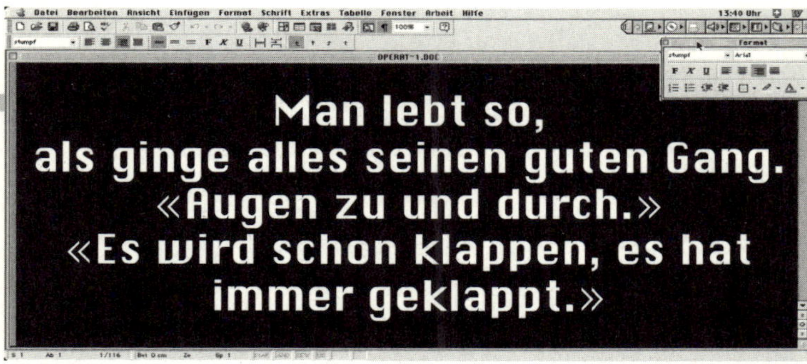

bewusst sind. Man lebt so, als ginge alles seinen guten Gang. «Augen zu und durch.» – «Es wird schon klappen, es hat immer geklappt.» Auch in christlichen Kirchen und Gemeinden spricht man nicht über diese Problematik. Solche Vogel-Strauß-Mentalität dürfte sich in Zukunft als verhängnisvoll erweisen. Was sind aber die Folgen, wenn auf jeden Rentner in Zukunft ein Arbeitnehmer kommt? Was passiert, wenn die steigende Zahl der älteren Menschen auch die Ausgaben für die Pflege in die Höhe treibt? Bleiben die Alten am Ende auf der Strecke? Werden sie radikal an den Rand gedrängt? Gibt es eine neue Debatte um Sterbehilfe? Angesichts dieser weltumspannenden Fragen brauchen wir im neuen Jahrhundert eine radikale Einsicht in die offensichtlichen Realitäten – und keine verspielten Träumereien rückwärts gewandter Traditionalisten in Gesellschaft und Gemeinde.

Ein weiteres globales Problem ist in der Umweltverschmutzung zu sehen. Sie macht nicht an Ländergrenzen

Halt. Die Abgase der Industriestaaten kümmern sich nicht um Schlagbäume, der Müll (täglich weltweit zwei Millionen Tonnen) wird längst in andere Länder exportiert, Verklappungen (Versenken von Abfällen im Meer; 6,5 Millionen Tonnen jährlich) geschehen in internationalen Gewässern, radioaktive Unfälle verbreiten ihre Strahlungen weltweit. Mittlerweile wurde dieses globale Problem erkannt, und man berät auf internationalen Konferenzen darüber. Nur in der Bevölkerung ist das Problembewusstsein noch zu schwach ausgeprägt. Bei uns kommt der Müll einfach in die Mülltonne. Allein die steigenden Müllgebühren lassen uns das kommende Megaproblem erahnen. Die größten Müllprobleme werden im 21. Jahrhundert jedoch nicht auf die Industrieländer, sondern auf die Entwicklungsländer zukommen. Der steigende Wohlstand wird hier zu einer Kette von Entsorgungsproblemen führen.

1995 bliesen die Industrieländer 18,4 Milliarden Tonnen des Treibhausgases CO_2 in die Atmosphäre, die Entwicklungsländer noch einmal 5,6 Milliarden Tonnen, wobei sich letzterer Wert in Zukunft stark erhöhen wird. 40% der Treibhausgase entstehen durch die Elektrizitätserzeuger, gefolgt von Chemie-, Eisen- und Stahlerzeugern und dem Verkehr. Nimmt man die Methan-Emissionen hinzu, so ist zudem die Landwirtschaft in einem relativ großen Ausmaß an der Entstehung von Treibhausgasen beteiligt. Die USA produzieren 25% aller Treibhausgase, umfassen aber nur 4% der Weltbevölkerung. Folgen des Treibhauseffektes sind längst bekannt: Anstieg der Meeresspiegel, Niederschlagsänderungen, häufigere Stürme, Verschiebung der Vegetationszonen, Schwund des Permafrostes, veränderte Schädlingshäufigkeit usw. Diese klimatischen Folgen haben wiederum Auswirkungen auf die Weltwirtschaft, die soziale Lage eines Landes, die Gesundheit der Menschen und auf die Nahrungsketten. Auch bei dieser Frage wundert man sich, warum nach der grünen Revolution in den 70er und 80er Jahren dieses Thema kaum noch jemand hinter dem Ofen vorlockt.

Einige Zahlen zum Verkehr: 1997 gab es in Deutschland 50 Millionen Kraftfahrzeuge, davon 41 Millionen Pkws. 3,5 Millionen Pkws wurden neu zugelassen. Die Gesamtstrecke der überörtlichen Straßen betrug 1997 in Deutschland 231'076 km, Kreis-, Landes-, Bundesstraßen und Autobahnen zusammengenommen. Die Länge der Eisenbahnstrecken betrug dagegen nur 44'000 km. Tendenz der Pkw-Zulassung: steigend. Im individualistischen Zeitalter der Moderne will niemand auf seine freiheitliche Mobilität verzichten – zu Lasten der Umwelt.

Angesichts der Bevölkerungsprognosen für das nächste Jahrhundert ist klar: Schon eine Stagnation der CO_2-Emissionen wäre ein riesiger Erfolg der Umweltschutzbewegung, ist aber recht unwahrscheinlich. Die Entwicklungsländer fordern den Zugang zum ungezügelten Konsum, den wir ihnen in der westlichen Welt seit Jahrzehnten vorgelebt haben. Und für viele der Kulturen Afrikas und Asiens ist der Gedanke an eine Verantwortung des Einzelnen für die ganze Welt ein unbekannter Gedanke, da er nicht religiös oder kulturell angelegt ist.

Was wir angesichts dieser alarmierenden Zahlen brauchen, ist ein breites Verantwortungsgefühl für die Lebensexistenz unserer Kinder und Kindeskinder. Es geht nicht an, dass wir gedankenlos unserem ungezügelten Konsum frönen und auf Kosten der Nachkommen leben. Die Folgen der modernen Überflussgesellschaft müssen am Ende unsere Kinder und Enkel tragen. Es gilt vielmehr, in Verantwortung für nachfolgende Generationen einen genügsamen Lebensstil zu praktizieren. Es geht nicht an, dass wir unseren Kindern einen Schuldenberg in Billiardenhöhe hinterlassen, nur weil wir unseren Materialismus nicht in den Griff bekommen haben. Es geht nicht an, dass wir mit den Ressourcen und Rohstoffen der Welt verschwenderisch umgehen. Es geht auch nicht an, dass wir die Umwelt so schädigen, dass nachfolgenden Generationen die Lebensgrundlage entzogen wird.

Die Folgen der ungezügelten Expansionspolitik sind bisher nur den Experten bewusst. Deshalb ein weiteres Beispiel: Auf der Erde gibt es ca. 1,4 Milliarden Kubikkilometer Wasser, eine unvorstellbare Menge. Davon sind jedoch nur 0,3 Prozent als Trinkwasser nutzbar – ein kostbares Relikt. Von 1970 bis 1985 stieg der durchschnittliche Wasserverbrauch auf der Erde um 35%. Der Deutsche verbraucht z.B. 130 Liter Trinkwasser am Tag. Mehr als eine Milliarde Menschen auf der Erde haben dagegen überhaupt keinen oder keinen ausreichenden Zugang zu sauberem Trinkwasser. Diese Menschen sind stark – manchmal sogar lebensbedrohlich – von Krankheiten und Seuchen gefährdet. In einigen Gebieten der Erde ist der Kampf um Trinkwasser schon eskaliert. Ohne Wasser kein Leben. Damit aber nicht genug: Weltweit werden bisher nur 5% aller Abwässer gereinigt. In den Entwicklungsländern leidet jeder zweite Mensch an den Folgen von Krankheiten, die durch verschmutztes Trinkwasser entstanden sind. 5 Millionen Men-

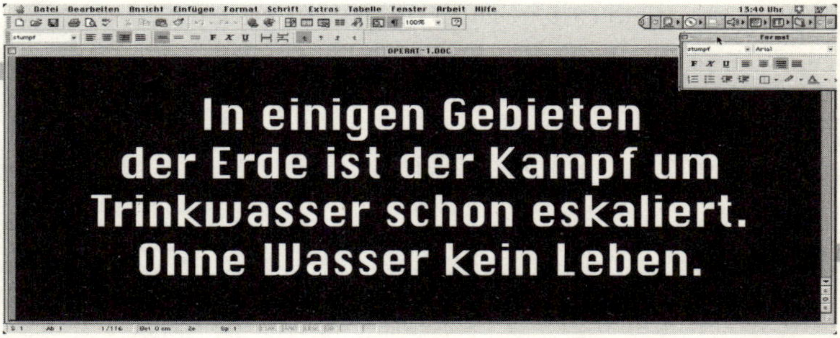

schen sterben jährlich allein durch Verunreinigungen und Keime im Trinkwasser. Deshalb ist es ein Gebot der Stunde, die Reinigung von Trinkwasser weltweit voranzutreiben.

Weitere Folgen der Umweltprobleme seien hier nur aufgezählt: Krankheiten, Seuchen, Naturkatastrophen, Artensterben, Überfischung der Weltmeere, Verlust fruchtbarer Böden durch Erosion und Waldsterben. 1998 waren in Deutschland 37% aller Eichen, 29% aller Buchen und 26% aller Fichten mit deutlichen Schäden registriert. Jeder fünfte Baum in Deutschland gilt als krank. Dabei muss bedacht werden, dass 30% der Fläche Deutschlands bewaldet ist. Jedes Jahr wird weltweit eine Waldfläche von 13 Millionen Hektar durch Brandrodung vernichtet; das ist mehr als die gesamte Waldfläche Deutschlands. Die Tropenwälder sind dabei außerordentlich wichtig für die Erhaltung des Weltklimas. 52% aller Wälder sind Tropenwälder. Gründe für die Abholzung sind Armut, Unterernährung, Bevölkerungswachstum, aber auch wirtschaftliche Ausbeutung, d.h. das Problem der Brandrodung ist komplex und vielfältig und kann nur durch eine prinzipielle und langfristig greifende Hilfestellung überwunden werden.

In den 70er und 80er Jahren wurden wir durch verschiedene apokalyptisch anmutende Bücher über die Verknappung der Energieressourcen aufgeschreckt. Der «Club of Rome» schlug ebenso Alarm wie «Global 2000», die Umweltstudie der amerikanischen Regierung. Ihre pessimistischen Prognosen haben sich nicht bestätigt. In den 90er Jahren wurde deutlich: Die Kohlereserven reichen noch für Jahrhunderte, Gleiches gilt wohl auch für die Erdölvorkommen. Neue Energieformen wurden entdeckt, neue Rohstoffvorkommen gesichtet. So fiel die Welt in den 90er Jahren in den Dämmerschlaf der Selbstgenügsamkeit zurück. Alles ist o.k., keine Sorge, es wird schon werden. Diese neue Lethargie ist völlig fehl am Platze. Auch wenn die Zahlen nach oben korrigiert werden mussten, gibt es keinen Grund zur Euphorie. Wir verheizen fröhlich die Energieressourcen der Zukunft. Trotz vieler Sparanstrengungen steigt der jährliche Stromverbrauch weiter an. Die zunehmende Wohlstandsgesinnung unterläuft alle Sparappelle. Das Zweit- und Drittauto, der Zweit- und Drittfernseher, immer vollere Kleiderschränke – je höher der Konsum, desto schneller schreitet der Raubbau voran. Die zunehmende Zahl von Singlehaushalten in Deutschland führt zudem zu einer weiteren Zunahme des Energieverbrauches.

Dabei klafft die Schere zwischen Arm und Reich weit auseinander. Die Zahl der hungernden Menschen auf der Welt hat zwar abgenommen, ist jedoch mit ca. 700 Millionen immer noch unerträglich hoch. Auch hier muss gesagt werden: Die Gründe, warum Menschen hungern, sind äußerst vielfältig und beruhen nicht nur auf den Ressourcen der Schöpfung oder auf Bedingungen der Natur. Oft liegt es an der Unfähigkeit der Menschen, die Naturressourcen zu nutzen, oder an religiösen und kulturellen Fesseln, die sie hindern, produktiv zu arbeiten. Deshalb genügt es nicht, einige Reisladungen zu verschicken. Die soziale und religiöse Situation dieser Länder muss von der Wurzel her verändert werden. Hier haben die Kirchen einen eminent wichtigen Auftrag, denn die Hinwendung zu Christus eröffnet viele Möglichkeiten, dass sich ein Land entwickelt. Die Korruptionswirtschaft kann z.B. nur durch eine innere Veränderung des Menschen gestoppt werden.

Eine weitere Entwicklung des neuen Jahrhunderts muss genau beobachtet werden: Die Verschiebung von überkommenen Machtblöcken. Die meisten von uns sind in einer Zeit aufgewachsen, in der es nur zwei Weltmächte gab: die USA und die UdSSR. Langsam müssen wir uns an andere Machtverhältnisse gewöhnen. Die Sowjetunion ist zerbrochen, Russland kränkelt. Die letzte Weltmacht ist die USA. Aber Konkurrenz steht vor der Tür. China wird bald schon ein wichtiges Wort mitreden wollen (dort leben 15mal mehr Menschen als in Deutschland). Auch Indien und vielleicht auch Brasilien pochen auf eine Weltmachtstellung. Samuel Huntington spricht zu Recht von einem

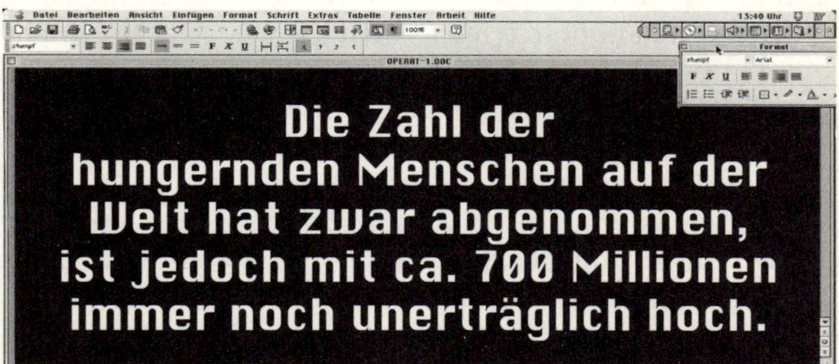

kommenden Kampf der Weltkulturen. Es ist keineswegs sicher, dass sich die westliche demokratische Weltordnung überall durchsetzen wird. Die zunehmende Zersplitterung der Macht in verschiedene Machtblöcke dürfte den Weltfrieden nicht gerade vereinfachen.

Andererseits ist die Europäische Gemeinschaft ein bisher nie da gewesener Versuch einer freiwilligen Integration von autonomen Staaten in einen Interessenbund. Sie ist ein Zusammenschluss von 300 Millionen Menschen aus 15 Staaten mit 13 verschiedenen Sprachen. Die Stoßrichtung der EU ist längst nicht mehr die Bekämpfung des Kommunismus, sondern die Machtsicherung Europas in einer globalisierten Welt. Dieser europäische Integrationsprozess – eine historische Einmaligkeit – muss von verantwortungsvollen Führungspersonen gestaltet und kritisch begleitet werden. Klar ist: Die EU wird in Zukunft auch international eine wichtige Rolle spielen. Ob dadurch jedoch in den einzelnen Ländern die nationalen Interessen zurücktreten werden, bleibt fraglich.

Die globalen Probleme betreffen auch das Thema «Krieg». Zwischen 1990 und 1998 hat es 25 regionale und lokale Kriege und Bürgerkriege gegeben, mit Hunderttausenden von Toten. Der Waffengang gegen den Irak war für uns Europäer noch weit weg. Mit Tschetschenien können wir wenig anfangen. Bosnien und Serbien lagen da schon näher. Der Krieg war plötzlich vor der Haustür Europas angekommen. Die Brutalität und die Menschenverachtung solcher Eskalationen zeigte: Auch die Jahrtausendwende hat den neuen Menschen nicht hervorgebracht. Hass und Gewalt feiern Urstände. Vokabeln wie «Genozid», «ethnische Säuberungen» und «Konzentrationslager» gehören nicht der Vergangenheit an. Neu ist nur: Heute ist fast jeder Krieg eine internationale Angelegenheit. Jeder Krieg hat Auswirkungen auf alle Länder der Welt, seien sie politischer oder wirtschaftlicher Art.

Am sichtbarsten zeigt sich die neue Globalisierung in der Technik, insbesondere in der Informationstechnologie.

Hier scheint es tatsächlich kaum Grenzen zu geben. Internet und Telefon wachsen zusammen. Das Datennetz boomt weltweit. Suchmaschinen vermitteln mir Informationen von allen Enden der Erde. E-Commerce, der Handel über das Internet, verbucht immer höhere Umsatzzahlen. Der Computer hat schon in vielen Kinderzimmern Einzug gehalten. Die Frage nach der Kontrolle von subversiven

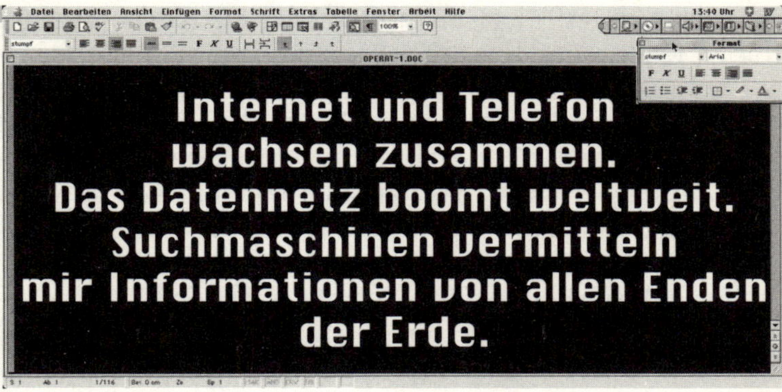

Homepages wird nun auch von höchsten Regierungskreisen ernst genommen. Computer-Hacker scheinen die neuen Terroristen des 21. Jahrhunderts zu werden.

Die Revolutionierung der Technik wird uns auch in den nächsten Jahren vor immer neue Herausforderungen stellen. Das Thema Gentechnik wird uns noch intensiv beschäftigen. Der technische Fortschritt scheint unaufhaltsam. Die künstliche Manipulation von Pflanzen und Tieren durch die Gentechnik reift langsam, aber sicher heran. Dolly, das erste geklonte Schaf, wird bald Konkurrenz bekommen. Und die Diskussion um das Klonen von Menschen ist längst im vollen Gange, auch wenn man sich vor Gruselszenarien à la «Frankenstein» hüten sollte.

Zuletzt sei auf die mittlerweile globalen moralischen Defizite hingewiesen. Auch am Anfang des 21. Jahrhunderts sind die Wertmaßstäbe keineswegs klarer geworden. Im Gegenteil: Die Kriminalität hat ebenfalls globale Ausmaße angenommen. Die Mafia brüstet sich mit ihren internationalen Verbindungen. Prostitution wird global organisiert, ebenso der Rauschgifthandel. Die Ehrlichkeit bleibt auf der Strecke, nicht nur bei Politikern. Korruption wird wohl die größte Herausforderung für die Wirtschaft im 21. Jahrhundert werden, auch in den westlichen Industriestaaten.

Summa summarum: Die faszinierende Welt des 21. Jahrhunderts erlebt zwar gegenwärtig keinen politischen Kalten Krieg, aber ihre Probleme sind dadurch nicht weniger geworden. Verantwortliches Denken und Handeln ist deshalb gefragt. Die starke Ich-Zentrierung des modernen Menschen mit dem Hang zum Privatismus steht einer Problemlösung weltweiter Herausforderungen massiv im Weg. Wer meint, nur für sich selbst die Verantwortung tragen zu müssen, wird die Welt auch nur für sich selbst ausnützen wollen. Ein solches individualistisches Denken führt uns jedoch in die Katastrophe. Eine neue Verantwortung für die Welt muss unser Denken bestimmen. Nur wer global denkt, kann lokal richtig handeln.

1.2 Impulse und Auswege

Der eine oder andere Leser mag sich nun fragen, warum ein Buch aus einem evangelikalen Verlag sich gleich im ersten Kapitel so lange mit «weltlichen» Fragen beschäftigt. Müssen Christen sich denn überhaupt mit solchen Zusammenhängen abgeben? Reicht es nicht, wenn sich Politiker und Experten darum kümmern? Gibt es nicht Wichtigeres zu tun, als über Umweltverschmutzung und Nahrungsmittelverteilung zu diskutieren? Ist es nicht gerade ein Zeichen der verweltlichten Christenheit, dass sie sich zu sehr mit sozialen Fragestellungen auseinandersetzt, statt das Evangelium zu verkündigen?

Ich glaube, dass die Polarisierung in diesen Fragen ein Verhängnis ist. Es war einer der Kardinalfehler der pietistischen und erwecklichen Frömmigkeit, den Glauben an Christus auf den eng begrenzten innerreligiösen Sektor zu beschränken. Im Rahmen der zunehmenden Individualisierung im 18. und 19. Jahrhundert wurde auch das evangelikale Christentum zu stark von der rein persönlichen Frömmigkeit geprägt. Glaube wurde schon damals als ein rein privates, innerliches Christentum gedeutet, das in erster Linie das Heil der Einzelseele im Blick hat. Das führte zu dem Fehler, übergreifende Fragestellungen, die nicht direkt etwas mit dem Seelenheil zu tun haben, als «weltlich» abzuqualifizieren. Zwar steuerte die Diakoniebewegung des 19. Jahrhunderts mit ihrem Blick für die soziale Frage diesem Trend noch entgegen, aber im ausgehenden 20. Jahrhundert feierte die individualisierte Ich-Frömmigkeit wieder Triumphe.

Die auf das Seelenheil des Einzelnen fixierte Frömmigkeit der pietistischen Kreise hat für internationale Fragestellungen keine Antenne. Diese Verengung muss offen beim Namen genannt werden. Evangelikales Christentum ist im persönlichen Bereich zwar stark engagiert, dreht sich jedoch häufig nur um sich selbst und ist sozial völlig bedeutungslos. Es gilt daher, in unseren evangelikalen Kirchen

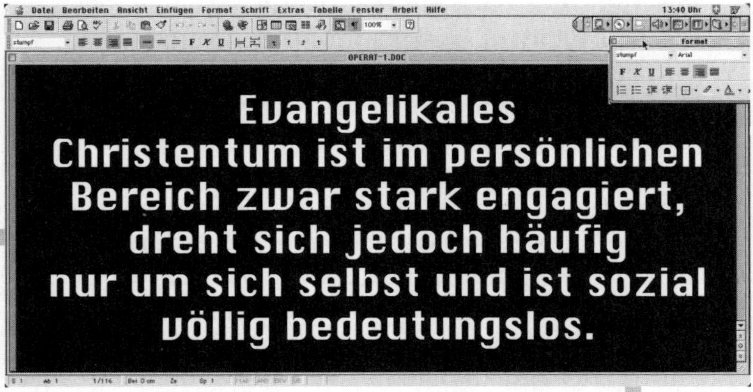

und Gemeinden wieder einen Blick für die Welt zu bekommen. Der Provinzialismus christlicher Kreise ist unerträglich. Das dauernde Drehen um sich selbst und die eigene fromme Seele hemmt jegliches Verantwortungsgefühl für größere Dimensionen. Wer sich immer nur mit den eigenen Problemchen vor Ort beschäftigt, wer immer nur seine private Frömmigkeit pflegt, wer immer nur die eigenen Got-

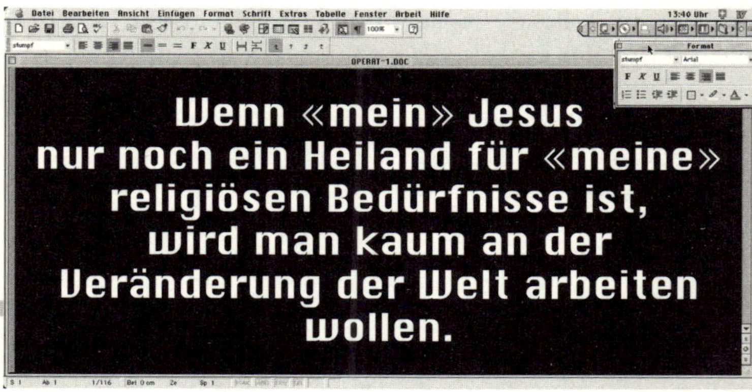

teserfahrungen ersehnt, der wird für globale Entwicklungen kein Verständnis entwickeln.

Ich wiederhole mich: Der christliche Glaube der Moderne ist weithin privatisiert und ichbezogen. Wenn «mein» Jesus nur noch ein Heiland für «meine» religiösen Bedürfnisse ist, wird man kaum an der Veränderung der Welt arbeiten wollen. Wenn der Glaube sich in religiösen Gefühlen und Erfahrungen verliert, wird man die öffentliche Dimension von Religion aus den Augen verlieren. Die Trennung von Glauben und Denken, von religiösem Bedürfnis und realer Wirklichkeit ist die eigentliche Katastrophe unserer derzeitigen kirchlichen Lage. Christen müssen neu begreifen: Der Glaube durchdringt alle Lebensbereiche. Religion ist nicht nur etwas für das persönliche Gemüt, sondern für alle Aspekte des Lebens. Das Christentum verändert unser Denken und Handeln, es revolutioniert unser

Zusammenleben, gibt Leitlinien für ein friedliches Zusammenleben der Völker. Christen sollen sich einmischen in die Geschicke dieser Welt!

Was die Welt braucht, ist das öffentliche Engagement der Christen. Konkret: Wir brauchen mehr Christen, die bereit sind, in die Politik zu gehen. Wir brauchen mehr Christen, die sich in die Schlüsselpositionen dieser Welt senden lassen. Wo sind überzeugte Nachfolger Jesu, die bereit sind, sich in die «weltlichen» Bereiche einzumischen? Wir müssen strategischer denken und handeln, um die Positionen des Glaubens in unserer Welt zu Gehör zu bringen. Ich rufe alle Christen auf: Heraus aus dem selbst gezimmerten Schneckenhaus! Heraus aus der Selbstgenügsamkeit der privaten Frömmigkeit! Die Welt braucht unser christliches Zeugnis. Wir haben von Gott eine große Verantwortung bekommen: Weltverantwortung.

Wie wird man aber nun dieser Weltverantwortung gerecht? Alles beginnt mit Sachinformationen. Dieser Punkt ist leicht zu verwirklichen. Informationen über den Zustand dieser Welt bekomme ich durch gute Zeitungen, Nachrichtenmagazine, die Tagesschau und durch Bücher. Außerdem je länger je mehr durch das Internet. In Kapitel 6 werden dazu die nötigen praktischen Tipps gegeben. Dabei kommt es darauf an, dass wir uns möglichst objektiv informieren (so weit Objektivität überhaupt möglich ist) und uns mit unterschiedlichen Meinungen auseinandersetzen. Alles muss kritisch gelesen und auf Genauigkeit hin geprüft werden. Das ist eine anspruchsvolle Arbeit. Ohne Sachinformationen geht es jedoch nicht. Wer nur mit einem brennenden Herzen loszieht, wird schnell auf dem Boden der harten Tatsachen landen. Wer sich über Umweltschutz und Weltwirtschaft, Globalisierung oder Technisierung äußert, muss gewissenhaft und gründlich die Faktenlage kennen. Sachinformationen müssen am Anfang jeder Meinungsbildung stehen. Ohne sie geht es nicht. Hier sind Experten gefragt, die auf ihrem Gebiet Fachleute sind. Die Kirchen und Gemeinden sollten sich nicht scheuen, solche Fachleute auch einmal für einen Vortrag einzuladen, um die Gemeindeglieder aus erster Hand über die Weltlage zu informieren.

Ein zweiter Hinweis: Unsere Weltverantwortung muss im Gebet beginnen. Nehmen wir doch die Welt mit hinein in unser tägliches Gebet. Reservieren wir in unserem Gebetsbuch an jedem Tag eine Spalte für Politiker, Wirtschaftsbosse, Medienmacher, Lehrer, Professoren, Juristen und Ärzte. Diese Schlüsselleute benötigen dringend die Gebete der Christen. Meine Beobachtung in vielen christlichen Gemeinden ist: Man betet zwar ab und an auch für die Regierung, dann aber nur in pauschalen Formulierungen. Die Namen der Minister sind vielen nicht bekannt. Die Aufforderung der Bibel, für «Könige und alle, die in Hoheit sind» zu beten (1. Tim. 2,2), wird von uns Christen sträflich vernachlässigt. Dabei wäre jede Nachrichtensendung eine Aufforderung zum Gebet. Der Blick für die Nöte und Herausforderungen der Welt wird geschärft, wenn wir wieder anfangen, konkret für weltpolitische Fragestellungen zu beten. Dahinter steht die Überzeugung: Gott sitzt im Regiment. Die politischen Entscheidungen unserer Zeit lassen ihn nicht kalt. Er hat die Macht, an jedem Ort der Welt einzugreifen und Veränderung zu schenken.

Unsere Weltverantwortung sollte jedoch nicht beim Gebet stehen bleiben. Ich fordere von Christen ein schärferes öffentliches Profil und ein stärkeres öffentliches Engagement. Das alles kann klein anfangen: Durch Leserbriefe in der Zeitung, öffentliche Veranstaltungen zu den vielen notvollen Fragen der Ethik, Teilnahme an Talkshows und Diskussionsrunden, Einflussnahme auf Firmen, Schlüsselleute der Gesellschaft. Warum nicht einmal Politiker in die Gemeinde einladen, um über ihre Familienpolitik zu diskutieren? Warum nicht einmal ein Gemeindeglied ermutigen, in eine Partei einzutreten? Warum nicht junge Leute auffordern, eine akademische Laufbahn einzuschlagen, um christliche Werte zu vermitteln? Ja, wir brauchen mehr Christen in unseren politischen Gremien. Es ist notwendig, an dieser Stelle Flagge zu zeigen. Wir dürfen uns nicht wundern, dass das christliche Ethos mehr und mehr an Einfluss verliert, wenn wir seit Jahrzehnten die Politik sich selbst überlassen oder sie gar als «schmutziges Geschäft» beschimpfen. Welche Kirche und Gemeinde sendet Menschen in die Politik? Welche Kirchen und Gemeinden gestalten die Kommunalpolitik wirksam mit? Es ist eine Christenpflicht, wählen zu gehen. Es gilt aber auch, bei Meinungsumfragen mitzuwirken, Petitionen zu unterschreiben und Politikern die eigene Meinung kundzutun.

Solch ein politisches Engagement sollte nicht nur aus evangelistischen Motiven betrieben werden. Ich halte es für keinen guten Weg, christliche Parteien nur aus evangelistischen Motiven zu gründen. Schnell kommt hier der Vorwurf der Bauernfängerei auf. Wer sich politisch engagiert, sollte es zum Wohle des Volkes tun und konkrete und um-

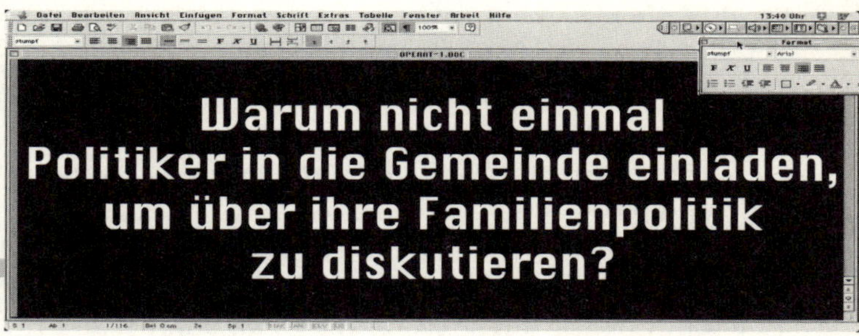

fassende Programme vorlegen können. Dazu gehört natürlich ein festes biblisches Fundament, um in der Vielzahl der aktuellen Herausforderungen nicht orientierungslos herumzuschwanken – wie es viele Politiker heute tun. In der Politik geht es in erster Linie nicht um Mehrheiten, sondern um Überzeugungen. Für Christen sind dies christliche Werte, die unumstößlich und nicht hinterfragbar sind. Dafür sich einzusetzen, das lohnt sich wirklich.

Dabei will ich nicht falsch verstanden werden: Es geht nicht um eine Verdrängung der so wichtigen Evangelisation durch irgendein einseitiges soziales Engagement. Die

Hauptaufgabe der Kirchen und Gemeinden ist und bleibt die Verkündigung des Wortes Gottes! Darüber werden wir in einem eigenen Kapitel noch zu reden haben. Das darf keinesfalls an den Rand gedrängt werden. Der Einsatz für eine bessere Welt darf nicht an die Stelle der Botschaft vom Gekreuzigten treten. Die Hauptsache muss die Hauptsache bleiben.

Aber die Extreme bereiten uns die Schwierigkeiten. Die Betonung der Ewigkeit darf uns nicht den Blick für die irdische Welt verschließen. Konservatives Christentum steht immer in der Gefahr, die Welt zu vergessen, liberales Christentum in der Gefahr, die Welt überzubetonen. Was wir brauchen, ist ein konservatives Christentum mit einem neuen Interesse an der irdischen Welt. Wir brauchen bibelgläubige Christen, die Evangelisation zu ihrem Hauptziel machen, dabei aber die irdischen Nöte dieser Welt nicht übersehen. Wir brauchen bibelfeste Leute, die sich nicht ständig über die böse Welt beklagen, sondern die von ihrem festen Fundament aus an der Umgestaltung der Welt an vorderster Front mitarbeiten. Wir brauchen Gläubige, die die Gefahren der Welt klar vor Augen haben, sich nicht der sündigen Welt anpassen, aber auch ihre Verantwortung für die Welt begreifen.

Gott liebt die ganze Welt. Sie ist seine Schöpfung. Er liebt alle Menschen und hat deshalb seinen Sohn in die «Welt» gesandt (Joh. 3,16). Wenn die Bibel von «Welt» redet, meint sie nicht nur die sündige, gefallene Schöpfung, die «böse Welt». Von ihr sollen sich Christen fern halten, denn sie führt ins Verderben. Die Bibel redet jedoch auch von der Welt als Lebensraum des Menschen, als Schöpfung Gottes. Im Gegensatz zu vielen anderen Philosophien und Religionen wertet die Bibel die Geschöpflichkeit nicht ab. Im Gegenteil: Gott selbst kam ja in diese Welt, Jesus wurde Mensch. Die sichtbare Schöpfung trägt eine Würde in sich, trotz ihrer Gefallenheit. Gerade deshalb gibt es auch eine Schöpfungsverantwortung für jeden Christen.

Ein wichtiger Beitrag des Christentums für die Welt ist auch die Vermittlung von ethischen Werten. Jahrhunderte

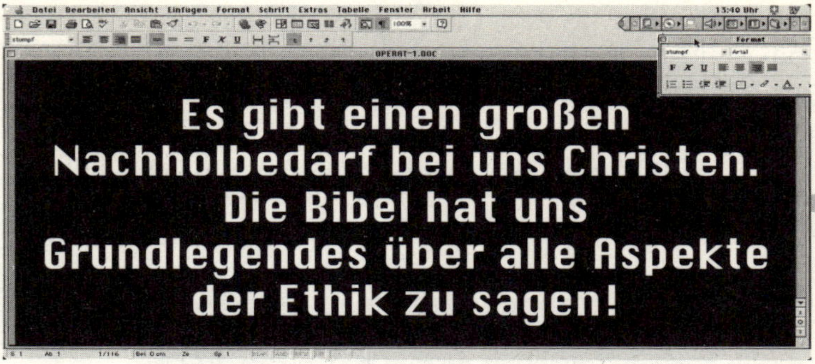

lang lebte unsere Gesellschaft von dem biblischen Ethos. Durch die fortschreitende Verweltlichung der Moderne haben wir jedoch die gemeinsamen Maßstäbe und Werte verloren. In der augenblicklichen Wertediskussion vermisst man das christliche Zeugnis schmerzlich. Ist es ein Hinweis darauf, dass die Kirche Jesu Christi selbst die moralischen Normen verloren hat? Gerade in einer pluralistischen und multikulturellen Gesellschaft, in der sich verschiedenste Religionssysteme gegenüberstehen, ist die eigene Positionsfindung jedoch fundamental. Deshalb müssen Gemeinden ihre Mitglieder dringend in Fragen der Ethik und Moral schulen. Wir brauchen in unseren Kirchen Predigten und Vorträge zu diesen Themen. Unsere Leute benötigen Argumentationshilfen für den täglichen Kontakt mit Andersdenkenden. Ob Abtreibung oder Homosexualität, Kindesmissbrauch oder Korruption, vorehelicher Geschlechtsverkehr oder Lüge, Euthanasie oder Gentechnik, Sonntagsarbeit oder Organhandel – es gibt einen großen Nachholbedarf bei uns Christen. Die Bibel hat uns Grundlegendes über alle Aspekte der Ethik zu sagen!

Die zunehmende Globalisierung birgt Chancen und Gefahren. Eine pauschale Verwerfung dieser Entwicklung ist nicht angesagt. Wie eben dargelegt, hat auch der christliche Glaube eine globale Dimension. Gott ist der Schöpfer der ganzen Welt. Seine Heilsgeschichte lief die ersten zwei Jahrtausende der Erdgeschichte mit der ganzen Menschheit ab. Und selbst als Israel auserwähltes Volk Gottes wurde, gab es für die Juden eine globale Missionsaufgabe. Christus starb für die ganze Welt. Gott will, dass alle Menschen errettet werden (1. Tim. 2,4). Seine Jünger kommen aus allen Geschlechtern der Erde. Seine Gemeinde soll allen Völkern das Evangelium verkünden. Dank der «Globalisierung» des römischen Reiches im 1. Jahrhundert nach Christus konnte

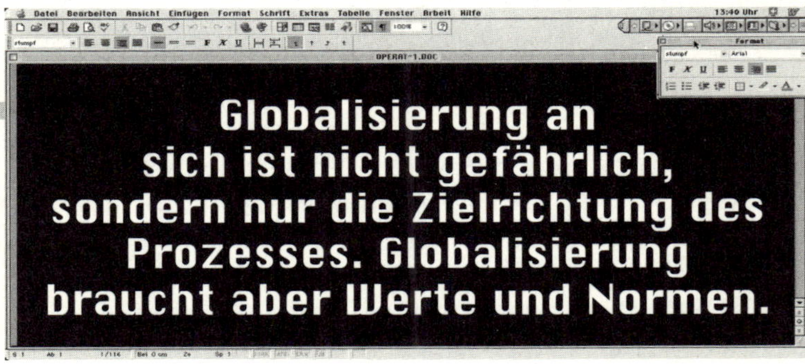

die Heilsbotschaft ohne größere Schwierigkeiten ausgebreitet werden. Und am Ende aller Tage wird Gott selbst das universale neue Königreich errichten und global über alles herrschen (Offb. 21).

Die Bibel kennt jedoch auch die Gefahren der Globalisierung. Hier sei nur an die Geschichte vom Turmbau zu Babel erinnert (1. Mose 11,1–9). Der Wille zur Macht war so weit ausgeprägt, dass man sich an die Stelle Gottes setzen wollte. Man war auf den eigenen Namen bedacht, das eigene Image war das Allerentscheidendste. Ein Weltreich sollte entstehen, das Gott nicht mehr nötig hätte. Diese Globalisierungsträume beendete Gott durch die Sprachenverwirrung. Auch der Prophet Daniel warnte vor einem kommenden Reich, das alle Macht an sich reißen und alle anderen Reiche vernichten wird (Dan. 7,23). Dieser Gedanke wird in der Offenbarung aufgenommen, wenn von einem Tier gesprochen wird, das eine weltweite Herrschaft antreten wird (Offb. 13). Sein Einfluss wird sich auch auf den wirtschaftlichen Bereich erstrecken und einen Kollaps der Weltwirtschaft herbeiführen (Offb. 18,11–19).

Wir stehen heute (noch) nicht vor diesen diabolischen Auswüchsen der Globalisierung. Globalisierung an sich ist nicht gefährlich, sondern nur die Zielrichtung des Prozesses. Globalisierung braucht aber Werte und Normen. Sie führt nicht automatisch zu mehr Gerechtigkeit und Wohlstand. Sie darf z.B. nicht die Grundwerte der Menschen unterdrücken. Die so wichtige Vielfalt der Produktion darf nicht durch Monopolstellungen riesiger Firmenkolosse zerstört werden. Wir brauchen eine ethisch verantwortete Globalisierung, die auch kleinen und mittleren Unternehmen freie Entfaltung bietet, die sozialen Komponenten berücksichtigt und ein Regulativ besitzt. In erster Linie geht es um die ethische Verantwortung der Chef-Ökonomen, die im internationalen Geschäft die Hände im Spiel haben. Wenn hier nur noch nach schnellem Profit gefragt wird, dürfte der Faktor Mensch am Ende aus dem Blick geraten und der Mensch selbst auf der Strecke bleiben.

Eine Globalisierung fehlt uns jedoch, obwohl wir sie dringend brauchen: die Globalisierung der wahren Christen. Es ist für mich völlig unverständlich, warum wir nicht auf diesem Parkett enger zusammenarbeiten. Das Christsein vieler Gläubigen hört bei der eigenen Person auf. Vielleicht wird noch die eigene Ortsgemeinde mit hineingenommen. Allein die Mission in anderen Ländern bringt uns den Hauch der Globalisierung in unsere Gemeindehäuser. Von einer internationalen Zusammenarbeit auch nur aller evangelikalen Christen sind wir weit entfernt. Dabei könnte man in dieser globalen Dimension manches voranbringen, besser koordinieren und Kosten sparen. Hier liegt noch vieles im Argen, und man kann nur hoffen, dass unsere Kirchenführer endlich den Blick über die eigenen Landesgrenzen hinaus wagen.

Christen haben auch eine Verantwortung für den Umweltschutz. Damit ist nicht eine ideologische Engführung im Sinne einer grünen Ideologie gemeint. Es geht nicht um eine animistische Verseelung der Natur, in der plötzlich alle Bäume mit «Du» angeredet werden müssen. Wir sollten uns auch davor hüten, die Schöpfung mit dem Schöpfer zu verwechseln. Eine ökologische Askese ohne Kühlschrank und Zentralheizung ist wahrlich nicht angebracht. Eine pauschale Verteufelung der Atomkraft ist ebenso wenig hilfreich und zeugt nicht gerade von großem Sachverstand. Aber alle diese Gegenargumente dürfen doch nicht dazu führen, dass wir völlig kopflos den Konsumrausch der Moderne auf die Spitze treiben. Energie ist ein begrenzter Rohstoff! Die Umwelt kann nicht endlos unsere Abfälle ertragen. Verantwortliches Schöpfungshandeln ist gefragt, das auch auf unsere Kinder Rücksicht nimmt. Schon im Alten Testament wird der Boden durch die Sabbatjahrgesetze vor einer völligen Ausbeutung in Schutz genommen (3. Mose 26,34f).

Konkret könnte das heißen: Wir rasen nicht mit Vollgas über die Autobahn, stellen die Heizung einmal zwei Grad niedriger, kaufen bewusst Strom sparende Elektrogeräte, setzen uns für umweltfreundlichere Technik ein, lassen das Auto auch einmal stehen, wenn wir die Nachbarn besuchen, entdecken neu die öffentlichen Verkehrsmittel, verzichten beim Gemeindefest auf die Pappteller usw. Unsere Gemeindehäuser sollten ebenfalls keine Energiefresser sein! Es gilt, kleine Zeichen zu setzen; andere darauf aufmerksam zu machen, dass wir verantwortungsvoll mit dem Geschenk Erde umgehen wollen.

Noch einmal: Es geht nicht um Askese und einen neuen Rigorismus. Unsere Hauptverantwortung ist die Rettung der Menschen, nicht die Rettung von gestrandeten Walen. Die Schöpfung ist uns von Gott zum Genießen anvertraut. Deshalb brauchen wir auch wieder einen neuen Blick für die Schönheiten der Natur! Aber von Raubbau ist in 1. Mose 1 keine Rede. Wenn jede Minute 180 Menschen neu geboren werden, müssen wir eine Strategie für ihre Ernährung finden. Wenn wir Tag für Tag weltweit 8 Milliarden Liter Öl verbrauchen, müssen wir wissen, wie es in 20 Jahren aussieht. Wenn in den letzten hundert Jahren sich die Wüstenflächen mehr als verdoppelt haben, so haben wir hoffentlich eine Strategie, diese Entwicklung zu stoppen.

Unser Verhältnis zur Umwelt spiegelt auch immer unsere Überzeugung von der Schöpfung wider. «Die Erde ist des Herrn und was darinnen ist» (Psalm 24,1; Luther). Diese Aussage des Königs David hat an Aktualität nichts verloren. Die Schöpfung steht in der Beziehung zu ihrem Schöpfer, nämlich Gott. Sie empfängt ihren Wert allein daher, dass sie Gottes Schöpfung ist. Sie ist nicht aus sich selbst entstanden, sondern durch Gott, den Allmächtigen. Deshalb darf die Natur nicht an die Stelle Gottes treten. Aber sie darf auch nicht mit Füßen getreten werden, denn sie ist Gottes großes Werk! Und: Die Schöpfung ist nicht eine neutrale «Natur», jenseits der Gefallenheit. Die sichtbare Schöpfung steht unter dem Fluch, sie ist unter dem Sündenfall (Röm. 8,19–22). Seither gibt es keine unberührte Natur mehr. Allen Schwärmereien von naturbegeisterten «Öko-Freaks» muss eine Absage erteilt werden. Überall in der Natur herrschen der Kampf und der Tod.

Und doch hat der Mensch von Gott die große Aufgabe bekommen, Verantwortung für Seine Schöpfung zu übernehmen. Wir haben die Schöpfung nur geliehen bekommen, müssen dafür geradestehen, müssen einmal Rechen-

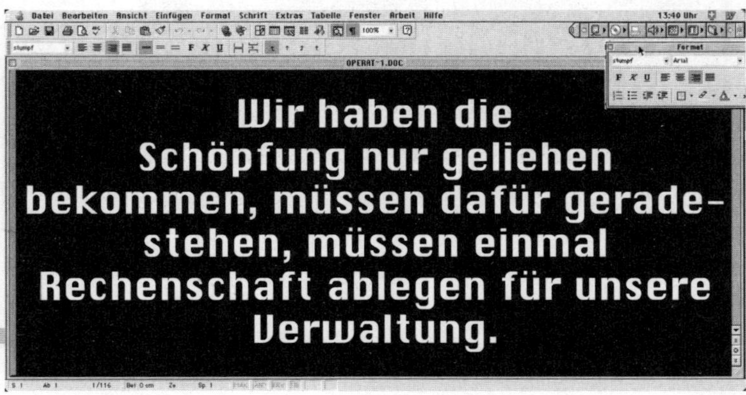

schaft ablegen für unsere Verwaltung. Nicht dem Menschen gehört die Schöpfung, sondern Gott. Deshalb kommt es darauf an, wie wir mit der geliehenen Welt umgehen. Der Mensch hat die Freiheit und die Verantwortung für seine Umwelt. Gott vertraut uns die Welt an, aber er stellt sie auch in unsere Verantwortung.

Vor einer Gefahr muss hier noch einmal gewarnt werden: Das öffentliche Engagement der Christenheit darf nicht losgelöst vom Glauben an Christus geschehen, sonst bleibt es völlig irrelevant und fruchtlos. Wer Ethik ohne das Kreuz predigt, treibt Menschen nur in die Verzweiflung. Wer Umweltschutz ohne die Erneuerung des inneren Menschen fordert, wird scheitern. Erst kommt die Hinwendung zu Christus, dann der Einsatz für die Welt. Wer diese Reihenfolge umdreht, wird schuldig am Glauben und an der Welt. Die wirksamste Bekämpfung der weltweiten Probleme ist die Erneuerung des Menschen durch den christlichen Glauben und eine damit verbundene Veränderung seines Verhaltens.

Das öffentliche Engagement der Christenheit darf nicht losgelöst vom Glauben an Christus geschehen, sonst bleibt es irrelevant.

«Der entfesselte, ungezügelte Kapitalismus
produziert kurzfristig enorme Erträge.
Ohne das Regulativ eines demokratischen Ordnungsrahmens
jedoch begünstigt er die Verfestigung autoritärer Strukturen
und demontiert damit sein Fundament – die Freiheit.»
Wolfgang Schäuble, Und sie bewegt sich doch!

2. Margen, Macht und Marketing: Die *Wirtschaft* im neuen Jahrtausend

«Weder dem Liberalismus
noch dem Sozialismus kann die Zukunft gehören.
Denn beide sind einseitige Konzeptionen,
die am Wesen und damit auch am Wohl
des wirklichen Menschen vorbeigehen.»
Helmut Burkhardt, Wirtschaft ohne Ethik?

«Wir müssen endlich erkennen,
dass die Arbeitsplätze des neuen Millenniums
die moralischen und geistlichen Kampffelder sein werden.»
Rob Frost, A New Start?

2. Margen, Macht und Marketing:

Die *Wirtschaft* im neuen Jahrtausend

2.1 Daten und Prognosen

Unser neues Millennium wird auch unsere Wirtschaft und unsere Arbeitsplätze verändern. Vieles ist heute schon in Bewegung. Die Macht der Wirtschaft kann kaum noch überschätzt werden. Keine Regierung der Welt würde heute noch gegen die Wirtschaft Politik machen. Die Internationalisierung aller wirtschaftlichen Prozesse macht uns dabei anfälliger für die Auswirkungen von Krisen in anderen Erdteilen. Langfristige Prognosen sind daher kaum noch möglich. Auch die Arbeitswelt durchlebt Revolutionen. Feste Arbeitsplätze gehören bald der Vergangenheit an. Sie mutieren zu sich schnell verändernden Jobs, von denen man mehrere nebeneinander haben muss. Die enormen Fortschritte der Technik sind beeindruckend, rufen jedoch nach eindeutigen Wertmaßstäben. Wer sich auf diese neue Situation nicht einstellt, kommt schnell unter die Räder.

Die schon erwähnte Globalisierung zeigt sich in erster Linie auf dem Wirtschaftsmarkt. Der weltweite ökonomische Wettbewerb hat längst mit aller Brutalität und Härte eingesetzt. Firmen müssen sich nicht nur mit der inländischen, sondern längst auch mit der ausländischen Konkur-

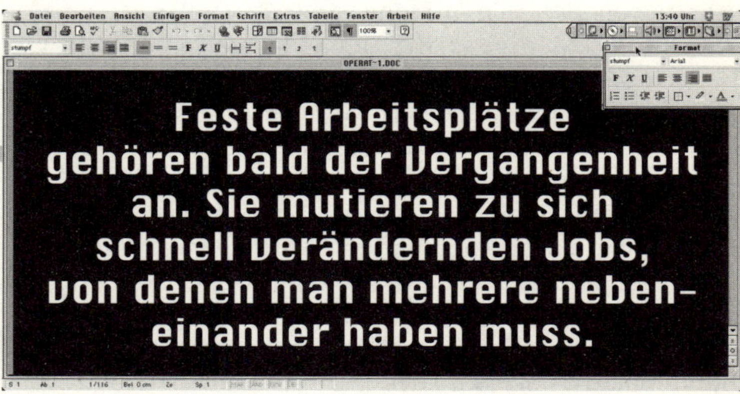

renz auseinandersetzen. Die Sitten sind rauer geworden. Die «Elefantenhochzeiten» prägen das Bild. Gigantische Weltunternehmen sind entstanden, die die Marktführung an sich reißen. Ihr Ziel ist die Dominanz, die Herrschaft über den Markt und natürlich auch die Kostensenkung durch Stellenabbau. Die wirtschaftliche Globalisierung läuft mit dem Ziel der totalen Effizienz. Billige Arbeitskräfte in den Entwicklungsländern werden ebenso herangezogen wie hochqualifizierte Fachleute aus Indien und China, die für ein Viertel des Westlohns arbeiten. Der weltweite Wettbewerb kennt keine Grenzen. Kleine Firmen haben kaum Chancen. «Big is beautiful.»

Alle Handelsbeschränkungen werden im Zeitalter des Liberalismus mittlerweile als «unethisch» verworfen. Der freie Markt scheint der einzig gute Markt zu sein. Dieser so genannte Neoliberalismus duldet keinen Widerspruch. Der Erfolg gibt ihm scheinbar Recht. Wenn man die Wirtschaft sich selbst überlässt, wird alles gut, und das Paradies auf Erden entsteht wie von selbst – so gaukelt man es uns vor. Staatliche Eingriffe und Lenkungen werden schon pathetisch als «Sünde» bezeichnet. Gut ist, was der Wirtschaft dient; schlecht ist, was ihr schadet. So einfach funktioniert die Ethik im Zeitalter der Börsen.

Seit Jahren boomen diese Börsen. Viel Geld wird heute durch Spekulieren verdient. Allein die täglichen Devisengeschäfte belaufen sich auf eine Milliarde Dollar, davon sind 95% Spekulationsgeschäfte. Tendenz: steigend. Auch hier herrschen neue, raue Gesetze. Der Abbau von Arbeitsplätzen wird mit steigenden Aktienkursen quittiert. Die Fusionen von Firmen lassen ebenfalls den Börsenkurs explodieren. Viele wollen den schnellen Gewinn machen und stoßen Aktien schnell wieder ab. Andererseits steigen die Risiken, denn der Aktienmarkt ist stark überhitzt und steckt voller Emotionen. Niemand will langfristige Prognosen abgeben. Auch hier machen sich die internationalen Verflechtungen bemerkbar. Ein Crash in Japan, und schon sind alle Handelsplätze nervös.

Die neue Unübersichtlichkeit und Orientierungslosigkeit zeigt sich auch in der Wirtschaftspolitik der Parteien. Die alten Fronten – hier Liberalismus, dort Sozialismus – verschwinden. Längst wird auch bei den «Sozis» lauthals ein «Dritter Weg» beschworen. Die Sozialdemokraten öffnen sich dem Kapitalismus. Die neue Devise lautet: Weder Neoliberalismus noch Sozialismus. Man fordert – nicht ganz

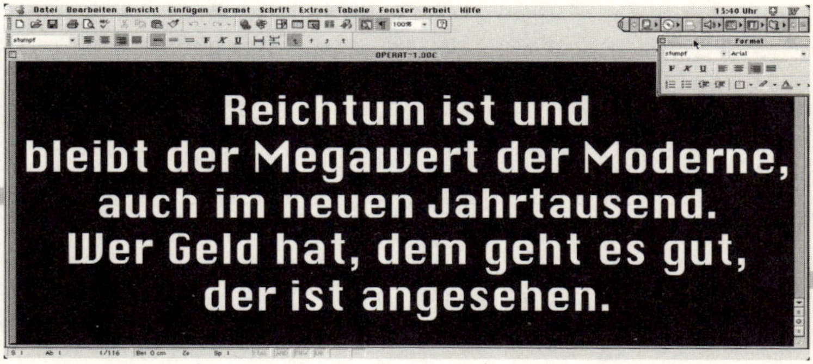

zu Unrecht – ein Gleichgewicht zwischen individueller und staatlicher Verantwortung. Die neue «Mitte links» setzt auf Pragmatismus und Kooperation mit den Unternehmen. Eine klare Positionierung ist durch diesen Schlingerkurs kaum mehr in Sicht. Über solche fundamentalen Fragen streiten sich die Flügel der Parteien.

Reichtum ist und bleibt der Megawert der Moderne, auch im neuen Jahrtausend. Wer Geld hat, dem geht es gut, der ist angesehen. «Ohne Moos nichts los.» Der höchste Lebenswert ist längst nicht mehr die Hingabe an den anderen, die Nächstenliebe oder die Sorge um die Familie, sondern die Karriere und der soziale Aufstieg um jeden Preis. Schon die Jugendlichen wählen sich ihr Studium nach finanziellen Interessen aus. Theologie, Kunst und Geschichte sind «out». Damit lässt sich keine Knete machen. Medizin, Jura, BWL und Informatik müssen es schon sein. Das Geld wird zum Götzen, Armut wird zur Katastrophe aller Katastrophen.

Die Wirtschaftspolitik darf nicht ohne diese Frage der Armut betrachtet werden, denn Reichtum verpflichtet. 411 Millionen Menschen stehen täglich weniger als 2'100 Kalorien zur Verfügung, d.h. sie hungern. 830 Millionen Menschen auf dieser Erde gelten als unterernährt. 13 bis 18 Millionen Menschen, meist Kinder, sterben jährlich an den Folgen von Hunger und Armut. 75% der Weltbevölkerung verdienen nur 15% des Welteinkommens. Diese Fakten sind alarmierend. Dem wachsenden Wohlstand der Industriestaaten steht die wachsende Armut in den Entwicklungsländern gegenüber.

Dabei sind die Gründe für Armut vielfältig. Es gibt politische, religiöse und nationalistische Ursachen. In einigen Fällen ist es das Klima, das zur Krise führt, oder die fehlende Technik, die Verstädterung, der Krieg oder das Bevölkerungswachstum. Es gibt auch selbstverschuldete Armut! Vor allem ist Armut langsam, aber sicher auch ein Problem der westlichen Welt geworden. Immer mehr Menschen in den Industriestaaten sind hoffnungslos überschuldet. Manche sind längst auf der Strecke geblieben und leben nur noch von der Sozialhilfe. Zwar hungert dank der sozialen Fürsorge kaum jemand, trotzdem enthebt uns dies nicht unserer Verantwortung für die Ärmsten der Armen auch in der westlichen Welt.

Ein Blick sei auf die atemberaubenden Veränderungen in der Arbeitswelt gestattet. Wir arbeiten heute rein zeitlich gesehen immer weniger. Lag in der älteren Generation die Lebensarbeitszeit bei ca. 120'000 Stunden, liegt sie heute bei 60'000 Stunden. Der durchschnittliche Arbeitnehmer arbeitet in Deutschland 1'560 Stunden im Jahr. Die meisten Erwerbstätigen haben eine Arbeitswoche von 36 bis 40 Stunden. Wir sind längst eine Art Freizeitgesellschaft geworden. Die wiederum weckt in uns den Wunsch, Arbeit müsse Spaß machen und einen hohen Erlebniswert haben.

Andererseits wächst der Druck am Arbeitsplatz. Die Konkurrenz sitzt uns im Nacken. Arbeitnehmer müssen immer schneller und effizienter funktionieren. Der Leis-

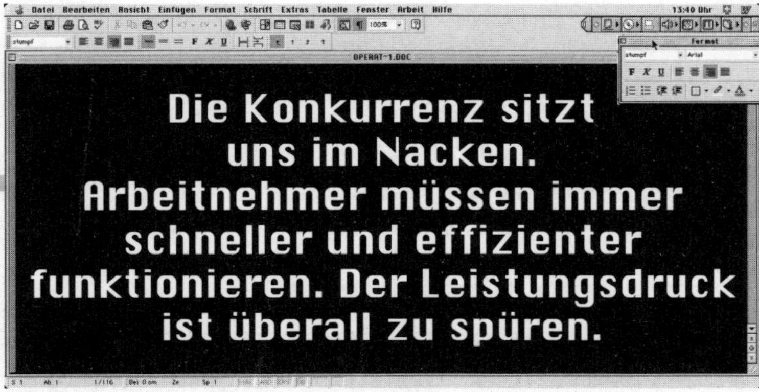

tungsdruck ist überall zu spüren. Die Kündigung schwebt als Damoklesschwert über vielen Häuptern. Wer nicht die entsprechende Leistung bringt, fällt durch das Raster der Erwartungen und wird einfach ausgewechselt. Die Computer nehmen uns viel Arbeit ab, aber dadurch sind auch die Ansprüche gestiegen. Das Klima in der Belegschaft wird zunehmend schlechter, fast jeder arbeitet am Rande der Spannkraft. Mobbing am Arbeitsplatz ist Ausdruck der neuen Rivalität und der eigenen Unzufriedenheit.

Auch das Wesen der Arbeit hat sich in den letzten Jahren grundlegend verändert. Konnte man früher noch damit rechnen, sein ganzes Leben an einem bestimmten Arbeitsplatz zu stehen, ist der häufige Stellenwechsel heute selbstverständlich geworden. Im Jahre 1998 wechselte im Durchschnitt schon jeder neunte Arbeitnehmer in der Bundesrepublik Deutschland seinen Arbeitsplatz, Tendenz steigend. Man schätzt, dass in zehn Jahren jeder fünfte Deutsche ohne Daueranstellung arbeiten wird. Man wird von einem Auftrag zum anderen gleiten. Teams werden sich für bestimmte Projekte zusammenfinden und nachher wieder auseinandergehen.

Schon heute muss jeder zu jeder Zeit bereit sein, seinen unproduktiven Arbeitsplatz zu räumen und noch einmal von vorne zu beginnen. Umschulungen sind längst an der

Tagesordnung. Ein neues Zusatzstudium kann nicht ausgeschlossen werden. Viele schaffen sich schon ein zweites Standbein. Wer heute noch meint, sein Arbeitsplatz sei sicher, träumt vor sich hin. Auch im Arbeitsleben gilt: Alles fließt, «anything goes».

Zudem steigt die Zahl der Arbeitsverträge auf Zeit. Der Trend geht zur Zeitarbeit. 1998 gab es in Deutschland schon

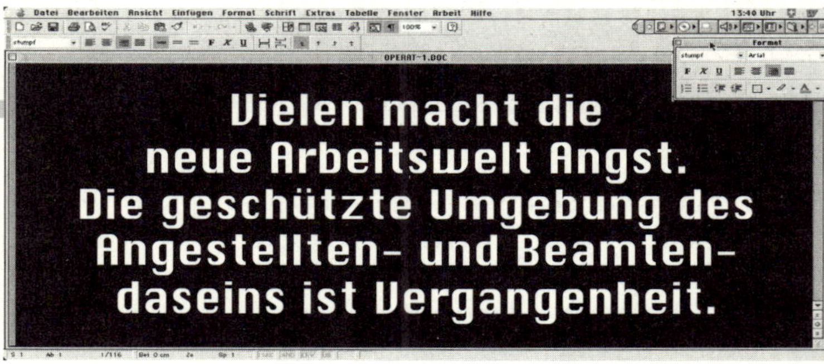

3,9 Millionen Zeitverträge, 575'000 Leiharbeiter und 4'300 Zeitarbeitsvermittlungsstellen. Es gibt im Arbeitsleben keine ewigen Sicherheiten mehr. Flexibilität ist gefragt. Man kann sich nirgendwo mehr auf dem Kissen der Vergangenheit ausruhen. Die Jugendlichen passen sich diesen Trends an. Frühzeitig wird an der eigenen Karriere gefeilt. Schon Schüler spekulieren an der Börse, bangen um einen Ausbildungsplatz, wählen nur die Berufe, die Spaß machen.

Vielen macht die neue Arbeitswelt Angst. Die geschützte Umgebung des Angestellten- oder Beamtendaseins ist Vergangenheit. Neue Unsicherheiten und Risiken rauben uns den Schlaf. Die soziale Absicherung ist gefährdet. Viele Branchen sind so schnelllebig, dass man nicht weiß, ob das Unternehmen sich morgen noch behaupten kann. Bei Jugendlichen beobachtet man vermehrt Entscheidungsängste in der Frage der Berufswahl. Man schätzt, dass 15 bis 20% der Jugendlichen künftig keine Chance haben, in den Arbeitsmarkt eingegliedert zu werden.

In Deutschland stagniert die Arbeitslosigkeit auf hohem Niveau und scheint ein Dauerproblem zu werden. Gab es 1975 nur eine Million Arbeitslose und 1982 zwei Millionen, so stieg die Zahl nach der Wiedervereinigung auf vier Millionen, davon 467'000 Jugendliche unter 25 Jahren. Die Gründe sind schnell zu nennen: harter Wettbewerb, Globalisierung, Rationalisierungseffekte. Immer mehr Fließband- und Büroarbeitsplätze fallen weg. Die Job-Angebote für Geringqualifizierte bröckeln ab. Arbeit ist zu teuer. Arbeitslosigkeit ist nicht nur eine wirtschaftliche Katastrophe, sondern auch eine private. Sie bedeutet: finanzielle und psychische Belastung, Demotivation, Verlust des Selbstbewusstseins, sozialen Abstieg. Problemfelder, denen sich auch die Christen in unserem Land stellen müssen.

Ein weiteres Problem hängt mit unserer Einstellung zur Arbeit zusammen. War die Arbeit früher ein Schicksal, ist sie heute eine Entscheidung. Wir wählen uns den Arbeitsplatz, der uns passt. Wir wollen durch die Arbeit Glück und Erfüllung finden, uns selbst verwirklichen und Spaß haben. Arbeit wird in unserer Zeit zum Sinnstifter, zum Talisman des Glücks. Heutige Jugendliche haben höchste Ansprüche an ihren Arbeitsplatz. Die Arbeit soll sinnvoll sein, die eigene Kreativität fördern. Man wägt ab, welche Arbeit «zu mir passt», statt dass man sich der Arbeit anpasst. Protestantische Arbeitstugenden wie Fleiß, Bescheidenheit, Pünktlichkeit und Ausdauer verlieren an Wert.

Wir leben zudem in einer Beschleunigungsgesellschaft. Geschwindigkeit wird zum Megafaktor. Wer rastet, der rostet. Alles wird schneller, besonders die Computer. Alle 18 Monate verdoppelt sich die Geschwindigkeit der Prozessoren. Unmerklich *laufen* wir auch schneller. Der durchschnittliche Deutsche legt in der Fußgängerzone 30 Meter in weniger als 20 Sekunden zurück. Der Indonesier braucht für die gleiche Strecke über 30 Sekunden. Und wir arbeiten auch schneller als früher. Die Rationalisierung presst aus dem Arbeitnehmer die optimale Leistung heraus. Wehe, wenn wir nicht richtig funktionieren. Die Auswechslung steht schon vor der Tür. Erschöpfung und Abgespanntheit machen sich breit. Man kommt innerlich kaum noch zur Ruhe. Die Gedanken kreisen und kreisen. Unsere Moderne schafft den Workaholic, den Arbeitssüchtigen. Die 60- bis 80-Stunden-Woche ist ihm wohlbekannt. Selbst im Urlaub kann er nicht abschalten. Handy und Laptop sind dabei. Er will immer «online» sein, überall erreichbar, die Schalthebel der Macht immer im Visier. Das Selbstwertgefühl holt er sich über die Arbeit, zu Lasten seiner Umgebung. Familien zerbrechen daran, für Freundschaften nimmt man sich keine Zeit, die Seele brennt aus – Burnout. Workaholics sind Menschen auf der Flucht vor sich selbst, vor der Stille und oft auch vor Gott.

Die größten Veränderungen des Wirtschaftslebens werden auch im neuen Millennium durch den Computer ausgelöst werden. Immer kleiner, immer leistungsfähiger, immer weiter verbreitet. Der Siegeszug der PCs begann in den 80er Jahren, d.h. erst vor 20 Jahren. Doch seither ist diese Welt nicht mehr, wie sie vorher war. Wir leben mitten in einer technischen Revolution, die ihresgleichen sucht und noch längst kein Ende gefunden hat. Staunend stehen wir vor der Weltraumtechnik, der Gentechnik, den Kommunikationstechniken. Kleinste Camcorder leisten heute ein

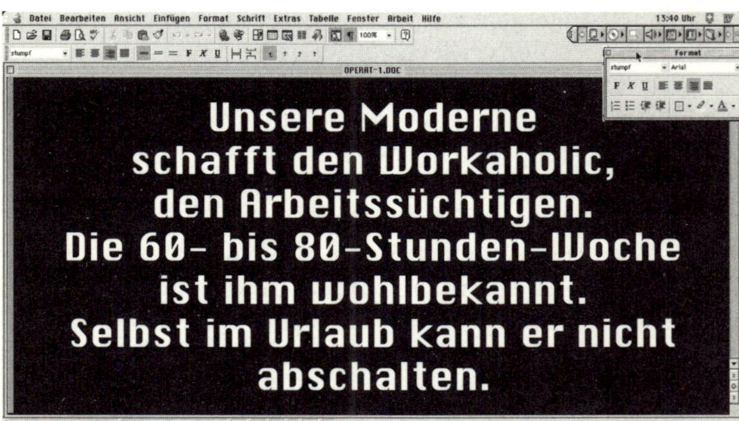

Vielfaches von alten Fernsehkameras. Mit Computern kann man sich unterhalten, gleichzeitig im Internet eine Homepage in Australien ansteuern, sich mit Freunden in Argentinien Briefe schreiben, komplizierte mathematische Tabellenkalkulationen erstellen, Fernsehen schauen und nach einem Wort in der Bibel suchen.

Die neue Technik zeigt die Kreativität des menschlichen Gehirns. Dank seiner immensen Leistungsfähigkeit ist es in der Lage, die Technik dauernd zu verbessern und voranzutreiben. Der Mensch baut Maschinen, die ihm in vielen Belangen überlegen sind. Staunend stehen wir vor den Wunderwerken menschlicher und maschineller Leistungsfähigkeit.

2.2 Impulse und Auswege

Was ist angesichts der Revolutionen im Bereich Wirtschaft, Arbeit und Technik zu tun? Welche Defizite müssen in den Blick genommen werden?

Zunächst sei wiederholt, dass die Globalisierung an sich nichts Negatives ist. Es kommt darauf an, wer die Steuerungsmechanismen kontrolliert. Wenn die Globalisierung auf Kosten des Sozialen geht, muss sie gebremst werden. Wenn davon nur einige wenige Großkonzerne profitieren, ist langfristig niemandem geholfen. Wenn dadurch nur Tausende von Arbeitsplätzen gestrichen, aber keine neuen geschaffen werden, muss man wohl zu Recht an dem Gesamtkonzept zweifeln.

Trotzdem darf man die positiven Aspekte nicht übersehen. Die Globalisierung hilft uns, das Evangelium leichter in andere Länder zu tragen. Die wirtschaftlichen Verflechtungen der Länder können helfen, diktatorische Regime zu demokratischen umzugestalten. Bis zu einem gewissen Grade wird es dank der Internationalisierung und der damit verbundenen Verlagerung von Arbeitsplätzen auch einigen ärmeren Ländern etwas besser gehen. Die Öffnung für andere Kulturen führt zu mehr Verständnis unter den Völkern – eine eminent wichtige Aufgabe im Zeitalter internationaler Krisen.

Gleiches gilt für den Neoliberalismus und seine Träume vom so genannten freien Markt. Auch hier muss abgewägt werden. Ein uneingeschränkter Markt entwickelt sich langfristig immer auf Kosten des Menschen, genauso wie auf der anderen Seite die totale Planwirtschaft ein Feind des Menschen war (und in einigen Ländern noch ist). Der Mensch ist keine Kostenstelle der Produktion. Jede Wirtschaftspolitik darf nicht nur auf den Profit, sondern muss auch auf das Wohl des ganzen Menschen ausgerichtet sein. Wer nur noch nach dem schnellen Geld schielt, den Menschen aber vergisst, wird langfristig eine ganze Gesellschaft zu Grunde richten – und damit auch den Wohlstand der nachfolgenden Generationen verspielen.

Unsere Wirtschaft braucht ein ethisches Fundament. Der zügellose Kapitalismus mag erfolgreich sein, automatisch menschlich ist er jedoch nicht. Von einer ethischen Erneuerung der Weltwirtschaft sprechen viele. Die Rezepte variieren jedoch. Jede ethische Erneuerung, auch in der Wirtschaft, muss beim Menschen selbst ansetzen, nicht nur bei den Strukturen. Was wir brauchen, sind erneuerte Menschen für eine erneuerte Wirtschaftspolitik. Werte wie Wahrhaftigkeit und Zuverlässigkeit müssen wieder an Ansehen gewinnen. Wenn der Ehrliche wirklich der Dumme ist, dann steht es schlecht mit unserer Zukunft. Wenn Lüge oder Falschinformation den Unternehmen Vorteile verschaffen, dann stimmt etwas nicht mehr mit unserer Welt. Wer keinen Respekt mehr vor dem Eigentum des anderen hat, wer den Konkurrenten mit Hilfe unlauterer Werbung in Misskredit bringt, wer hemmungslos seine Macht ausspielt, der muss wieder neu belangt und bestraft werden. Wir alle sind aufgefordert, gegen den Degenerationsprozess

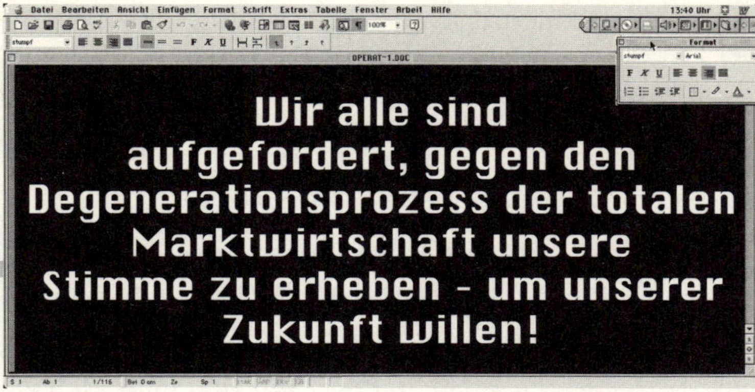

der totalen Marktwirtschaft unsere Stimme zu erheben – um unserer Zukunft willen!

Selbst in Westeuropa herrscht mittlerweile die Korruption. Auch an diesem Punkt muss sich Protest erheben. Wenn Schmiergelder in Millionenhöhe fließen, luxuriöse Geschenke gemacht werden, kostenlose Urlaubsreisen offeriert werden – dann haben wir bald «Bananenrepublik»-Zustände. Unsere Prinzipien für die Marktwirtschaft dürfen sich nicht nur am Nützlichkeitsdenken orientieren. Wer nur das für richtig hält, was dem Unternehmen hilft, denkt zu kurz. Die heutigen Managerprinzipien orientieren sich zu stark an den augenblicklichen Gegebenheiten, statt langfristig auf die Zukunft ausgerichtet zu sein und die gesamte Gesellschaft in den Blick zu nehmen. Manager und Wirtschaftsbosse müssen verstärkt ihre Verantwortung für die ganze Gesellschaft in den Blick bekommen!

Bei aller Wirtschaftspolitik muss der Schutz des persönlichen Eigentums hervorgehoben werden, weil er in der Bibel an vielen Stellen gefordert wird. Schon das Verbot des Stehlens (2. Mose 20,15) und Begehrens (2. Mose 20,17) geht in die Richtung des Eigentumsschutzes. Eigentum, das heißt der freie Umgang mit erworbenen Gütern, ist ein von Gott bestimmtes Grundrecht der Menschen. Die umfangreichen Gebote gegen den Diebstahl (2. Mose 21,33 – 22,14;

Eph 4,28) sind hier zu erwähnen. Reichtum wird in der Bibel keineswegs negativ gewertet. Reich sein ist eine gute Gabe Gottes. Unter den Anhängern Jesu und in den ersten Gemeinden waren auch wohlhabende Leute. Der Reichtum wird jedoch in seiner Bedeutung relativiert und sein Missbrauch angeprangert!

Wenige wissen: Die Bibel hat viel über das Thema Wirtschaft zu sagen. Ein Hauptthema ist der Umgang des Menschen mit Besitz. Die Verfügung über Sklaven wird in der Bibel z.B. auf sechs Jahre beschränkt (2. Mose 21,2). In jedem 50. Jahr, im Jubeljahr, sollten die alten Besitzstände wiederhergestellt werden (3. Mose 25), damit niemand die für sein Überleben notwendigen Grundlagen seines Einkommens für immer verliert. Jeder Besitz galt als illegitim, wenn er durch Unterdrückung erworben wurde (2. Mose 21,26f; Spr. 16,8). Das urgemeindliche Zusammenleben, wie es uns in Apostelgeschichte 2 berichtet wird, war übrigens kein urchristlicher Kommunismus, sondern eine Art Gewinnabschöpfung zu Gunsten der Armen und Bedürftigen in der Gemeinde. Sie zeigt, dass auch in der Gemeinde Jesu die soziale Fürsorge eine Rolle spielt.

Noch etwas: Schon im Alten Testament wird deutlich, dass der Besitz des Menschen letztlich Gott gehört, nicht dem Menschen (3. Mose 25,23). Der Mensch ist der Verwalter der Güter Gottes. Deshalb darf der Besitz auch nicht zum Götzen werden und das Geld nicht zum Mammon (Lk. 16,13; Hiob 31,24f). Wer sich auf seinen Reichtum verlässt, der ist verlassen. Wer den Armen übersieht, wird gerichtet (Lk. 16,19ff). Weisheit ist mehr wert als alles Gold (Spr. 3,13f u.a.). Wucher und Bestechung gelten als schlimme Vergehen (Spr. 11,26; 15,27), Habsucht sogar als Götzendienst (Kol. 3,5). Gold und Silber werden vergehen und haben am Ende keinen Bestand (Jak. 5,1–6).

Wir brauchen eine neue Einstellung zu unserem Besitz. Besitz ist eine gute Leihgabe Gottes an uns, mit der wir verantwortungsvoll umgehen sollen. Eigentum darf nicht zum Götzen werden. Wer das Geld zur letzten Instanz erklärt, der lebt an seiner eigentlichen Bestimmung vorbei. Wer sein Selbstbewusstsein an das Bankkonto bindet, lebt gefährlich. Wer mit seinem Geld angibt, hat nichts verstanden.

Was wir heute in unserem Land brauchen, ist eine neue Bescheidenheit. Wir müssen uns wieder genügen lassen an dem, was wir haben. Sparsamkeit ist ein seltenes Gut ge-

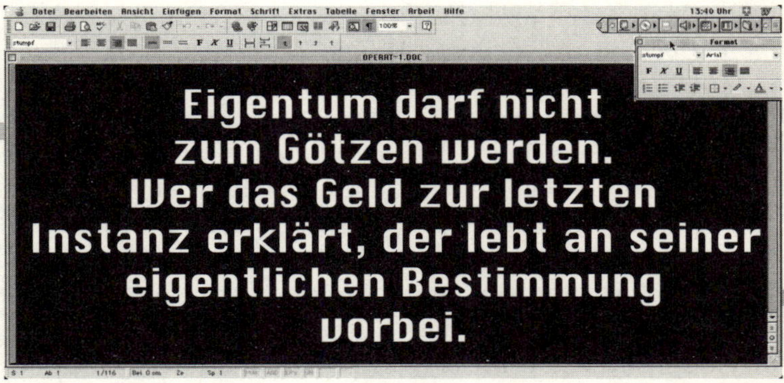

worden – unsere Kinder wissen schon mit dem Begriff nichts mehr anzufangen. Wir jagen nach dem Neuesten und Besten. Wir können es nicht aushalten, wenn der Arbeitskollege oder Nachbar etwas besitzt, was wir selbst nicht haben. Verschwendung und Extravaganz sind bekannte Problemfelder unseres Lebens. Bescheidenheit täte uns allen gut. Zufrieden sein mit dem, was man hat – wie befreiend wäre ein solcher Lebensstil.

Wir müssen vor allen Dingen wieder das Verzichten um des Reiches Gottes willen lernen. Wir müssen lernen: Es gibt ein Geschenk der Einfachheit. Es gibt eine evangelische Askese. Ein einfacher Lebensstil, der das Materielle nicht verteufelt, ihm aber einen untergeordneten Platz im Leben einräumt und sich über das freut, was man besitzt, anstatt ständig nach dem zu schielen, was man nicht hat – ein solcher Lebensstil ist ein erstes Zeichen einer Gegenkultur in unserem Land.

Solche Themen müssen auch wieder in unseren Gemeinden angesprochen werden. Der richtige Umgang mit dem Besitz muss ein regelmäßiges Predigtthema sein. Darüber hinaus sollten wir den Menschen ganz praktisch helfen, mit ihrem Geld richtig umzugehen. In vielen Gemeinden wird es Experten geben, die andere in Geldangelegenheiten seriös beraten können. Oftmals fehlt es an Informationen, an Fachwissen. Geld ist nichts «Profanes», Weltliches. Besitz und Glaube gehören untrennbar zusammen. Deshalb muss dieses Thema auch in der Gemeinde vorkommen!

Dazu gehört auch eine andere Zeiteinteilung. Es gibt nicht nur das Geschenk der Einfachheit, sondern auch das Geschenk der Langsamkeit. Schnelligkeit ist kein Wert an sich und ist nicht in allen Bereichen des Lebens erstrebenswert. Für die Feuerwehr und den Krankenwagen mag Geschwindigkeit ein wichtiger Faktor sein. Wer aber Schnelligkeit für alle Bereiche des Lebens fordert, denkt zu kurz. In vielen Bereichen unserer menschlichen Existenz gibt es wichtigere Werte. Wenn Schnelligkeit auf Kosten der Qualität geht, haben wir nichts gewonnen. Wenn Geschwindigkeit die Tiefe des Lebens zerstört, dann fehlt uns ein entscheidender Wert. Wer nur noch durch das Leben rast, weiß nichts mehr über die Bedeutung der Pause.

Eigentum verpflichtet. Die Gesellschaft ist verpflichtet, die Armen und Hilflosen besonders zu schützen. Wohl in keinem Buch der Weltliteratur werden die unbarmherzigen Reichen so getadelt wie in der Bibel (Am. 2,6–7; Mi. 6,10–12). Gott tritt ihnen als Schutzherr der Armen und Unterdrückten gegenüber. Er befiehlt: An Bedürftige dürfen nur zinslose Darlehen vergeben werden (2. Mose 22,24). Lebenswichtige Dinge dürfen nicht als Pfand genommen werden (2. Mose 22,25f). Witwen, Waisen und Fremde sollen auf keinen Fall unterdrückt werden (2. Mose 22,20–23). Ziel Gottes ist es, dass es keinen Armen in seinem Volk gibt (5. Mose 15,4). Immer wieder werden die Reichen ermahnt, von ihrem Reichtum abzugeben (1. Tim. 6,17f; Eph.

4,28b). Damit wird nicht einer vorschnellen Entschuldung der Entwicklungsländer das Wort geredet. Erst müssen die politischen Systeme stabilisiert und der Korruption Einhalt geboten werden. Das Übel der Armut muss an der Wurzel gepackt werden. Entwicklungshilfe muss Hilfe zur Selbsthilfe bleiben. Warum jedoch die Ausgaben für Entwicklungshilfe zurückgehen, ist schwer zu begreifen.

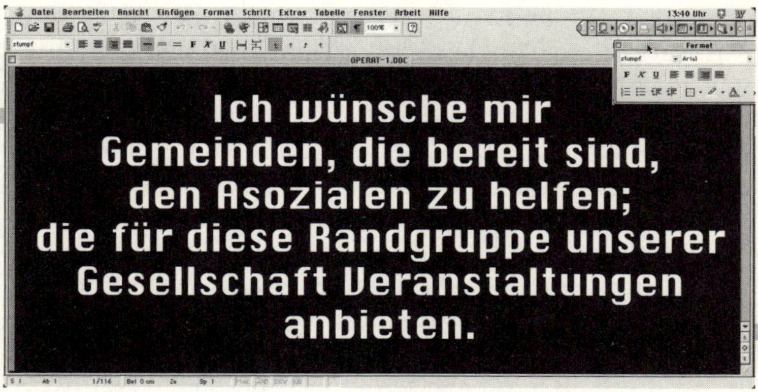

Auch die Gemeinde Jesu hat eine sozialdiakonische Aufgabe. Sie beschränkt sich nicht auf die notwendigen Sammlungen für die Armen in der Dritten Welt, sondern sie beginnt vor unserer Haustür. Ich wünsche mir Gemeinden, die bereit sind, den Asozialen zu helfen; die für diese Randgruppe unserer Gesellschaft Veranstaltungen anbieten, Besuchsdienste organisieren, Nachhilfegruppen gründen, die Häuser öffnen, Kleiderkammern einrichten, Notfonds bilden. In einigen Großstädten kann man heute schon ein Kinderspeisungs-Programm ins Leben rufen, so groß ist die Not in den sozialen Brennpunkten. Der Kreativität der Kirchen sind hier keine Grenzen gesetzt. Sie dürfen sich nicht damit abfinden, dass in ihnen nur der soziale Mittelstand vertreten ist. Die Liebe zum Nächsten wird hier praktisch und konkret und kann das Erkennungszeichen für lebendiges Christentum werden. Natürlich darf es nicht nur darum gehen, die materielle Not zu lindern. Die geistliche Not muss gestillt werden. Das hat für die Kirche immer Priorität. Aber wir dürfen niemals Evangelisation und soziale Verantwortung gegeneinander ausspielen!

Eins ist klar: Eine Egalisierung aller Menschen im Sinne des Kommunismus ist nicht im Sinne Gottes. Die Gottesebenbildlichkeit des Menschen schließt auch seine Freiheit und Individualität ein. Die Verschiedenheit der Menschen ist gottgewollt und Ausdruck der Vielfalt der Schöpfung. Ausdruck dieser Ungleichheit ist auch immer der unterschiedliche Besitzstand von Menschen. Aber das seit dem Fall des Kommunismus dominante kapitalistische System, das keineswegs in einem Atemzug mit dem Kommunismus genannt werden darf, ist ebensowenig das Paradies auf Erden. Heute muss ein ungehemmter und unmoralischer Kapitalismus gezügelt werden. Wir brauchen ein Korrektiv des Kapitalismus, eine Regulierung des totalen Liberalismus.

Es gibt keinen Anspruch auf eine kollektive Absicherung. Unser Sicherheitsdenken ist und bleibt eine große Illusion. Deshalb brauchen wir eine neue Eigenverantwortlichkeit des Menschen. Wer meint, der Staat würde schon alles richten, lebt in der Vergangenheit. Heute ist geboten, selbst Hand anzulegen. Ob Rente oder Krankenversicherung, Straßenreinigung oder Sicherheit – die Eigenverantwortlichkeit der Bürger ist gefragt. Der Sozialstaat ist heute nicht mehr finanzierbar.

Wir brauchen eine ausgewogene Sicht unserer Arbeit. Sie ist nicht nur reiner Segen, aber ebenso wenig nur Fluch. Arbeit ist weder religiös noch rein profan. Arbeit allein kann nicht Sinnstifter des Lebens werden, ist aber ebenso wenig nur ein Nebenprodukt meiner Existenz. Gottes Wort, die Bibel, hat viel über Arbeit zu sagen. Zunächst: Gott selbst ist ein Arbeiter. Die Schöpfung dieser Welt ist Arbeit gewesen. Gottes Arbeit war äußerst kreativ und vielfältig. Die Komplexität und Schönheit der Schöpfung lässt uns erahnen, wie kreativ unser Schöpfer ans Werk gegangen ist. Diese fundamentale Erkenntnis der Bibel müssen wir wieder ernster nehmen. Gott weiß, was Arbeit bedeutet. Allein dieser Tatbestand gibt unserer Arbeit Wert und Würde. Arbeit an sich ist nichts Ungöttliches oder gar Lästiges. Es gibt eine göttliche Dimension jeder Arbeit.

Sodann: Gott stellt die Menschen an die Arbeit (1. Mose 1,28), womit sie seine Mitarbeiter werden. Dieser göttliche Arbeitsauftrag ist ein Kulturauftrag: Der Mensch soll die göttliche Schöpfung kreativ nutzen und weiterentwickeln. Er soll nicht die Hände in den Schoß legen, sondern gestalterisch auf die Schöpfung einwirken. Von Gott selber kommt dieser Auftrag, die Erde in Besitz zu nehmen und zu bebauen. Arbeit ist also ein Grundauftrag für alle Menschen. Nach christlichem Verständnis ist deshalb Arbeit nicht eine lästige Pflichtübung, sondern ein integraler Bestandteil des menschlichen Lebens. In der biblischen Heilsgeschichte stellt Gott immer wieder Menschen an die Arbeit, indem er ihnen einen klaren Auftrag gibt. Das Besondere ist dabei, dass es nicht immer die in der Gesellschaft angesehen Menschen sind, derer sich Gott bedient. Nicht selten beruft Gott die Unbedeutenden, die nicht auf ihre eigene Karriere aus sind. David war der unbedeutendste seiner Brüder, Mose war ein Mörder, ohne rhetorische Fähigkeiten, Jeremia war zu jung, Esther war ein Waisen-

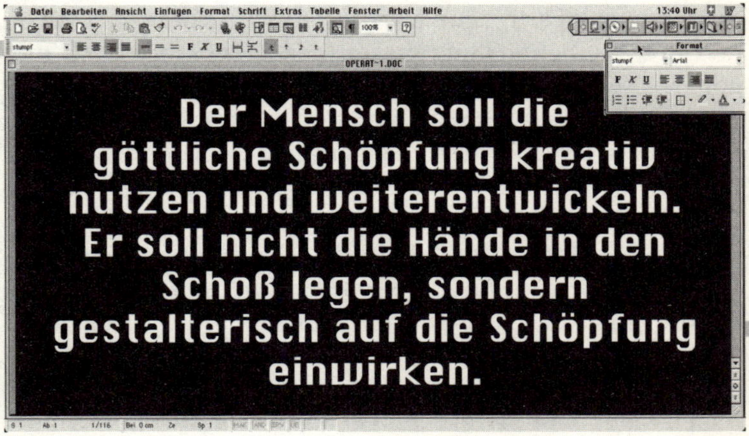

kind, Josephs Träume endeten jäh in einem Brunnen. Gottes Auswahlkriterien unterscheiden sich häufig von den unsrigen. Treue und Demut sind ihm, dem göttlichen Arbeitgeber, wichtiger als Durchsetzungsvermögen und Smartheit.

Daneben gibt es allerdings die andere Seite der Arbeit. Auch darüber berichtet uns die Bibel. Die Last und Mühsal

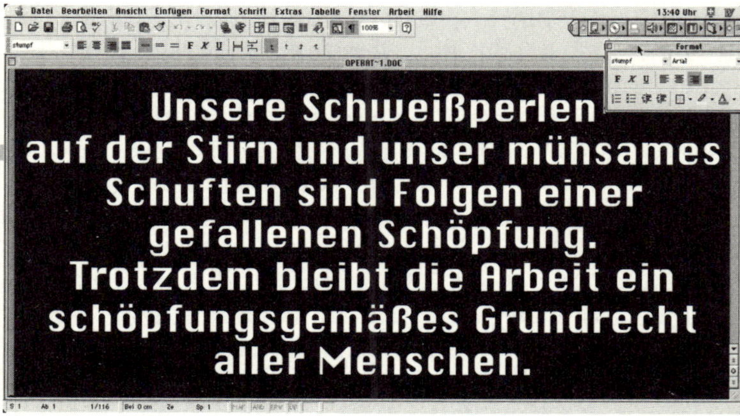

der Arbeit ist eine Folge des Sündenfalls. Die Verfluchung des Ackerbodens (1. Mose 3,17–19) verändert alle Arbeitsprozesse schlagartig. Zur Arbeit treten die Mühe, das Versagen und die Schweißperlen auf der Stirn. Aber auch hier gilt: Nicht die Arbeit an sich wird verflucht, sondern der Ackerboden. Unsere Schweißperlen auf der Stirn und unser mühsames Schuften sind Folgen einer gefallenen Schöpfung. Trotzdem bleibt die Arbeit ein schöpfungsgemäßes Grundrecht aller Menschen.

Die Motivation der Arbeit ist nach biblischem Verständnis nicht die eigene Selbstverwirklichung, sondern die Ehre Gottes; nicht das Ansehen bei den Menschen (Kol. 3,22–24), sondern das Ansehen bei Gott. Arbeit ist eine Berufung von Gott und geschieht deshalb zur Ehre Gottes (Kol. 3,17). Arbeit dient dem Erwerb des Lebensnotwendigen, nicht der

Anhäufung von allerlei Luxus. Die Früchte unserer Arbeit wiederum gehören eigentlich nicht uns, sondern Gott. Die Geschichte vom Opfer der Brüder Kain und Abel macht deutlich, dass unsere besten Produkte der täglichen Arbeit als Opfer für Gott bereitstehen sollen (1. Mose 4,3–4).

Wie sollen wir arbeiten? Der Fleiß ist eine hohe Tugend der Christen (Spr. 6,6ff). Faulheit wird in der Bibel scharf verurteilt (Lk. 12,16–21; 2. Thess. 3,10). Das Verhältnis zum Arbeitgeber soll von Respekt, Gehorsam und Gutwilligkeit geprägt sein (Eph. 6,5–8). Pflichtbewusstsein und Disziplin, Pünktlichkeit und Eifer, Genauigkeit und Ehrlichkeit sind biblische Primärtugenden. Arbeitnehmer haben eine Mitverantwortung für ihre Firma. Sie sollen ihre besten Kräfte dem Unternehmen zur Verfügung stellen. Dazu gehört auch das Gebet für den Chef, die Arbeitskollegen und den wirtschaftlichen Erfolg. Und natürlich nutzt der Christ auch die sich ergebenden Möglichkeiten, seine Arbeitskollegen durch Wort und Wandel auf Christus hinzuweisen.

Andererseits gibt die Bibel klare Anweisungen für die Arbeitgeber: Sie sollen die Löhne pünktlich auszahlen («Der Arbeiter ist seines Lohnes wert», 1. Tim. 5,18; Mt. 10,10; 1. Kor. 9,14), den Arbeitnehmern nicht drohen (Eph. 6,9) und sich vor Augen halten, dass sie sich selbst vor Gott für ihr Tun rechtfertigen müssen (Kol. 4,1). Gottes Wort macht deutlich, dass der Arbeiter keine Maschine ist, sondern ein Mensch, dem in Respekt und Würde zu begegnen ist. Der Wert eines Arbeitnehmers soll sich nicht nur an der Effizienz seiner Arbeit ablesen lassen, sondern an seiner Persönlichkeit. Der Mensch ist nicht nach der Arbeitsbeschreibung geschaffen worden, sondern nach dem Ebenbild Gottes. Menschen sind *ad personam* wertvoll, weil sie Gottes Geschöpfe sind, nicht nur weil sie der Firma einen großen Gewinn einbringen. Diese Würde des Arbeiters muss Konsequenzen für die Unternehmensführung haben. Die Arbeitsplätze müssen menschlich gestaltet sein. Notwendige Kündigungen müssen sozial abgefedert werden. Wenn durch «Elefantenhochzeiten» plötzlich Zehntausende von Arbeitnehmern auf der Straße stehen, kann man an der sozialen Ausgewogenheit zweifeln. Wenn die gleichen Arbeiter von solchen Entscheidungen erst aus der Zeitung erfahren, stimmt etwas nicht mit der Unternehmensphilosophie. Wenn der Boss sich wie ein Diktator aufspielt, dann muss sich einiges ändern. Wir brauchen deshalb im neuen Jahrhundert dringend eine ethisch verantwortbare neue Unternehmenskultur.

Die Kreativität Gottes in der Schöpfung sollte zudem für jeden Arbeitgeber ein Ansporn sein, für seine Mitarbeiter Arbeitsplätze zu schaffen, an denen sie ihre Gaben und Fähigkeiten optimal zur Entfaltung bringen können. Gott hat den Menschen als kreatives Wesen geschaffen. Wie revolutionär wäre es, wenn alle Arbeitgeber dieses Grundprinzip der Schöpfung einkalkulieren würden! Da immer mehr Maschinen und Roboter uns in Zukunft stumpfsinnige mechanische Arbeiten abnehmen werden, könnte sich auch die Situation der Arbeit verbessern. Die Humanisierung der Arbeitsprozesse bleibt aber weiterhin eine wichtige Herausforderung, insbesondere in Ländern der Dritten Welt.

Fleißiges Arbeiten ist laut der Bibel ein Vorbild für andere (1. Thess. 2,9). Eine angeblich religiös motivierte Weigerung, für den eigenen Lebensunterhalt zu arbeiten, wird von Paulus scharf verurteilt (2. Thess. 3,10–12).

Für alle Workaholics, auch in christlichen Kreisen, sei hinzugefügt: Arbeit darf nicht zum Götzen werden. Es gibt Wichtigeres als die Arbeit. Wer nur noch für seine Arbeit lebt und darin seine eigene Identität finden will, lebt einseitig und schädigt sich selbst und seine Umwelt. Der Mensch ist nicht erst dann ein Mensch, wenn er einer erfolgreichen Arbeit nachgeht. Es ist schön, wenn wir Menschen in der Arbeit Erfüllung finden und auf Erfolge blicken können. Aber auch der Arbeitslose ist nicht seiner menschlichen Würde beraubt. Auch er ist ein Ebenbild Gottes, vom Vater geliebt. Auch er kann ein sinnvolles Leben nach Gottes Plan

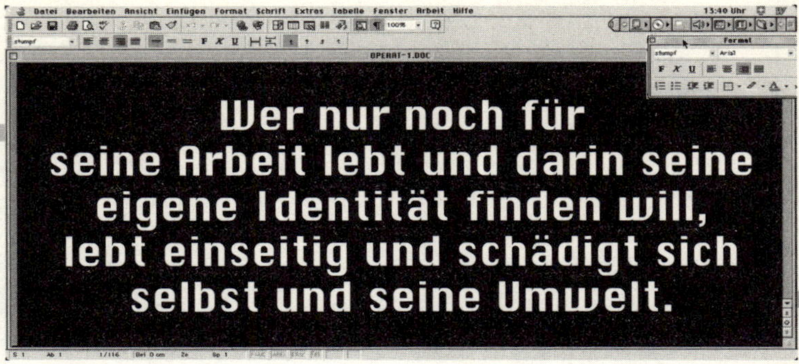

führen, weil er seine Identität von Gott bekommen hat. Der Mensch ist nicht das, was er macht, sondern das, was er ist. Nicht die Arbeit macht den Menschen aus, sondern das Sein.

Unsere christlichen Kirchen und Gemeinden müssen zudem neu ihre Verantwortung für die Arbeiter und auch für die Arbeitslosen entdecken. Die seelischen Folgen der Spannungen in der heutigen Arbeitswelt und die psychischen Belastungen bei Arbeitslosigkeit müssen von Gemeinden thematisiert und seelsorgerlich aufgefangen werden. Gemeinden müssen begreifen: Es geht nicht nur um das Seelenheil der Menschen. Wir haben auch eine Verantwortung für das «weltliche» Leben der Menschen. Pastoren täten gut daran, über die verschiedenen Aspekte der Arbeit zu predigen. Vorträge über eine «Ethik der Arbeit» tun heute Not. Seelsorgerliche Begleitung von gestrandeten Arbeitnehmern dürften viele benötigen. Eine durch die Gemeinde organisierte «Job-Vermittlung» gehört ebenfalls dazu. Vielleicht ist auch in dem einen oder anderen Fall eine finanzielle Unterstützung notwendig. Hunderttausende werden im neuen Millennium die schmerzhaften Seiten der neuen Arbeitswelt erleben und erleiden. Nur gut, wenn die Gemeinde Jesu sich diesen Herausforderungen frühzeitig stellt.

Der Segen unserer Arbeit ist wiederum ein Geschenk Gottes. Auch heute gilt das Gebet des Psalmisten: «Herr, unser Gott, sei uns freundlich und fördere das Werk unsrer Hände» (Ps. 90,17; Luther). Und Salomo wusste schon: «Der Segen des Herrn allein macht reich, und nichts tut eigene Mühe hinzu» (Spr. 10,22; Luther). Eitles Mühen ist dagegen «Haschen nach Wind» (Pred. 2,11). Übermäßige Sorge um die täglichen Bedürfnisse können den Menschen von Gott wegführen (Mt. 6,24f).

Gott selber hat aber nicht nur die Arbeitswoche, sondern auch den Ruhetag festgelegt. Sechs Tage soll der Mensch arbeiten, und am siebten Tag soll er ruhen. Der Schöpfer hat es uns übrigens selbst vorgemacht. Er vollendete die Schöpfung durch den Ruhetag (1. Mose 2,2). Das unbeschreibliche Werk der Weltschöpfung war nach sechs Tagen noch nicht beendet. Etwas Wesentliches fehlte noch. Gott, der wahrlich nicht zu ruhen bräuchte, macht Pause. Der Sabbat Gottes gehörte zur Schöpfung hinzu, ohne ihn wäre die Schöpfung unvollendet geblieben.

Gott segnete diesen Tag und heiligte ihn (1. Mose 2,3). Dieser Tag soll abgesondert von allen anderen Tagen sein. Dieser Tag steht unter dem besonderen Segen Gottes. Deshalb sollen wir ebenso den Sabbattag «heilig halten» (2. Mose 20,8). Dabei geht es nicht nur um Ausspannen und Ausschlafen, sondern der Tag soll «für den Herrn, deinen Gott» gehalten werden. Gott soll im Mittelpunkt dieses Ta-

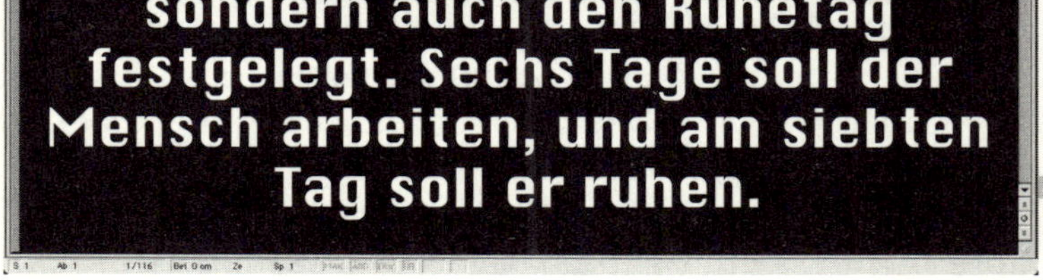

ges stehen. Der Mensch braucht bestimmte Zeiten, um sich auf seinen Schöpfer auszurichten und von der täglichen Last des Alltags loszukommen. Gottesdienst, Gebet, Bibellesen sollten integrale Bestandteile dieses besonderen Tages sein.

Im Kontext der neutestamentlichen Gemeinde hat man von Anfang an den Sonntag, den Auferstehungstag Christi, gefeiert. Am ersten Tag der Woche erschien Jesus seinen Jüngern. An diesem Tag versammelte sich die Gemeinde (Apg. 20,7). Es kann aber auch zu einer unguten Verengung in der Sabbatfrage kommen. Warnungen des Apostels Paulus, sich nicht wegen bestimmter gesetzlicher Sabbatfragen zu streiten, weisen auf dieses alte Problem hin (Kol. 2,16). Und auch Jesus Christus geißelte die zusätzlichen detaillierten Sabbatbestimmungen der Pharisäer und Schriftgelehrten.

Der gesetzliche Missbrauch des Sabbats darf uns aber nicht zu einer völligen Abschaffung und Liberalisierung verleiten. Das Gebot Gottes bleibt in seinem Prinzip erhalten: Ein Tag in der Woche ist heilig. An ihm soll der Mensch zur Ruhe kommen und sich auf Gott ausrichten. Diese Regel gilt für alle Menschen, weil sie schon in der Schöpfung angelegt ist. Wer gegen diese Regel Gottes verstößt, verstößt gegen seine geschöpfliche Bestimmung.

Auch die Ausnahmen sollten nicht die Regel aufweichen. 11,3% aller Erwerbstätigen in Deutschland müssen regelmäßig sonntags arbeiten – von der Krankenschwester bis zum Feuerwehrmann. Dagegen ist nichts zu sagen. Aber warum muss sonntags der Bäcker Brötchen backen? Warum sollen sonntags die Geschäfte geöffnet sein? Hat der totale Konsum schon über unsere geistlichen Wurzeln gesiegt? Merkt diese Gesellschaft nicht, dass man kulturelle Fundamente nicht einfach aufgeben kann? Steht die Kundenfreundlichkeit schon über der Gottesfurcht?

Was kann uns helfen, den Sonntag zu heiligen? Im Judentum wird am Abend des Sabbats die Sabbatkerze angezündet. Sie symbolisiert: Ab jetzt kommen wir zur Ruhe.

Vielleicht brauchen wir auch heute wieder ähnliche Symbole, die uns als feste Gewohnheiten helfen, uns auf den Sonntag auszurichten. Mit Recht sagt man: Der Sonntag beginnt am Samstagabend. Wer nicht schon zu dieser Zeit beginnt, sich äußerlich und innerlich auf den Ruhetag einzustellen, wird sonntagmorgens kaum dazu in der Lage sein. Eine Wochenabschlussandacht wäre ebenfalls hilf-

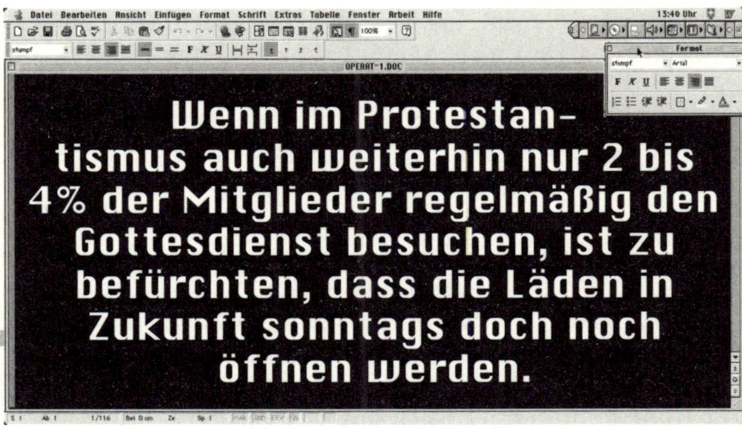

reich. Warum nicht wieder überall die Glocken schon am Samstagabend läuten lassen, als Hinweis: Macht euch bereit für den Tag des Herrn?

Die Krise der Sonntagsheiligung ist auch die Krise des Kirchgangs. Wenn im Protestantismus auch weiterhin nur 2 bis 4% der Mitglieder regelmäßig den Gottesdienst besuchen, ist zu befürchten, dass die Läden in Zukunft sonntags doch noch öffnen werden. Denn dann ist das Argument der Konkurrenz zur Kirche hinfällig geworden. Deshalb muss auch innerhalb der Kirchen und Gemeinden die Sonntagsheiligung wieder mehr Gewicht bekommen. Wenn wieder Millionen von Menschen in die Gottesdienste strömten, hätten wir keine Diskussion mehr über Ladenöffnungszeiten. Wenn es wieder eine neue Gottesfurcht gäbe, eine neue Hinwendung zum Glauben an

Jesus Christus, dann wäre das alles keine Schlagzeile mehr wert.

Christen brauchen auch ein neues Verhältnis zum technischen Fortschritt. Die moderne Wissenschaft entwickelte sich auf der Grundlage eines christlichen Weltverständnisses. Der christliche Glaube fördert den technischen Fortschritt, denn Gott hat den Menschen einen Kulturauftrag gegeben. Der Mensch soll die Welt bebauen, er soll diese Welt verändern. Diese Bestimmung Gottes für den Menschen ermöglichte in den christlich geprägten Ländern erst den ungeheuren technischen Fortschritt der Vergangenheit. Die führenden Naturforscher vergangener Zeiten waren überzeugte Christen. Sie empfanden keine Spannung zwischen ihrem Glauben an Gott und ihrer wissenschaftlichen Arbeit. Gott hat dem Menschen den Verstand gegeben, die Welt zu beobachten und sich Gottes Naturgesetze zu Nutze zu machen. Gott möchte, dass der Mensch die Initiative übernimmt. Wissenschaft und Technik bieten Möglichkeiten, die Schäden der gefallenen Schöpfung partiell zu reparieren. Christen haben deshalb ein grundsätzlich positives Verhältnis zur Wissenschaft und Technik.

Aber alle Wissenschaft muss ihre Grenzen erkennen. Wenn sie sich verselbständigt und sich zur letzten Instanz erhebt, dann hat sie ihre eigentliche Bestimmung verloren und verkommt zur Ideologie. Jeder Wissenschaftler muss sich in seinem Tun vor Gott, seinem Schöpfer, verantworten. Es ist eine der Hauptaufgaben der Gemeinde Jesu, die Wissenschaft an diese Zusammenhänge zu erinnern. Deshalb muss jeder Techniker und Wissenschaftler Nutzen und Risiken genau abwägen.

Die Spaltung des Atoms oder die Veränderung der Erbsubstanz dürfen nicht einfach aus emotionalen Gründen abgelehnt werden. Die künstliche Herstellung von Insulin und die Veränderung der Gene von Pflanzen zur Überwindung des Hungers in der Welt sollte nicht leichtfertig verworfen werden. Trotzdem muss über den Missbrauch und die Gefahren solcher Technologie aufgeklärt werden. Vor allem dürfen nicht nur kommerzielle Gründe bei der Umsetzung ins Feld geführt werden. Auch auf diesem Gebiet bedarf es klarer ethischer Leitlinien, die auch juristisch eingefordert werden müssen. Wissenschaftlicher Fortschritt darf nicht durch Machtstreben korrumpiert und missbraucht werden. In der wissenschaftlichen Welt brauchen wir wieder einen klaren Kodex des Vertrauens und der Ehrlichkeit. Wissenschaftler wie Techniker müssen wieder Demut und Bescheidenheit lernen, denn sie sind keine Götter. Wissenschaftler und Techniker sollten immer ihre Grenzen vor Augen haben, um ihrer Disziplin nicht einen religiösen Anstrich zu geben. Wissenschaft und Technik können viele Fragen beantworten, aber längst nicht alle und längst nicht die wichtigsten Fragen der Menschen.

Und: Christen sollten in den Diskussionen und Entscheidungen dieser Fragestellungen an vorderster Front mitmischen und ihre Positionen und Überzeugungen einbringen. Uns fehlen heute die Christen in Wirtschaft und Wissenschaft, die christliche Positionen vertreten und durchhalten. Selbst in unseren Kirchen und Gemeinden taucht das Thema Wirtschaft und Wissenschaft so gut wie nie auf. Auch hier hat sich die unsägliche Trennung von Glaube und Leben breit gemacht. Dabei hätten die Kirchen für Wirtschaft und Wissenschaft einen wichtigen Dienst zu leisten!

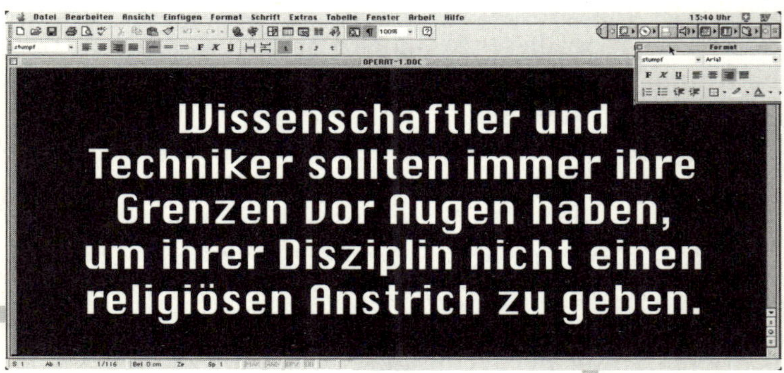

Zusammenfassend sei gesagt: Unsere Wirtschaft und unsere Wissenschaft brauchen die Maßstäbe der biblischen Ethik. Ohne moralische Werte führt jede Wirtschafts- und Wissenschaftsphilosophie in die Knechtschaft des Menschen – seien es sozialistische oder kapitalistische Systeme. Extremer Neoliberalismus unterdrückt den Menschen und degradiert ihn zu einer Maschine, die schnell ausgewechselt werden kann. Extremer Sozialismus unterdrückt die Freiheit des Unternehmertums und führt zu einer verhängnisvollen Abhängigkeit von staatlichen Lenkungen. Die sprunghafte Veränderung des Arbeitsmarktes im neuen Millennium stellt uns alle vor große Herausforderungen. Um ihnen begegnen zu können, brauchen die Menschen eine klare Identität, eine innere Stabilität und ein Wissen um ihren Wert vor Gott. Eine neue Arbeitsethik, die geprägt ist von Fleiß, Wahrhaftigkeit, Vertrauen und Qualität, muss heute eingefordert und vorgelebt werden. Hier müssen Christen in unserer Gesellschaft einen Unterschied machen.

Wer sich mehr mit dem Thema Wirtschaft aus christlicher Sicht beschäftigen möchte, dem seien folgende Stellen empfohlen:

Internationale Vereinigung Christlicher Geschäftsleute, Effingerstraße 17, CH-3008 Bern, http://www.ivcg.org

Gesellschaft zur Förderung von Wirtschaftswissenschaften und Ethik, Oberwald 25, A-8563 Ligist

Christen in der Wirtschaft e.V., Morianstraße 10, D-42103 Wuppertal, Tel. (0202) 24 41 91 21, Fax (0202) 24 41 91 22, E-Mail: info@ciw.de

«Wir haben Kinder,
die Antworten bekommen auf Fragen,
die sie nie gestellt haben.
Kurzum, wir haben keine Kinder mehr.»
Neil Postman, Das Verschwinden der Kindheit

3. Pommes, Partys und PCs: Die *Kinder* im neuen Jahrtausend

«Respekt ist nötig,
und Respektspersonen sind nötig,
solange die Kinder,
und wir Menschen überhaupt,
unvollkommen sind.»
Erich Kästner, Pünktchen und Anton

«Gehorche, mein Sohn,
der Zucht deines Vaters
und verwirf nicht die Weisung deiner Mutter.»
König Salomo, Buch der Sprüche 1,8

3. Pommes, Partys und PCs:

Die *Kinder* im neuen Jahrtausend

3.1 Daten und Prognosen

Ein weiteres großes Kampffeld des neuen Jahrtausends wird die Familie sein. Die klassische Familie ist schon seit Jahren umstritten. Für viele scheint sie ein Auslaufmodell zu sein. Im Zeitalter von Scheidungen, Individualismus und Unverbindlichkeit sind wechselnde Partnerschaften gang und gäbe. Manche Kinder haben heute viele Mütter und Väter. Auch die Rollenverteilung innerhalb der existierenden Familien hat sich verändert. Wer für was zuständig ist, wird unklarer. Die Beziehungen zwischen Kindern und Eltern sind ebenfalls großen Veränderungen unterworfen. Eltern wissen nicht mehr, wie sie Kinder erziehen sollen. Kinder wissen nicht mehr, wie sie sich ihren Eltern gegenüber verhalten sollen. Sie haben größere Freiräume, werden selbständiger, autonomer, leben frühzeitig ihr eigenes Leben, werden mittlerweile von allen Seiten umworben.

Die Gräben zwischen den Generationen werden tiefer. Die Werte der 68er Generation unterscheiden sich diametral von den Überzeugungen der heutigen jungen Erwachsenen (Generation X) und der neuen, gerade in der Pubertät steckenden «Generation @». Die 68er waren die Kinder von Karl Marx, Revolutionäre, die die Welt verändern wollten. Die Generation X verkörperte andere Ideale: Sanftheit, Spiritualität und Freiheit.

Die Kinder der Generation @ sind dagegen wieder anders. Pommes, Partys und PCs prägen ihre Lebensinhalte. Die Kids des neuen Jahrtausends verkörpern die totale Mediengeneration. Sie surfen per Internet in 90 Sekunden um die Welt, telefonieren in der Schule mit dem Handy, zappen durch das Leben, stehen ständig unter Strom. Sie haben große Angst, im Leben etwas zu verpassen. Dieses Leben darf auf keinen Fall langweilig sein. Trotzdem haben sie das Gefühl, dauernd zu spät zu kommen. Sie nutzen alle Medien gleichzeitig: Fernsehen, Radio, Videofilme, CDs, Computer, Bücher – alles wird parallel gebraucht, nichts wird ausgelassen. In die gleiche Zeit wird immer mehr hineingepresst und untergebracht. Alles wird zeitgleich erledigt.

Die Kinder des neuen Jahrtausends sind überall auf der Welt, aber nirgendwo zu Hause. Der Freizeitforscher Opaschowski bringt es auf den Punkt: «Das Heim wird zum Boxenstopp, die Welt zum globalen Dorf. Das Surfen um die Welt kann am Ende heimatlos machen.»

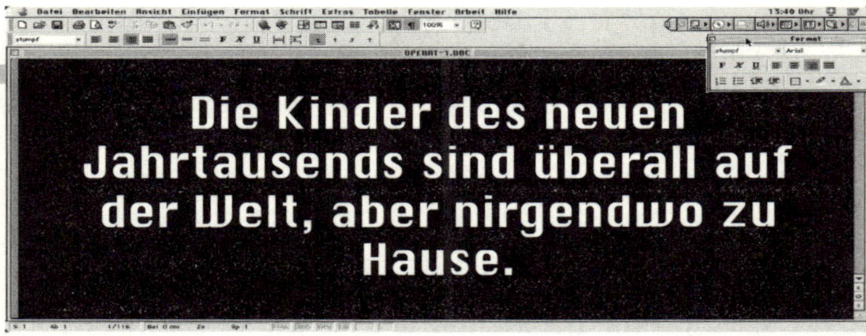

Die Folgen dieses Lebensstiles sind offensichtlich. Das Surfen durchs Leben ist nur noch ein Driften von einem Highlight zum anderen. Es gibt kaum noch wirklich prägende Eindrücke, die eine Persönlichkeit entstehen lassen. Nichts bleibt mehr hängen. Die junge Generation hastet von Kommunikation zu Kommunikation, versteht aber die Welt nicht mehr. Man knüpft viele Kontakte, lebt aber keine dauerhaften Beziehungen. Die Kraft der Familienbande nimmt ab. Kontakte, auch zu den eigenen Eltern, bleiben lose, werden ohne Verpflichtungen gelebt. Die emotionale Tiefenbeziehung bleibt am Ende auf der Strecke.

Kinder haben es heute nicht leicht. Sie sind vielfältigen Gefahren ausgesetzt. Für die Fehlentwicklungen sind natürlich nicht sie, sondern die Erwachsenen verantwortlich. Kinder sind nur Spiegel der Gesellschaft, sie sind eben «Kinder ihrer Zeit». Kinder kopieren das, was sie an den Erwachsenen beobachten. Sie entwickeln ihre eigenen Mechanismen, um Defizite auszugleichen. Oft sind ihre schrillen Verhaltensweisen nur stumme Schreie einer dahinter liegenden Verzweiflung oder die exzentrische Bitte, sie doch endlich ernst zu nehmen.

Das Verhältnis der Erwachsenen- zur Kinderwelt ist zwiespältig. Die Welt wird einerseits immer kinderfreundlicher. Aber es bleibt noch viel zu tun. Kinderzeitschriften boomen, eigene TV-Kinderkanäle haben starken Zuwachs zu verzeichnen. Die Rutschbahn im Kaufhaus und das Kinderkino beim Lebensmittelmarkt geben eine neue Richtung an. Kinderkrippen und Aufbewahrungsvereine, Nachhilfegruppen und Tagesstätten, das Recht auf einen Kindergartenplatz und die Krabbelkreise zeigen: Kinder werden wichtiger genommen. Selbst das Bundesverfassungsgericht erinnerte neulich die Deutschen daran: Familien mit Kindern müssen besser gestellt werden.

Und doch bleibt noch viel zu tun. Alle empirischen Studien über Kinder zeigen, dass sie eine häufig vergessene, zumindest aber vernachlässigte Gruppe der Gesellschaft sind. Kinder sind Außenseiter der Gesellschaft, haben in den wichtigen Fragen keine Lobby, keine eigene Gewerkschaft. Sie klagen nicht vor Gericht, dürfen nicht wählen, werden bei Entscheidungen oft nicht berücksichtigt. Die Erwachsenen leben häufig so, als ob sie selbst die letzte Generation seien. Das Verhältnis der Gesellschaft zu Kindern ist also ambivalent.

Kinder haben allerdings einen hohen Prestigewert. Der Grund: Es gibt so wenige. Raritäten sind immer kostbar. 1996 gab es in Deutschland 13,2 Millionen Kinder unter 15 Jahren. Tendenz: fallend. Die Geburtenrate stagniert seit Mitte der 70er Jahre auf extrem niedrigem Niveau. Auf eine Frau kommen in Deutschland durchschnittlich nur 1,4 Kinder. 1998 wurden in Deutschland 782'000 Kinder geboren, es starben im gleichen Zeitraum jedoch fast 900'000 Menschen. Kinder sind süß und knuddelig, aber sie stören in der postmodernen Individualkultur die eigenen Entfaltungsmöglichkeiten. Wer Kinder hat, kann über seine Zeit nicht mehr frei verfügen, erlebt Kontrollverlust.

In Kinder wird heute extrem viel hineinprojiziert. Kinder stehen für die Sehnsucht nach der heilen Welt. Es findet eine «Kindermystifizierung» statt. Der Trendforscher Horx schreibt: «Wenn die Entscheidung für ein Kind einmal gefallen ist, lastet eine Unmenge von Projektionen auf den Nachkommen. Kinder werden in einem sublimen Prozess mit neuen Bedeutungserwartungen aufgeladen. Sie sollen Retter sein (die bessere Welt verwirklichen) oder Vorbilder der Unschuld und Unmittelbarkeit (Gebt den Kindern das Kommando). Sie werden mit pädagogischen Instrumentarien beharkt und mit unrealistischen Hoffnungen belegt. Kurz: Sie werden als Sinnstifter umdefiniert, die für die Mühsal des Erziehungsaufwands ‹auch etwas bringen› sollen. Kinder werden so zu Weltrettern, Ersatzpartnern, spirituellen Offenbarungen, Wunderwerken der Natur, Beziehungskitt, existentiellen Erlebnissen».

Schon seit den 80er Jahren beklagt man das «Verschwinden der Kindheit». Nach Meinung des Medienwissenschaftlers Neil Postman hat besonders das Fernsehen dazu beigetragen, dass die Erwachsenenwelt des Buches von der Bildkultur abgelöst wurde. Damit vermischten sich jedoch Erwachsenenwelt und Kinderwelt. Das Fernsehen führte dazu, dass schon Kinder die Geheimnisse der Erwachsenenwelt präsentiert bekommen. So hebt das Fernsehen die Trennung zwischen Kindheit und Erwachsensein völlig auf. Postman meint: «Die Vorstellungs- und Empfindungswelt der Kindheit ist endgültig dann abgeschafft, wenn die Kinder und Jugendlichen nur noch zu Erwachsenen-Wünschen fähig sind.»

Tatsächlich werden in den Medien Kinder gerne als kleine Erwachsene dargestellt. Sie reden vernünftig und altklug, beschäftigen sich schon mit Fragen, die früher nur Erwachsene interessierten. Kinder werden frühzeitig zu Stars, zu Prinzessinnen hochstilisiert. Das «süße» Kind wird angehimmelt. Auch bei der Erziehung werden heute Kinder wie Erwachsene behandelt: Man diskutiert mit ihnen, lässt sie entscheiden. Die Rollen sind unklar geworden: Wer erzieht hier wen? Wenn alle zur gleichen Generation gehören, warum dann überhaupt Erziehung? Auch bei der Kinderliteratur beobachtet man die frühe Hinführung zu Erwachsenen-Themen. Tabus werden frühzeitig aufgehoben. Selbst die Musikszene hat den Kindermarkt entdeckt. Kinder sind eine eigene Zielgruppe. Sie haben schon ihre eigenen Liedermacher und Bands. Ob Rolf Zuckowski,

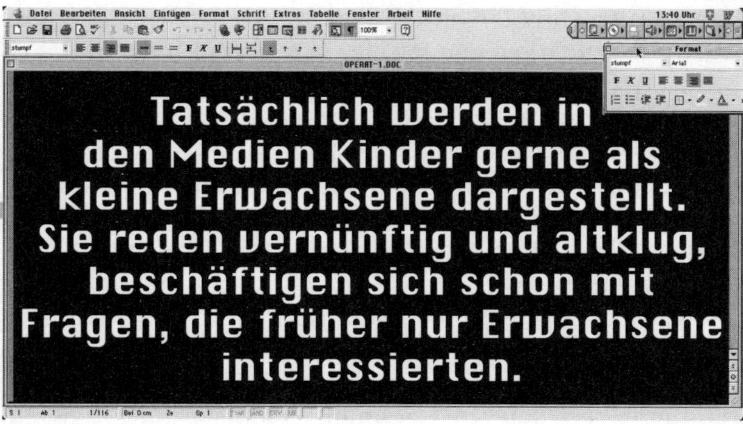

Fredrik Vahle oder Detlev Jöcker. 1-2-3 im Sauseschritt – alle Kinder gehen mit. Der Umsatz im Bereich Kinder-CDs betrug 1998 schon 176 Millionen Mark – in einem einzigen Jahr. Gleiches gilt für die Mode. Kinderläden sind der Renner. Kinder tragen Erwachsenenkleidung im Miniaturformat. Die kleinen Jungen haben längst Hemd und Fliege im überfüllten Kleiderschrank. Fünfjährige Mädchen schminken sich und tragen Parfüm auf. Kinder essen heute Gerichte, die früher den Erwachsenen vorbehalten waren (und umgekehrt!).

Und selbst Sport und Spiel spiegeln diesen Trend wider: Früh geht man in den Verein. In Westdeutschland gehören 70% aller Kinder zwischen 10 und 15 einem Sportverein an. Aber die Art des Spielens hat sich verändert: Leistungsdruck statt Zwanglosigkeit, fehlende Spontaneität und Ungezwungenheit. Postman stellte auf dem Hintergrund der USA schon in den 80er Jahren fest: «Zusammen mit der Kindheit verschwindet auch die kindliche Auffassung vom Spiel.» Der Druck von ehrgeizigen Eltern (anfeuernde Väter auf der Tribüne!) fördert frühzeitig den Leistungsdruck.

Kinder sind zu kleinen Erwachsenen mutiert. Sie haben längst ihr eigenes Zimmer, ihren eigenen Telefonanschluss, den eigenen Fernseher. Da sie frühzeitig via Fernsehen mit den Problemen dieser Welt konfrontiert werden, wächst ihr Problembewusstsein. Von allen 10- bis 15-Jährigen in Deutschland haben 52,5% Angst vor Krieg in Europa, 56% Angst vor Umweltverschmutzung und 40% fürchten sich vor späterer Arbeitslosigkeit. Der Krieg kommt via Fernsehen in ihre Kinderzimmer. Die Sorgen der Erwachsenen können vor Kindern nicht mehr verborgen werden. Kinder werden frühzeitig mit den großen Fragen der Weltpolitik belastet.

Auch das Zeitempfinden der Kinder hat sich verändert. Ihr Terminkalender ist voll. Die erste Armbanduhr gibt es mit fünf Jahren, nicht wie früher erst mit vierzehn. Schule, Hausaufgaben, Ballett, Nachhilfe, Kinderstunde, Fußball, Musikschule, Reiten – das muss erst einmal alles unter den berühmten Hut gebracht werden. Viele kurz aufeinander folgende Termine rauben den Kindern die Übersicht. Der

rote Faden des Lebens fehlt. Die verschiedenen Tätigkeiten sind isolierte Segmente, ohne Zusammenhang. Zeit wird schon bei Kindern immer knapper und damit kostbarer. 45% aller 10- bis 15-jährigen Kinder in Deutschland sagen, dass ihnen ihre Termine zu viel werden. Keine Zeit zum Träumen. Weniger Zeit zu Hause! Kinder sind schon gehetzte Marathonläufer in einer hektischen Beschleunigungsgesellschaft.

Kinder müssen heute hundertmal mehr Entscheidungen treffen als frühere Kindergenerationen. «Was willst du heute anziehen?» «Was willst du essen?» «Welche Fernsehsendung schaue ich mir heute an?» «Welche Freunde besuche ich heute?» In der Multi-Options-Gesellschaft der Moderne werden Kinder durch die dauernden Auswahlmöglichkeiten überfordert. Die Selbstbestimmungsansprüche der Teenies spiegeln nur oberflächlich die große Kinderfreiheit wider. Die Lösung von der Autorität der Eltern beginnt schon frühzeitig. Ich bin mein eigener Chef. Deshalb kann ich auch frei über mein Leben entscheiden. Aus der Freiheit der Wahl wird jedoch immer häufiger die Qual der Wahl.

Die Folgen der überforderten Kindheit sind sichtbar geworden. Man spricht vom «Teflon-Kind», bei dem nichts mehr kleben bleibt. Alles, was nicht gefällt, wird einfach abgeschüttelt. Von echten Prägungen kann man nicht mehr sprechen. Die dauernde Überforderung führt zu seelischen Verwundungen. Die Konflikte mit den Eltern nehmen zu. So etwas wie eine «unbeschwerte Kindheit» ist ein Relikt alter Zeiten. Geheimnisse gibt es nicht mehr. Zeit zum Träumen ist passé. Kinder haben das Staunen verloren. Die Möglichkeit unmittelbarer Welterfahrung wird geringer. Die technische Welt eröffnet den Kindern zwar neue Dimensionen der Erfahrung, aber alles ist verpackt in Plastik, Blech und Lack. Man erlebt die Welt am Bildschirm per Mausklick – eine echte Maus hat man jedoch nie gesehen. Man weiß nicht mehr, warum und wie Dinge ablaufen: «Es funktioniert eben.» Wieder Postman: «Wir haben Kinder, die Antworten bekommen auf Fragen, die sie nie gestellt haben. Kurzum, wir haben keine Kinder mehr.»

Kinder sind zudem hoffnungslos überfüttert. Die Spielzeugbranche setzt Milliarden um. Eltern haben alles, nur keine Zeit, und kaufen sich mit Geschenken frei. Spielzeug ist zur Beruhigungspille für das schlechte Gewissen der Erwachsenen geworden. Die Kleiderschränke unserer Klei-

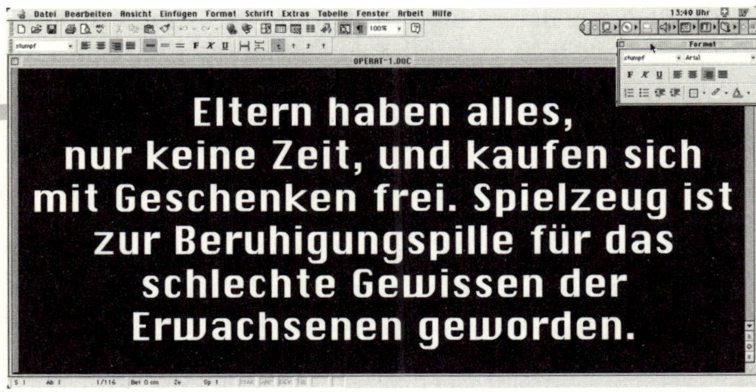

nen gehen nicht mehr zu. Und doch kann man es immer noch steigern. Der Soziologe Hopf schreibt humorvoll und treffend: «In einem derart überfüllten Kinderzimmer, das mehr einer Spielzeugdeponie gleicht, wird der natürliche Bewegungsdrang des Kindes ein erneutes Mal eingeschränkt, stellen sich leicht Antriebsarmut und Desinteresse ein und sind Sozialkontakte oder Gruppenspiele mit anderen Kindern kaum noch möglich.»

Die Folgen sind ersichtlich: 40% aller Kinder spielen nie draußen. Man spricht hier von der «Verhäuslichung» oder «Verinselung» von Kindern. Man konstatiert einen Verlust an Produktivität und Kreativität. Durch den Bewegungsmangel kommt es zu fehlender eigener Körpererfahrung. Und paradoxerweise nimmt die Bedeutung des Spielzeugs mehr und mehr ab, je mehr Spielzeug es gibt. Kinder verlangen am Ende doch nur nach der einen bestimmten Puppe.

Auch die Medien haben längst in unsere Kinderzimmer Einzug gehalten. Je niedriger das soziale Milieu, desto höher ist die Ausstattung mit elektronischen Medien. Computerspiele verdrängen die alte elektrische Eisenbahn. Bis zum 12. Lebensjahr haben in Deutschland die Kinder durchschnittlich 10'000 Morde im Fernsehen oder auf Videospielen gesehen. Das Internet ist ebenfalls bei Kindern angekommen. Hier eröffnen sich Tausende von neuen Welten. Unsere Grundschulen sollen ans Netz, damit die Kleinen frühzeitig das Internet beherrschen und fit werden für die Zukunft. In der allgemeinen Euphorie wird über mögliche Nachteile nicht diskutiert.

Am Ende steht das überinformierte Kind. Es weiß viel, versteht aber wenig. Sein Wissen ist fragmentarisches Wissen. Die großen Zusammenhänge bleiben ihm verborgen. Das Zapper-Kind, das von einem zum anderen Kanal wechselt, ist Ausdruck der neuen Medienversessenheit. Lehrer klagen vermehrt über Übermüdung, notorische Unruhe, mangelnde Konzentrationsfähigkeit bei ihren Schülern. Wer als Achtjähriger stundenlang vor dem Computer hockt, Videospiele ausprobiert und Raumschiffe abschießt, der wird mit der Konzentration seine Schwierigkeiten haben.

Auch die Kommerzialisierung hat die Kinder erreicht. Sie sind von der Werbung als neue Zielgruppe entdeckt worden. Lag die Höhe des monatlichen Taschengelds für die 10- bis 15-Jährigen 1987 noch bei DM 25,–, liegt sie heute bei DM 70,–. Und selbst die ganz Kleinen verfügen schon über ein gehöriges finanzielles Polster in den Sparschweinen. Frühzeitig werden sie auf Konsum getrimmt. Es gibt Billigspielzeug, das die Kinder sich schon selbst kaufen können: Das Kind wird frühzeitig zum Konsumenten. Die Werbung hat sich darauf eingestellt.

Zu den Folgen dieser Entwicklungen gehören auch seelische Krisen bei Kindern. Sie haben Angst vor Versagen, sind verunsichert durch häufiges Umziehen an andere Orte oder durch die Arbeitslosigkeit des Vaters, haben ein geringes Selbstwertgefühl (besonders Mädchen), ziehen sich völlig in sich zurück, haben eine schwächere psychische und emotionale Stabilität. Durch den Autoritätsverlust der Eltern fehlt Kindern die Führung. Zudem muss man eine erhöhte Gewaltbereitschaft bei Kindern feststellen. Körperliche Gewaltanwendung erscheint einem nicht unerheblichen Teil der Kinder und Jugendlichen als legitime Möglichkeit, ihren Willen durchzusetzen.

Bei allen Klagen über die Veränderungen in Familien und in der Kindererziehung darf nicht vergessen werden, dass Kinder Opfer sind, nicht Täter. Sie sind die Leidtragenden von pädagogischen Experimenten der 70er und 80er Jahre. Die antiautoritäre Pädagogik gilt mittlerweile als gescheitert. Aber niemand übernimmt dafür die Verantwortung. Die falschen Erziehungsideale der Vergangenheit wurden in der wissenschaftlichen Welt zwar korrigiert. Man spricht heute sogar wieder von nötiger Autorität in der Erziehung. Für die fatalen Fehler vergangener Jahre fühlt sich aber niemand zuständig. Die heutige Elterngeneration bekommt deshalb kaum noch Hilfe. Niemand scheint zu wissen, wie richtige Erziehung heute aussehen soll. Dutzende von pädagogischen Modellen konkurrieren miteinander. Eine große Ratlosigkeit ist festzustellen.

Wie sieht Erziehung heute in der Praxis aus? Forscher beobachten eine Entwicklung vom Befehls- zum Verhandlungshaushalt. Kindliche Interessensäußerungen werden stärker respektiert als in der Vergangenheit. Das Strafmaß ist dagegen geringer geworden. Kinder dürfen heute fast alles. Die Kraft zur Grenzziehung scheint dabei verloren gegangen zu sein. Das kindliche Autonomiestreben wird frühzeitig gefördert. Und wenn es mit der Erziehung nicht klappt, dann übernehmen Experten die Erziehung. Für alle möglichen Bereiche des Kindeslebens gibt es die entsprechende Fachperson, die alles wieder ins Lot bringen wird.

Bei Ehekrisen sind Kinder immer die Opfer. 20 bis 25% aller Kinder wachsen nicht mehr bei den leiblichen Eltern auf, sondern haben Stiefmütter oder Stiefväter. 10% aller Kinder haben allein erziehende Mütter oder Väter. Es ist wissenschaftlich erwiesen: Die zerbrochene Ehe hat bestimmte negative Konsequenzen für die Kinder. Der fehlende Vater macht sich bemerkbar. Mangelnde Geborgenheit, emotionale Verunsicherung, aggressives oder depressives Verhalten, Schlafstörungen, Verlustängste und Schuldgefühle gelten als häufige Reaktionen auf Scheidungen.

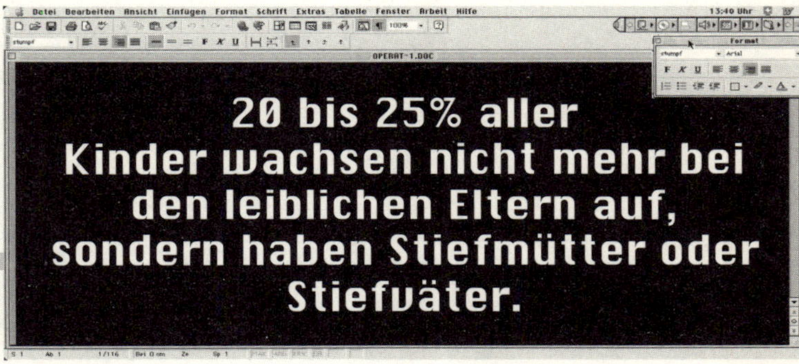

Hinzu kommt das Problem der missbrauchten Kinder. Man spricht davon, dass bis zu 15% aller Frauen in der Kindheit sexuell missbraucht worden sein sollen. Die Täter kommen fast immer aus dem engsten Verwandten- oder Freundeskreis. Viele Opfer werden mit diesen traumatischen Erlebnissen ein Leben lang nicht fertig. Viele missbrauchte Kinder fühlen sich anschließend selbst schuldig und dreckig. Ihr Selbstwertgefühl geht verloren. Man ekelt sich vor sich selbst, flieht in Mager- und/oder Esssucht, tut sich selbst Gewalt an.

Man muss heute auch von einer «sexualisierten Kindheit» sprechen. Frühzeitig werden die Kids mit dem Thema Sex konfrontiert. Bevor irgendwelche Aufklärungsgespräche beginnen, wissen sie schon Bescheid. Durch Pornographie in den Medien verdorben, gibt es für sie keine Tabus mehr. Das Geheimnis der Sexualität wurde frühzeitig gelüftet. Sex scheint etwas ganz Normales zu sein, es gibt ja keine

Verhüllungen mehr. Vorehelicher Verkehr ist heute absolut salonfähig geworden. Wer ihn ablehnt, gilt als hoffnungslos antiquiert. Mit 17 Jahren haben 59% der Jungen und 65% der Mädchen Sexualverkehr gehabt. Fazit: Wer mit 17 Jahren noch keinen Geschlechtsverkehr gehabt hat, ist ein Außenseiter. Dementsprechend häufen sich allerdings die frühen Schwangerschaften, die Abtreibungen und die Geschlechtskrankheiten bei Mädchen.

3.2 Impulse und Auswege

Wie sind diese revolutionären Veränderungen der Kinderszene zu bewerten? Was können wir tun? Welche Verantwortung haben Christen für die Familien- und Kinderszene in unserem Land?

Zunächst müssen wir wiederentdecken, wie wertvoll Familie ist. Familie muss wieder Familie werden, so, wie Gott sie haben will. Wer hat die Familie geschaffen? Kein Geringerer als Gott selbst. Der Befehl an das erste Menschenpaar: «Seid fruchtbar und mehret euch» (1. Mose 1,28; Luther) hatte die Familie zum Ziel. Gott wollte Familie, von Anfang an. Er ist der Schöpfer von Mutter und Vater, von Kindern und Kindeskindern. Familie ist nicht das Produkt einer konservativen Ideologie oder eines patriarchalischen Modells. Sie dient nicht in erster Linie der Stützung der Regierenden. Familie kommt von Gott, ist von Gott gewollt und steht unter seinem Segen. Wenn wir als Volk die Familie mit Füßen treten, lehnen wir uns gegen Gottes Willen auf. Gott selber steht hinter der Institution der Familie. Diese Schöpfungsordnung zu durchbrechen, kann langfristig nicht gut gehen.

Die Krise der heutigen Familie ist insofern nicht neu, als es Familienkonflikte schon immer gab. Seit dem Sündenfall geriet die Familie in die Krise, man denke nur an den Brudermord Kains an Abel (1. Mose 4), an die Auseinandersetzungen zwischen Abraham und Lot, Jakob und Esau, Joseph und seinen Brüdern. Das «zerrüttete Haus» ist der Bibel seit Jahrtausenden wohl bekannt (Spr. 11,29). Aber es gibt genug positive Beispiele für gesunde und heile Familien. Josua spricht stellvertretend für seine Familie: «Ich aber und mein Haus, wir wollen dem Herrn dienen»

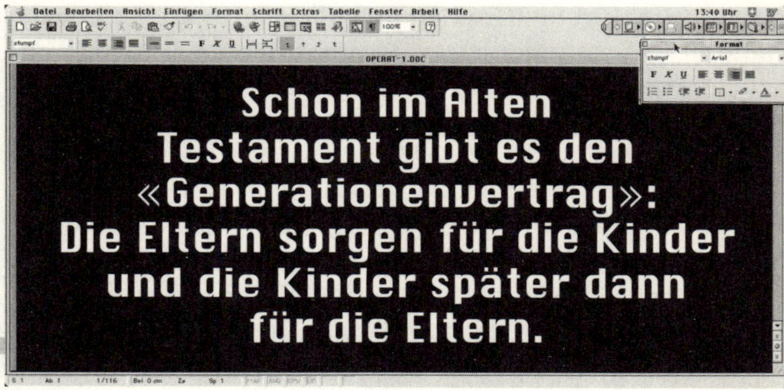

(Jos. 24,15). Die vielen Geschlechtsregister zeigen, wie wichtig die familiäre Abstammung genommen wurde. Jesus Christus selbst wuchs in einer Familie auf! Idealtypisch spricht das Buch der Sprüche: «Die Krone der Alten sind Kindeskinder; und der Kinder Schmuck sind ihre Väter» (Spr. 17,6).

Gott war die Familie so wichtig, dass er eine Reihe von Gesetzen erließ, die das Zusammenleben regeln sollten. Das bekannteste ist das Gebot in 2. Mose 20,12: «Ehre deinen Vater und deine Mutter, damit deine Tage lange währen in dem Land, das der Herr, dein Gott, dir gibt.» Das harmonische Miteinander in der antiken Großfamilie war für das gefährdete Israel überlebensnotwendig. Schon im Alten Testament gibt es den «Generationenvertrag»: Die Eltern sorgen für die Kinder und die Kinder später dann für die Eltern. In einer Zeit, in der es noch keine moderne Sozialgesetzgebung gab, war diese Abmachung eine fundamentale

Lebensversicherung. Im wirtschaftlichen Bereich sollte der Familienbesitz immer intakt bleiben und fiel nach Verlust spätestens im Jubeljahr an den Sippenverband zurück – auch dieses Gesetz vermittelte der Familie Schutz und Sicherheit. Das Verbot der Inzucht (3. Mose 18,6ff) wurde von Gott gegeben, um das Zusammenleben auf engstem Raum zu regeln.

In jeder Familie gibt es Rechte und Pflichten. Die Verantwortung für die Familienangehörigen ging im Alten Testament so weit, dass es die Einrichtung der Schwagerehe gab: Starb ein Ehemann, ohne Kinder zu hinterlassen, musste der Bruder des Verstorbenen die Witwe heiraten. Die Kinder aus dieser Ehe erbten dann den Besitz des ersten Ehemannes (1. Mose 38,8–9; Ruth 2,20). Familienangehörige sollten auch Verwandte aus der Sklaverei freikaufen (3. Mose 25,47–49). Überhaupt half man sich gegenseitig bei finanziellen Schwierigkeiten. Familie war schon im Alten Testament die Stabilitätsgrundlage einer intakten Gesellschaft. Hier lernte man im Kleinen, soziale Beziehungen zu leben, Streit zu schlichten, Rücksicht zu nehmen, Autorität zu respektieren. Familie war Lernfeld für Kinder, um später auf eigenen Beinen stehen zu können. Ohne intakte Familien konnte es keinen intakten Staat geben.

Im Neuen Testament tritt die Familie als Hausgemeinschaft der Glaubenden auf. An vielen Stellen heißt es, dass jemand «mit seinem ganzen Haus» gläubig wurde (Lk. 19,9; Apg. 11,14 u.a.). So wie Gott nicht nur Noah, sondern auch seine ganze Familie rettete, so kommen im neuen Bund ganze Familien zum Glauben. In diesen Familien konnte man gemeinsam dem Glauben an Gott Ausdruck verleihen. Und nicht zuletzt wird das Zusammenleben aller Christen im Neuen Testament mit Ausdrücken aus dem Familienleben bezeichnet. Christen sind untereinander «Brüder» und «Schwestern», die füreinander Sorge tragen, sich gegenseitig korrigieren und ermutigen.

Die biblische Botschaft macht also insgesamt klar: Gott schafft die Ordnung der Familie. Sie steht unter seinem besonderen Schutz und Segen. Wer die Familie antastet, zerstört die Kernzelle jeder Gesellschaft. Für Gott ist die Familie die zentrale Gemeinschaft von Eltern und Kindern, zu der es keine Alternative gibt. Sie bietet den nötigen Schutzraum der Erziehung, lässt Gaben entfalten, setzt Grenzen und Freiheiten. Das Thema Familie muss deshalb auf der Prioritätenskala unserer Zeit ganz oben stehen.

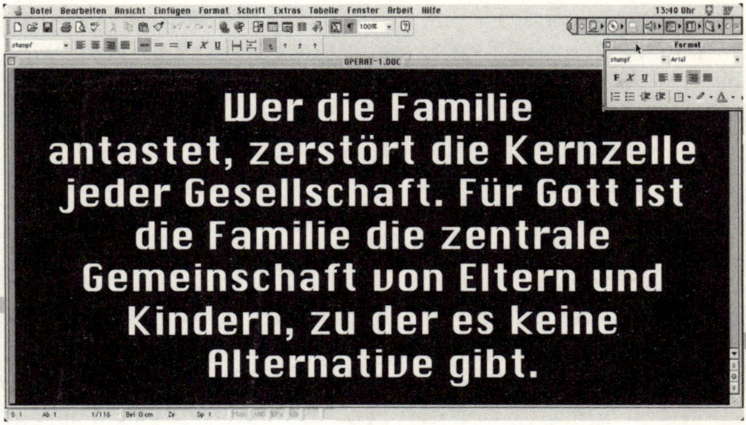

Diese Prinzipien müssen nun auch in die Praxis umgesetzt werden. Die Mitte der idealen Familie soll der Glaube an Gott sein, der den Kindern nicht aufgedrängt, aber vorgelebt wird. Die Basis des Familienlebens ist die Liebe zueinander, das Vertrauen in die Kinder und die Eltern, die Fürsorge für das Wohl des Nächsten. Das höchste Ziel der Familie ist immer das Wohl des anderen, nicht die Durchsetzung der eigenen Wünsche. Gesunde Familien werden heute dringend gebraucht. Das sind Familien, die es gelernt haben, mit Konflikten umzugehen. Es sind Familien, die Zeit miteinander verbringen und nicht aneinander vorbeileben. Familien, in denen gegenseitiger Respekt herrscht, wo die Umgangsformen von gegenseitiger Achtung zeugen. Vielleicht müssen wir auch wieder das gemeinsame Singen und das gemeinsame Spielen beleben. Welche Familie entdeckt noch neue Welten, plant gemeinsam Ausflüge, bietet einen Raum der Geborgenheit und der Sicherheit?

Wir brauchen heute aber nicht nur einen Aufbruch hin zur Familie. Kinder müssen heute wieder Kinder sein dürfen, die unbeschwert von den Belastungen der Erwachsenenwelt ihre Persönlichkeit entfalten können. Kinder brauchen Zeit zum Träumen, Zeit zum Staunen. Kinder dürfen nicht vor Entscheidungen gestellt werden, die sie gar nicht abschätzen können, und so dauernd überfordert werden. Kinder dürfen nicht zu Erwachsenen im Kleinformat werden, die völlig autonom ihr eigenes individuelles Leben führen. Erziehung ist deshalb eine der wichtigsten, aber auch schwierigsten Aufgaben unserer Zeit. Kinder brauchen Geborgenheit und Sicherheit, aber auch Grenzen und Verbote. Jedes Kind braucht Erziehung.

In der Erziehung spielt die Mutter eine eminent wichtige Rolle. Besonders in den ersten Kindheitsjahren ist die Beziehung des Kindes zur Mutter der Schlüssel für eine gute Entwicklung. Die emotionale Fürsorge der Mutter für das Kind vermittelt Geborgenheit und Sicherheit – Werte, die für die Entwicklung maßgeblich sind. Aber – und darauf möchte ich besonderen Wert legen – auch die Aufgaben des Vaters dürfen nicht verschwiegen werden. Laut Statistik investieren Väter am Tag durchschnittlich 11 Minuten Zeit in ihre Kinder – was für ein Armutszeugnis für unsere Gesellschaft! Die schon von Alexander Mitscherlich in den 60er Jahren konstatierte «vaterlose Gesellschaft» ist aktueller denn je. Das Kind erlebt den Vater nur noch zu Hause, es kennt ihn nicht an seinem Arbeitsplatz. Dadurch wird der Blick für den Vater einseitig. Durch den dauernden Rollentausch zwischen Vater und Mutter entsteht zusätzlich Verunsicherung beim Kind: Wer ist für was zuständig? Wer trägt die letzte Verantwortung?

Längst ist bekannt: Kinder aus vaterlosen Familien sind leistungsschwächer, ängstlicher und psychisch labiler. Sie neigen schneller zu Regelverletzungen, und ihr moralisches Verhalten ist nicht so ausgeprägt wie bei Kindern mit beiden

Elternteilen. Väter verkörpern eine wichtige moralische Instanz, die für die Entwicklung des Kindes von großer Bedeutung ist. Untersuchungen haben zudem ergeben, dass Väter Geschlechtsrollenvorbilder sind. Jungen identifizieren sich schneller mit ihrem Geschlecht durch den Kontakt zum Vater. Umgekehrt entwickeln Mädchen ihr geschlechtliches Selbstwertgefühl durch den Kontrast zum Vater.

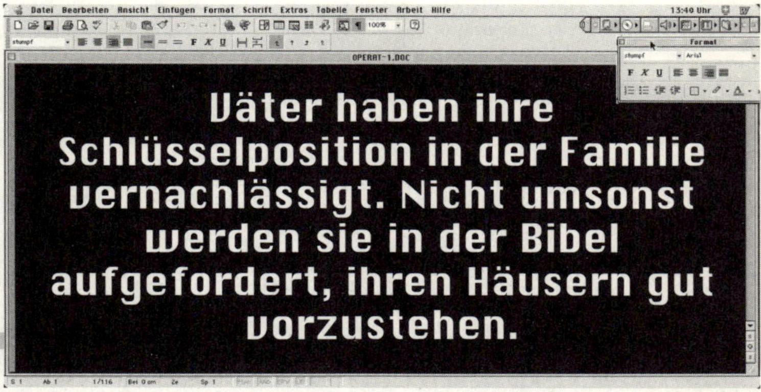

Väter haben ihre Schlüsselposition in der Familie vernachlässigt. Nicht umsonst werden sie in der Bibel aufgefordert, ihren Häusern gut vorzustehen (1. Tim 3,4.12; was hier den Männern in leitenden Funktionen in der christlichen Gemeinde gesagt wird, gilt sicher für *alle* Väter), die Gefühle der Kinder nicht gedankenlos zu verletzen (Eph. 6,4a; Kol. 3,21), ihnen aber klare Grenzen zu setzen (Eph. 6,4b). Auch die Väter tragen eine Mitverantwortung für die religiöse Erziehung der Kinder (Ps. 78,1–6). Sie sollen ihren Kindern die biblischen Geschichten erzählen (5. Mose 6,7.20–25). In 5. Mose 4,9 werden auch die Väter aufgefordert, alle Dinge des Gesetzes den Kindern und Enkeln weiterzugeben! An vielen Stellen des Sprüchebuches werden die Väter in die Pflicht genommen, den Kindern moralische Werte zu vermitteln. Welch eine große und hohe Verantwortung haben Väter für die religiöse Unterweisung ihrer

Kinder! Die geistliche Fürsorge des reichen Mannes im Totenreich kam zu spät (Lk. 16,27f). Es gilt, hier und jetzt als Väter endlich wieder die Führung und Verantwortung in den Familien zu übernehmen.

Dabei sind die Eltern selber die besten Vorbilder für die Kinder. Die Art, wie sie miteinander umgehen, ihren Glauben leben, sich in der Gemeinde engagieren, wird einmal von

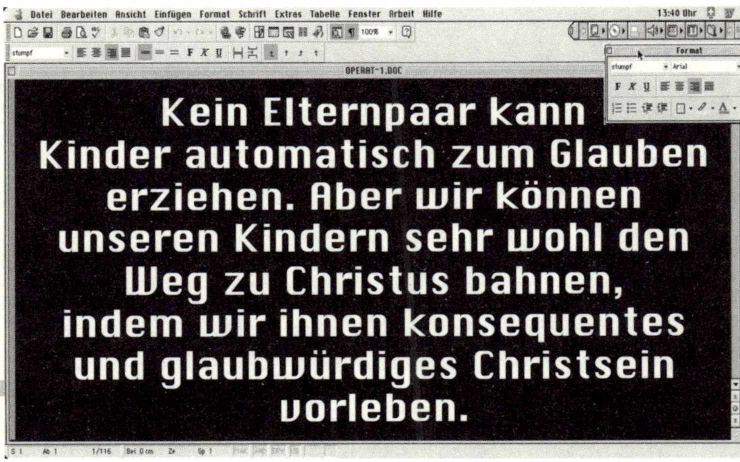

den Kindern kopiert werden. Das Gebet und der Segen für die Kinder ist der Schlüssel für alle religiöse Erziehung (1. Mose 48). Kein Elternpaar kann Kinder automatisch zum Glauben erziehen. Aber wir können unseren Kindern sehr wohl den Weg zu Christus bahnen, indem wir ihnen konsequentes und glaubwürdiges Christsein vorleben. Dazu zählen auch die Prägungen durch Familienandachten und Gebetsgemeinschaften, ebenso der gemeinsame Gottesdienstbesuch, das Feiern von christlichen Festen usw. Das bewusste und durchdachte Gestalten dieser Anlässe, in die Kinder mit hineingenommen werden müssen, ist ein Schlüssel für eine zwanglose und doch geleitete Glaubenserziehung.

Das neue Jahrhundert braucht aber auch eine Erweckung bei den Kindern selbst. Die Kinder müssen wieder lernen, die Eltern zu ehren. Ehren ist mehr als gehorchen. Der biblische Begriff meint nicht ein richtiges Verhalten, sondern eine richtige Einstellung, eine richtige Haltung. Es geht um Respekt, um das Akzeptieren einer übergeordneten Autorität. Der Respekt den Eltern gegenüber gilt in der Bibel als Grundlage des Zusammenlebens, denn die Familie vermittelt Stabilität, Sicherheit, Geborgenheit, Schutz und Liebe und ist damit eine Erhöhung der Lebensqualität auch für das Kind. Paulus wird in Epheser 6,1 deutlich: «Ihr Kinder, gehorcht euren Eltern im Herrn, denn das ist recht.» Das griechische Wort für «Kinder» (gr. teknon) bezeichnet hier nicht Kleinkinder, sondern Teenager, die schon eine Verantwortung vor Gott haben, was das Verhältnis zu ihren Eltern betrifft. Gehorsam und Unterordnung sollen «im Herrn» geschehen, d.h. Christus selbst steht über allen und prägt das Verhalten der Kinder. Der Herr gibt die Kraft und Befähigung zum Gehorsam, und er, der Herr, ist die Autorität hinter dieser Anweisung, nicht die Eltern.

Dementsprechend werden in der Bibel die Sünden der Kinder an den Eltern scharf verurteilt. Eltern dürfen nicht aus ihrem Haus verjagt (Spr. 19,26), beraubt (Spr. 28,24), verflucht oder geschlagen (2. Mose 21,15.17) werden. Man darf ihnen keine Schande bereiten (3. Mose 21,9). Wie schon erwähnt, gibt es auch eine finanzielle Verantwortung der Kinder für ihre Eltern. Der Ungehorsam der Kinder gilt als Zeichen der letzten Zeit (2. Tim 3,2). Das Vorbild für rechten Respekt ist übrigens Jesus Christus selber, der seinen Eltern gehorchte (Lk. 2,51), obwohl er als Herr der Welt dieser Unterordnung nicht bedurft hätte. Salomo bringt das alles auf den Punkt: «Gehorche, mein Sohn, der Zucht deines Vaters, und verwirf nicht die Weisung deiner Mutter» (Spr. 1,8).

Gott weiß aber auch um die Konflikte in den Familien. Die Bibel malt nicht nur ein rosarotes Idealbild, sondern gibt konkrete Anweisungen für den Konfliktfall. Die Gehorsamspflicht gegenüber den Eltern endet dort, wo ein Gebot Gottes übertreten wird. Die Beziehung zu den Eltern ist vielfältigen Belastungen ausgesetzt, gerade wenn beide Teile in geistlichen Fragen unterschiedliche Wege gehen. Und doch: Die Beziehung zwischen Eltern und Kindern kann durch Gottes Gnade täglich erneuert werden. Zerbrochene Beziehungen können heilen durch Christus! Die Heilung des Generationskonfliktes wird im letzten Vers des Alten Testaments offen angesprochen: «Und er wird das Herz der Väter zu den Söhnen und das Herz der Söhne zu ihren Vätern umkehren lassen» (Mal. 3,24). Christus selbst ist auch für die Beziehungskonflikte innerhalb der Familie ans Kreuz gegangen. Gott kann Wunden zwischen Eltern und Kindern heilen. Diese Botschaft gehört auf die Kanzeln und in unsere seelsorgerlichen Gespräche.

Die ungeheure Bedeutung von Erziehung muss überhaupt von den Kirchen und Gemeinden neu erkannt werden. Wir dürfen die Familien nicht sich selbst überlassen! Es ist eine der wichtigsten Aufgaben der Kirchen, jungen Familien beizustehen. Ich wünsche mir praxisnahe Erziehungsseminare, gegenseitigen Austausch auf Gemeindeebene, einen Babysitterdienst, klare pädagogische Konzepte der Kirchen sowie seelsorgerliche Hilfen des Pastors, der auch regelmäßig über Kindererziehung predigen sollte. Die Verantwortung für die Familien sollte auch von Unverheirateten gesehen werden. Sie sollten aktiv Anteil nehmen

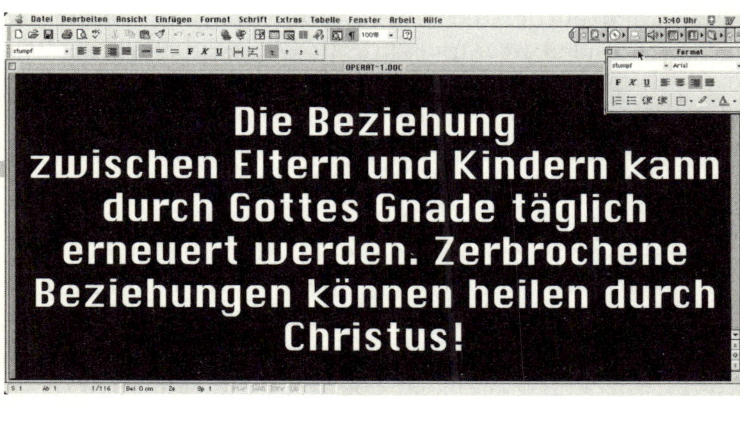

am Familienleben anderer und ihre konkrete Hilfe anbieten in Zeiten der Not. Die Gemeinde sollte den Graben zwischen Singles und Familien überwinden helfen. Beide Seiten müssen aufeinander zugehen, denn jede Seite hat der anderen viel zu geben.

Kinder brauchen Vorbilder. Kinder brauchen liebende Autorität, Führung, die Geborgenheit schenkt, leitende Anerkennung, begrenzte Freiheiten. Sie benötigen stabile Ehen und Familien, klare Werte und Normen. Sie brauchen einen Gesprächspartner, der sie versteht und korrigiert. Es geht in der Erziehung um Charakterformung, nicht um das Image, um Würde statt Ansehen, um mehr Sein als Schein. Kinder brauchen die Gebote Gottes, ihres Schöpfers.

Jugendliche sollten wissen: Schon sie stehen mit ihrem Leben vor Gott. Gott möchte, dass sie nach seinen Geboten leben und nicht nach den eigenen Lüsten. Der Leib des Menschen ist ein Tempel des Heiligen Geistes (1. Kor. 6,19f), auch der Leib des Jugendlichen. Gott hat ihn uns gegeben, damit wir mit ihm verantwortungsbewusst umgehen. Deshalb ist auch der voreheliche Geschlechtsverkehr eine Versklavung des Menschen und wird im Alten Testament unter Strafe gestellt (2. Mose 22,15–16; 5. Mose 22,28–29). Sie gilt bei Gott als Entehrung der Frau. Sexualität braucht den Schutzraum der Geborgenheit, die Verbindlichkeit einer Ehe, sonst gilt sie als Unzucht (1. Kor. 7,2). Die Botschaft für unsere Zeit muss lauten: Es lohnt sich zu warten. Der Trend der Mehrheitsmeinung führt nicht automatisch zum Glück. Jugendliche müssen lernen, gegen den Strom zu schwimmen, auch einmal «Nein» zu sagen. All das schadet ihnen nicht, sondern hilft, feste Überzeugungen zu vertreten. Hier sind wieder die Kirchen und Gemeinden gefordert. Es geht nicht darum, die Jugendlichen im Regen stehen zu lassen. Eine gute Kinder- und Jugendarbeit ist eine Investition in die Zukunft. Ich wünsche mir Jungschar- und Jugendleiter, die ein Herz für die Kids unserer Zeit haben, die ihre Häuser öffnen für die Jugend unserer Zeit, die Anteil nehmen an den wirklichen Fragen und Nöten der

Generation @. Ich wünsche mir aber auch Leiter, die bereit sind, die Kinder unserer Zeit in Frage zu stellen, zu korrigieren und sie auf den heilsamen Weg des Glaubens zu führen, damit auch im neuen Jahrtausend eine «Jugend für Christus» heranwachsen kann.

Wer sich weiter mit dem Thema Kinder und Jugend beschäftigen will, dem seien folgende Bücher empfohlen:

Vom Teddybär zum ersten Kuss: Wege aus der Kindheit in Ost- und Westdeutschland. Hg. Peter Büchner u.a. Opladen: Leske + Budrich, 1996

Jugend 2000. Hg. Deutsche Shell. Opladen: Leske + Budrich, 2000

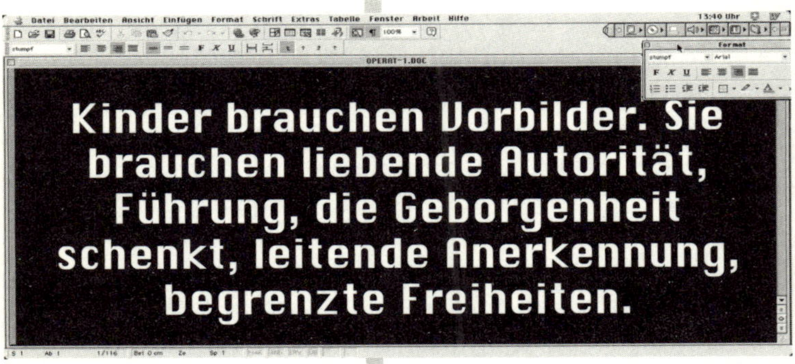

«Ein Leben ohne Musik ist ein Irrtum.»
Friedrich Nietzsche

4. Zwischen Bach und Burger-King:

Die *Kultur* im neuen Jahrtausend

«Das Buch muss die Axt sein
für das gefrorene Meer in uns.»
Franz Kafka

«Kein Kunstwerk ist von größerer Bedeutung
als das Leben des Christen,
und jeder Christ ist dazu berufen,
in diesem Sinne ein Künstler zu sein.»
Francis Schaeffer, Kunst und die Bibel

4. Zwischen Bach und Burger-King:

Die *Kultur* im neuen Jahrtausend

4.1 Daten und Prognosen

Kunst und Kultur sind immer Ausdruck der augenblicklichen gesellschaftlichen Situation. Schauen wir uns die Kunstszene an, und wir wissen, wie es der Gesellschaft geht. Die Formen der Kunst ändern sich je nach Weltlage. Mal tendiert die Seelenlage in Richtung Schwermut, mal in Richtung Leichtigkeit, mal herrscht Dramatik oder Euphorie, mal dominieren Gefühle, dann wieder die Ratio. Künstler versuchen, mit ihrer Kunst die Welt zu verstehen und zu interpretieren. Künstler sind Sinnsucher und Sinnstifter. Sie sind auf der Suche nach neuen Dimensionen des Lebens, sind Wegweiser zu neuen Horizonten. Nicht selten sind Künstler Propheten der Zukunft, Träumer einer besseren Zeit. Sie nehmen vorweg, was erst Jahre später Wirklichkeit wird.

Kunst reflektiert Kultur. Wir alle leben in einer bestimmten, festgefügten Kultur. Ohne auf die komplizierte Definitionsproblematik einzugehen, sei hier Folgendes festgehalten: Unter Kultur versteht man feste Verhaltensmuster, Lebensformen und Normen einer Gruppe von Menschen, die erst die innere Mitte einer Gemeinschaft ausmachen. Kultur ist Ergebnis eines langen geschichtlichen Prozesses. Kultur ist die Summe von Traditionen und Überlieferungen. Sie prägt uns durch Familie und Schule. Die gemeinsame Kultur eines Volkes oder einer gesellschaftlichen Gruppe vermittelt Identität und Sicherheit. In ihr werden gemeinsame Werte gelebt und geistige Errungenschaften festgehalten. Alle Lebensformen der Menschen, seien es Werte, Tugenden, Umgangsformen, Sprache, Essverhalten, Berufsethos, Familienleben etc., sind kulturell geprägt. Insofern kann kein Mensch ohne Kultur leben. Kultur ist der Rahmen unserer Wirklichkeit, das Flussbett unseres Lebens, die Leitplanke unseres Lebensweges.

Unsere Kultur hat uns alle geprägt. Sie unterscheidet uns von den anderen Völkern mit ihren Kulturen. Die Prägungen durch Familie, Kirche, Schule, Bildung, Freunde und die Öffentlichkeit drücken unserem Leben den Stempel auf. Kulturen unterscheiden sich, differieren manchmal in wesentlichen Punkten, sind aber für die Entwicklung einer Nation unabdingbar. Die Kultur wiederum ist nicht wert-

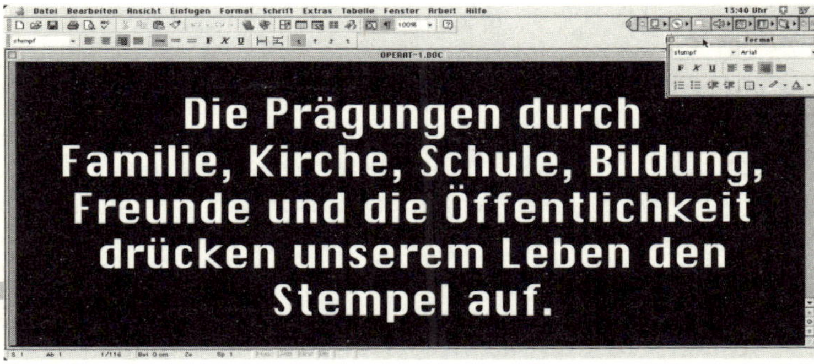

neutral, sondern wird von festen Normen und Tabus bestimmt, gesellschaftlichen Übereinkünften, die das Zusammenleben bestimmten Geboten und Gebräuchen unterwirft. «Das tut man eben nicht», «das haben wir schon immer so gemacht».

Der Begriff «Kultur» wird im heutigen Sprachgebrauch oft undifferenziert gebraucht. Der Volksmund versteht darunter meist «kulturelle Veranstaltungen» und meint damit Musik, Theater, Konzerte oder Ausstellungen. Kultur wird also in erster Linie auf die künstlerische Szene verengt. Mit dieser Verwendung will man ausdrücken, dass die Kultur ein höherer geistiger Wert ist, der im Alltagsleben selten vorkommt. Wir wollen dagegen Kultur im weiteren Sinne fassen. Ich zähle dazu auch Dinge wie Sprache, Essen und die Freizeitgestaltung, eigentlich jede Form von Lebensgestaltung. In gewissem Sinne gehören auch die Medien zur Kultur eines Volkes. Kultur ist eine Art Lebensplan, der alle Dimensionen des menschlichen Daseins umfasst und den jeder Mensch innerhalb seines gesellschaftlichen Umfeldes automatisch erlernt.

Warum gerade dieses Thema in einem Buch über den Zeitgeist? Der Grund ist einfach: Auch im Bereich der Kultur muss von einer derzeitigen Krise gesprochen werden. Nehmen wir als Beispiel die moderne Kunstszene. Sie hat sich in Hunderte von Schulen und Richtungen zersplittert. Die moderne und mehr noch die postmoderne Kunst kommuniziert viel Konfusion, Konflikte und Verfremdungen. Von einer Wegweiserfunktion ist sie weit entfernt. Vielmehr drückt sie aktuelle Ängste und Verunsicherungen aus und spiegelt somit die gesellschaftliche Orientierungslosigkeit wider. Die Gesellschaft quittiert die künstlerische Entwicklung mit Nichtachtung: Nur 15% aller Deutschen gehen häufig in kulturelle Veranstaltungen wie Theater, Konzerte, Ausstellungen oder Kino.

Schauen wir uns das Theater an: 1996 gab es in Deutschland 154 Theaterbühnen und ca. 655 andere Spielstätten. In der Spielzeit 1995/96 begrüßte man in den öffentlichen Theatern 5,8 Millionen Besucher bei Schauspielen, 5,1 Millionen bei Opern und 3,2 Millionen bei Musicals und Operetten. Insgesamt besuchten 20 Millionen Menschen die öffentlichen Theater in Deutschland. Diese auf den ersten Blick großen Zahlen täuschen jedoch. Nur eine geringe Zahl der Deutschen geht überhaupt ins Theater – d.h. nur eine Minderheit zeigt dafür Interesse. Schlimmer aber als das: Was heute gezeigt wird, lässt den Zuschauer nicht immer in Euphoriestimmung geraten. Der Trend der Masse geht klar zu den bekannten Stücken der (guten?) alten Zeit (Stichwort: Freischütz, Zauberflöte) und den Kompositionen aus alter Zeit (Matthäuspassion, Messias). Moderne Inszenierungen stoßen dagegen auf wenig Interesse, gelten nur einem ausgewählten Publikum als wertvoll.

Nicht besser steht es um die Ausstellungen. Es gibt in Deutschland 4'113 Museen, die 1996 knapp 91 Millionen Besucher begrüßen konnten. Es sind aber immer wieder die mit erheblichem finanziellem und publizistischem Aufwand durchgeführten Massenausstellungen, die auf Interesse stoßen. Das Heimatmuseum fristet ein jämmerliches Dasein. Mehr noch: In Rekordzeit werden die scheinbar kunstinteressierten Massen durch die Säle gigantischer Museen geschleust. Den Louvre schaffen wir in anderthalb Stunden, das Deutsche Museum in 60 Minuten. Das reicht, um unser Kulturinteresse für ein Jahr zu sättigen.

Bliebe noch die Musik: 1997 besuchten 866'000 Deutsche Angebote der Musikschulen. Rund 1,8 Millionen Deutsche waren Mitglieder in einem der 17'500 Chöre des Deutschen Sängerbundes. Singen gilt als Lieblingsbeschäftigung der Deutschen. Jahrhunderte lang galten die Deutschen als sangesfreudige Nation. Aber auch dieser Trend ist passé. Die Kinder haben keine Lust mehr zu singen. Sie hören lieber Musik am eigenen CD-Player. Und über die inhaltliche und musikalische Qualität des deutschen Liedguts der letzten Jahre möchte ich mich an dieser Stelle lieber nicht auslassen.

Sprache ist eines der wichtigsten Kulturgüter. Die Sprache ist das Hauptkommunikationsmittel eines Volkes. Sie hat einen ungeheuren Einfluss auf unser Leben. Sprache kann trösten und helfen, aber auch zerstören und niedermachen. Sprache kann roh und kalt, aber auch ausdrucksstark und warm klingen. Die Ausdrucksfähigkeit der Sprache ist die Voraussetzung für klares Denken und überzeugendes Argumentieren. Sprache verbindet ein Volk, kann es aber auch trennen.

Heute ist die Sprachkultur allerdings bedroht. Wir kommen z.B. mit immer weniger Vokabeln aus. Personalmanager beklagen selbst bei Akademikern, dass deren Ausdrucksfähigkeit nachlässt. Eine Verrohung der Sprache durch Schlagwörter, Flüche und Primitivvokabeln ist zu beobachten. Beim Reden wird immer häufiger der Verstand ausgeschaltet. Wir reden, wissen aber nicht, was wir eigentlich sagen. Eine Flut von Sprachfloskeln verstopft unsere Kommunikationssysteme. Die Sprachästhetik vergangener Zeiten ist uns abhanden gekommen. Man sollte ernstlich über Rhetorikunterricht an den Schulen nachdenken.

In der multikulturellen Welt von heute vermischen sich zudem die Sprachen. Anglizismen sind heute in Deutschland an der Tagesordnung. Den gleichen Begriffen werden dauernd andere Inhalte gegeben. In der multikulturellen Moderne kommunizieren wir mit Sprachbrocken aus anderen Sprachen. Wir «chatten» im «Internet», treiben «Aerobic» im «Fitness-Center», bestellen den «Cheeseburger» im «Bur-

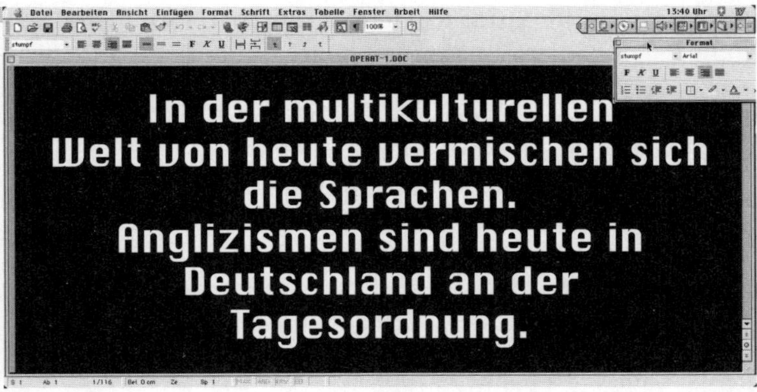

ger-King», jagen mit dem «Snowboard» die Berge herunter, die «Raver» tanzen bei der «Love-Parade» durch die Straßen. Die «Kids» finden alles «cool», «mega», «hyper» und «tough» (taff). Sie haben sich längst ihre eigene Sprachwelt geschaffen. Wir arbeiten auch immer mehr mit Abkürzungen und Kurzformeln: «Info» statt Information, «E-Mail» statt Electronic Mail, «Hi» statt Hallo usw.

Eine Sprache ist immer etwas Lebendiges. Sie verändert sich zusehends. Das war in der Vergangenheit nicht anders, und daran ist nichts auszusetzen. Mittlerweile kommt man aber kaum noch nach. Ältere Menschen sind von der rasenden Sprachentwicklung der Moderne längst abgehängt worden. Neologismen kommen und gehen. Es gibt Kommunikationsschranken in unserem Land. Die verschiedenen Subkulturen verstehen sich nicht mehr richtig, weil jede von ihnen ihre eigene Sprache besitzt. Die Kommunikation wird durch Sprachsymbole erschwert, die nur noch Eingeweihten verständlich sind. Auch im Internet verständigen sich die Experten in erster Linie mit Kurzformeln wie zum Beispiel :-) oder :-(. Grammatik ist «out». Man setzt sich über die klassischen Sprachregeln hinweg. Der Duden hat ausgedient, es lebe die neue Unübersichtlichkeit.

Christen beklagen zudem eine völlige Umdeutung und Profanisierung von biblischen Begriffen. Als «Sünde» wird heute das zweite Stück Kuchen bezeichnet. Den «Himmel» und das «Paradies» findet man heute auf Erden – und zwar, wenn man bestimmte Produkte kauft. Der Teufel und seine Dämonen müssen für niedliche Werbegags herhalten. Engel fliegen zu Tausenden als irdische Plüschwesen durch die Anzeigen. Selbst vor Gott macht man keinen Halt und vereinnahmt ihn als höhere Weihe für die profanen Produkte.

Noch schlimmer als der äußere Verfall der Sprache ist jedoch der inhaltliche Verfall des Sprechens. Heute redet man gerne über andere, weniger mit anderen. Öffentliche Diffamierungen von Menschen scheinen an der Tagesordnung zu sein. Achtung vor der Würde des Menschen scheint es nicht mehr zu geben. Unter dem Deckmantel der Meinungsfreiheit werden ungeheuerliche Beschuldigungen vorschnell ausposaunt, ohne dass genau recherchiert und mit den Betroffenen vorher gesprochen wird. Der Ruf-

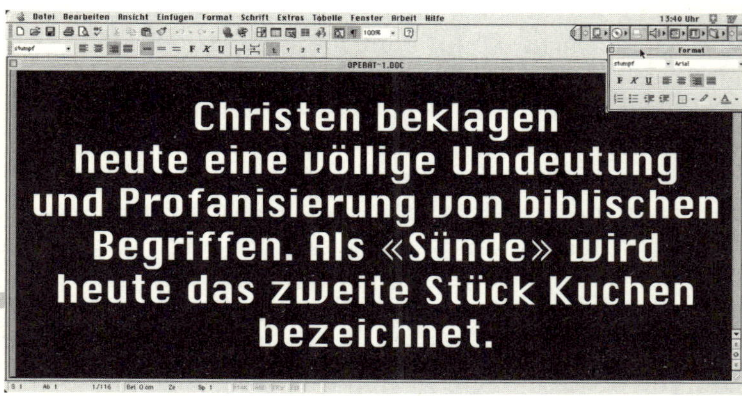

mord ist ein beliebtes Spiel geworden, um den Gegner aus dem Rennen zu werfen. Irgendetwas wird schon dran sein, denken viele. Und genau darauf spekulieren die Verleumder.

Kein Kapitel über die Kultur kann den mittlerweile stärksten Kulturfaktor der Gesellschaft übergehen: die Medien. 1998 besaßen 96% aller deutschen Haushalte mindestens einen Fernseher. Im Jahre 1999 besaß jedes vierte Kind zwischen 6 und 13 Jahren in Westdeutschland seinen eigenen Fernseher, in Ostdeutschland sogar jedes zweite Kind. Der durchschnittliche Deutsche hört täglich drei Stunden lang Radio, sieht über zwei Stunden lang fern und liest 20 Minuten lang Zeitschriften oder Bücher. Insgesamt beschäftigen sich die Bundesbürger im Durchschnitt 185 Stunden im Monat mit Medien! Jede Woche gehen 2,2 Millionen Deutsche ins Kino. Ein 13-Jähriger hat im Durchschnitt 5'500 Stunden ferngesehen, 3'000 Stunden Schulaufgaben gemacht, aber nur 300 Stunden gelesen.

Nun geht es hier nicht um die übliche unqualifizierte Medienschelte, wie sie weithin zu hören ist. Das Fernsehen darf nicht als Sündenbock für alle Fehler der Gesellschaft herhalten. Es muss deutlich herausgehoben werden, dass es immer noch sehr gute Beiträge in den Medien gibt. Besonders in den öffentlich-rechtlichen Sendern werden zum Beispiel hervorragende Ratgebersendungen produziert. Das Niveau einiger Tageszeitungen im deutschsprachigen Raum ist beachtlich. Wer hat nicht auch in den letzten Jahren einige hervorragende Kinofilme gesehen. Deshalb ist ein qualifiziertes Urteil angebracht.

Bei aller Differenzierung sind jedoch offensichtliche Fehlentwicklungen zu beklagen. Zum einen hat die Vielfalt des Angebots keineswegs zu einer Qualitätssteigerung geführt. 40 Fernsehkanäle führen nicht automatisch zu einer Verbesserung des Angebotes. Zum anderen bestimmen die berühmten Einschaltquoten immer mehr die Programminhalte. Besonders die Privatsender leben von den Werbeeinnahmen. Die wiederum erhöhen sich, je mehr Fernsehzuschauer für eine

Sendung gezählt werden. Deshalb sind die Einschaltquoten eines der wichtigsten Auswahlkriterien geworden.

Eine typische Erscheinung dieser Unkultur war die Sendereihe «Big Brother». Aus 20'000 Bewerbern wurden wenige Personen ausgewählt, die über einige Wochen in einer Containerwohnung zusammenlebten, rund um die Uhr gefilmt von mehreren Kameras. Ziel des Ganzen war es, die

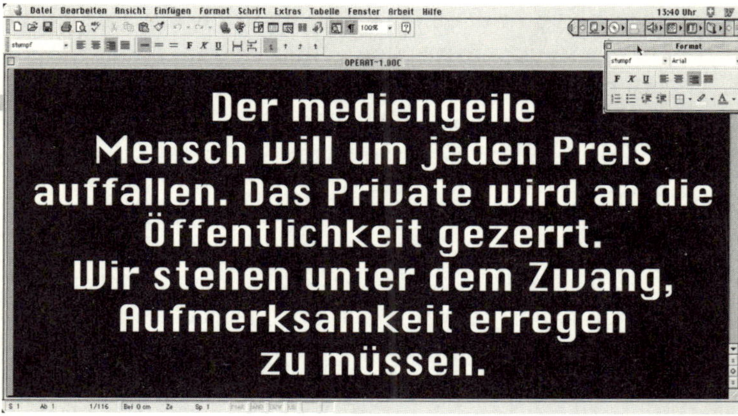

Mitbewohner nach und nach zu selektieren und auszuscheiden. Dem Gewinner dieses Selektionsprozesses winkte am Ende die Belohnung von 250'000 DM. Diese künstliche Wohngemeinschaft wurde dabei zum Schaufenster der Republik. Im Sinne eines kollektiven Voyeurismus gaffte eine Nation in die künstlich aufgebaute Intimsphäre einiger Selbstdarsteller. Der Seelenstriptease, wie er in den meisten Talkshows längst gang und gäbe war, wurde hier auf die Spitze getrieben. Die Neugierde des Zuschauers trieb die Einschaltquoten hoch. Man spekulierte, wer mit wem ins Bett steigen würde, freute sich am Streit und den Intrigen der Parteien, konnte sogar per Telefon mit abstimmen, wer den Container frühzeitig zu verlassen hatte.

Diese totale Fernsehinszenierung wirft ein helles Licht auf unsere Zeit. Der mediengeile Mensch will um jeden

Preis auffallen. Das Private wird an die Öffentlichkeit gezerrt. Wir stehen unter dem Zwang, Aufmerksamkeit erregen zu müssen. War es Jahrtausende lang für die Menschen peinlich, in intimen Situationen beobachtet zu werden, finden viele Menschen heute solcherlei Hemmungen verklemmt. Das Innenleben wird nach außen gekehrt. Die Öffentlichkeit wird zum Spiegelbild der eigenen Seele. Man sucht den Traumpartner in der Live-Show, führt getrennte Menschen vor laufenden Kameras zusammen, schwadroniert über die intimsten Sexualthemen. Bei all dem bleibt der gute Geschmack, ein wichtiges Kulturgut, auf der Strecke.

Auch die Essgewohnheiten sind Teil der Kultur. Nicht umsonst sagt der Volksmund, dass man Menschen erst beim Essen richtig kennen lernen kann. Wie essen wir also? Was essen wir eigentlich? Wie viel essen wir?

Deutsche essen pro Jahr 444,7 Kilogramm feste Speise und trinken 647,7 Liter Flüssigkeit. Bei den Getränken nennt die Statistik 169 Liter Kaffee, 139 Liter Bier und 97 Liter Wasser. Jeder Deutsche isst im Durchschnitt pro Jahr 64 Kilogramm Fleisch, 83 Kilogramm Brot, 100 Kilogramm Obst, aber nur 87,5 Kilogramm Gemüse. Nicht zu vergessen die gute alte Kartoffel mit 41 Kilogramm. Weniger erfreulich sind wohl die 20 Kilogramm Schokolade, die leider auch ihre Spuren hinterlassen. Jedes Jahr werden in Deutschland 300 Milliarden DM für Essen und Nahrungsmittel ausgegeben.

Der Trend in der Ernährung geht zu den so genannten Convenience-Produkten, d.h. zu vorgefertigten Lebensmitteln, die nur noch erwärmt werden müssen. Damit wird deutlich: Die Zeit für die Zubereitung der Mahlzeiten ist geschrumpft, sie hat sich in den letzten 20 Jahren halbiert. Wir kochen oft gar nicht mehr, sondern tauen nur noch auf, erwärmen in der Mikrowelle. Für die Kochkunst vergangener Zeiten haben wir einfach keine Zeit mehr. Aber wir essen auch immer schneller. Wir schlingen in uns hinein, essen im Stehen oder im Auto, nebenbei. Essen wird zu einer Nebenbeschäftigung. Der moderne Mensch isst auch vermehrt außer Haus: 33% des Nahrungsbedarfs werden in Kantinen, Fast-Food-Ketten, Imbissbuden und Restaurants gedeckt. Die Ausgaben dafür beliefen sich 1998 auf sage und schreibe 168 Milliarden DM. Tendenz: steigend. Und: Wir essen zu viel und zu fett. Die Behandlung der Fettleibigkeit und der Folgen von Übergewicht kostet in Deutschland jährlich 36 Milliarden DM. Jeder dritte Deutsche ist zu fett, jedes vierte Kind leidet heute schon an Übergewicht. Übergewichtige Menschen werden häufiger krank, sterben früher. Deshalb boomen die Diäten. Jeden Montag wird eine neue angefangen ...

Wir essen zu viel und wir bewegen uns zu wenig. Nur 30% aller Deutschen treiben regelmäßig Sport, mehr Männer als Frauen. 23 Millionen Deutsche waren 1997 Mitglieder in einem der 85'000 Sportvereine, davon 6 Millionen in einem Fußballverein, fast 5 Millionen in einem Turnverein und über 2 Millionen in einem Tennisverein. Aber die Vereine geben offen zu: Längst nicht alle Mitglieder sind aktiv dabei. Die Mitgliedschaft im Verein scheint für die meisten eine Alibifunktion zu haben. Der Ausweis für den Tennisclub und die Mitgliedskarte des Angelvereins beweisen unsere sportlichen Qualitäten. Für mehr reicht es nicht.

Zur kulturellen Gestaltung des Lebens zählt auch der Urlaub. Wir Deutschen sind Weltmeister darin. 43 Millionen Deutsche reisen jedes Jahr ins Ausland. Die beliebtesten Reiseziele sind Spanien (8,3 Mill.), Italien (5,7 Mill.), Österreich (4,2 Mill.), Türkei (2,6 Mill.) und Frankreich (2,4 Mill.). Urlaub ist ein neuzeitliches Phänomen. Seine Einrichtung geht auf die Industrialisierung im 19. Jahrhundert zurück, als Arbeitswelt und Familienwelt auseinander zu klaffen begannen. Die harte, einseitige Arbeit und die vielen Eindrücke des Lebens führten zum Ausbrennen der Ressourcen. Der Mensch braucht Entspannung, Ruhe und Erholung. Abschalten, Aussteigen, sich gehen lassen heißt die Devise. Raus! Kein Telefon, keine Gemeinde, keine Zeitung, keine Firma, keine Schule – einfach Ruhe.

Schon hier sollte man aufhorchen. Wir müssen uns darüber im Klaren sein, dass der heutige Urlaubsrausch eine Überreaktion auf unsere unausgewogene und hektische Zeit ist. Diese Mentalität, total aus dem Alltag auszusteigen, ist jedoch äußerst verhängnisvoll. Denn der Urlaub wird für unsere Zeitgenossen zu einem religiösen Kult! Urlaub wird zum Götzen, zum Lebenssinn, auf den man hin-

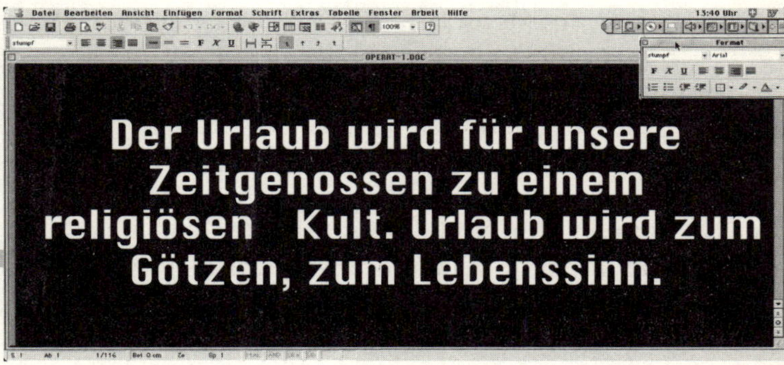

lebt. Es gibt heute immer mehr Leute, die nur noch für den Urlaub leben. Da zählt man die Tage bis zum Urlaubsantritt. Da spart man riesige Summen, um im Urlaub mal richtig «einen draufmachen» zu können. Am Strand von El Arenal benimmt man sich wie ein Gefangener, der gerade nach 30 Jahren Kerkerhaft die Freiheit wiedererlangt hat. Fällt dagegen der Urlaub ins Wasser, ist Weltuntergangsstimmung angesagt.

Aber es gibt auch andere Extreme: Menschen knallen sich den Urlaub voll mit Erlebnissen und Vergnügungen. Nicht genug, dass der Alltag hektisch ist: Im Urlaub muss alles noch viel bunter sein. In 14 Tagen eine Weltreise. Im Urlaub Museumsbesuch, Vergnügungspark, Theater, Film, Partys, Sehenswürdigkeiten und so weiter. Und auch der Strand wird heute zur Showbühne, zur Kulisse, auf der man sich selbst inszeniert und das Bad in der Menge genießt. Man kommt auch im Urlaub nicht zur Ruhe. Der Urlaub wird zum Urlaubshappening. Wenn heute Familien in den Urlaub fahren, brauchen sie mehr als nur Handtuch, Badehose und Buch. Der Kofferraum quillt über: Wind- und Sonnenschutz, Cremes mit allen möglichen Sonnenschutzfaktoren, Förmchen, Schwimmringe, coole Sonnenbrille, kecker Hut, Drachen, Beachball, Videokamera, Angel, Fernglas und für jeden Abend ein anderes Outfit. Beach-Lifestyle alias Ballermann 6 bestimmt die Szene. Die innere Unruhe des Menschen setzt sich im Urlaub fort. Man kann sich nicht mehr richtig erholen.

Dahinter steckt natürlich eine ungeheure Unzufriedenheit mit dem so genannten Alltag. Dieses Wort allein ist schon unsympathisch. Der «Alltags-Trott» ist nicht das, was wir uns unter sinnvollem Leben vorstellen. Der moderne Mensch hat den Sinn und die Mitte seines alltäglichen Lebens verloren. Früher bildeten noch christliche Werte wie Arbeit und Familie wesentliche Inhalte des Daseins. Durch den Wertewandel unserer Zeit sind diese Dinge jedoch nur noch eine lästige Pflichtübung geworden. Das Sozialverhalten ist zurückgegangen. Individuelle Freiheit ist das Ziel von heute. Das Vergnügen steht an erster Stelle. Hauptgrund des Urlaubskultes ist also die totale Sinnentleerung unserer Zeit. Das Leben im Alltag hat mir nichts mehr zu bieten! Könnte es doch nur ewig Urlaub sein!

Fazit des Ganzen: Die Freizeitforscher bezeichnen den Menschen unserer Tage als jemanden, der sich eigentlich nicht mehr freuen kann, der sich langweilt und die Fähigkeit verloren hat, sich mit sich selbst zu beschäftigen. Er weiß nicht, wie er mit seiner freien Zeit umgehen soll. Die Mitte der gemeinsamen Kultur ist in Auflösung begriffen. Jeder legt selbst fest, was für ihn richtig und falsch ist. Die Umgangsformen sind pluralisiert. Es besteht kein Konsens mehr in der Frage, was schön ist und was nicht. Kultur zerfleddert, franst nach allen Seiten aus.

4.2 Impulse und Auswege

Wir brauchen eine Erneuerung unserer Kultur. Ich bin der Überzeugung, dass alle Formen der Kultur einen wichtigen Stellenwert in unserer komplexen und technischen Welt haben. Kultur kann unserer Gesellschaft zeigen, dass es jenseits des Materiellen eine spirituelle und emotionale Dimension des Lebens gibt. Sie kann unsere Gesellschaft zusammenhalten, ihr den Spiegel vorhalten und ihr helfen, sich selbst zu verstehen. Kultur kann uns den Rahmen für unsere Sozialbeziehungen geben, kann die Lebensbeziehungen und die Kommunikation erleichtern.

Wie kann sich unsere Kultur erneuern? Um zu einer erneuerten Kultur durchzudringen, muss der Mensch sein Verhältnis zu Gott in das Blickfeld bekommen. Denn insbesondere die westliche Kultur ist ohne den Glauben an Christus nicht zu verstehen. Die Lebensformen unseres Landes sind noch schwache Ausläufer der abendländischen, christlichen Kultur. Die kulturellen Fundamente einzureißen hieße, unsere gemeinsamen Wertmaßstäbe zu beerdigen. Kulturgüter dürfen nicht der Beliebigkeit des Zeitgeistes geopfert werden; vor allen Dingen nicht, wenn keine tragfähigen Alternativen in Sicht sind. Wer meint, jeder könne nach seinen eigenen kulturellen Maßstäben leben, hat

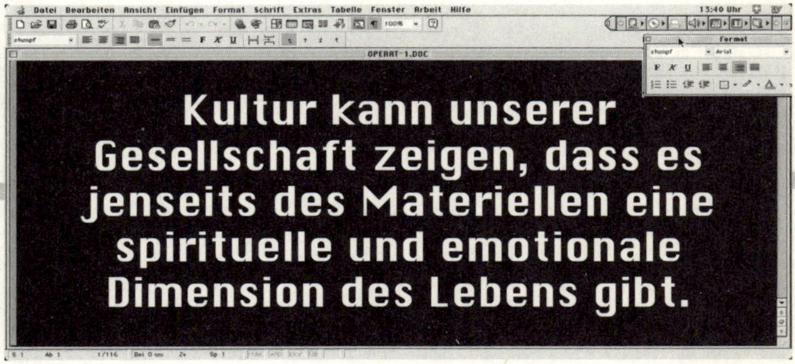

nichts verstanden von dem ungeheuren Wert gemeinsamer Lebensideale.

Die Kulturfrage hat viel mit dem christlichen Glauben zu tun. Gott selbst hat uns Menschen nämlich einen Kulturauftrag gegeben. Als er Adam und Eva anwies, sich die Erde «untertan zu machen» (1. Mose 1,28) und den Garten Eden «zu bebauen und zu bewahren» (1. Mose 2,15), da gab er ihnen nicht nur einen wirtschaftlichen, sondern auch einen kulturellen Auftrag. Der Mensch darf die Schöpfung nutzen, er soll sie weiterentwickeln und gestalten. Das biblische Weltbild verbietet deshalb die Passivität des Mystikers. Gott ruft auf zum gestalterischen Handeln in der Welt. Nur deshalb sind übrigens die jüdischen und christlichen Kulturkreise in der Vergangenheit Motor vieler gesellschaftlicher Entwicklungen gewesen. Der Mensch soll nicht die Hände in den Schoß legen, sondern kreativ und verantwortungsbewusst mit dem Geschaffenen umgehen. Gott hat ihm die Fähigkeit und den Auftrag gegeben, dem Leben einen festen Rahmen zu geben, um menschliches Zusammenleben zu ermöglichen.

Diese kulturelle Umgestaltung der Welt ist deshalb besonders nötig, weil die Erde seit dem Sündenfall auch kulturell gefallen und gefährdet ist. Alle Bereiche des menschlichen Lebens haben an den Folgen des Sündenfalles Anteil. Jede Form von Kunst und Kultur ist gefallene Schöpfung. Deshalb ist Kunst z. B. auch nicht per se gute Kunst. Deshalb haben wir die oben genannten Probleme. Kultur ist immer gefährdet, solange die Erde bestehen wird. Sie muss aktiv gestaltet werden, um ihre heilende Wirkung zu entfalten. Sie darf nicht sich selbst überlassen werden, sonst führt sie den Menschen ins Verderben.

Übrigens haben Christen Jahrhunderte lang aktiv an der Gestaltung der Kultur teilgenommen. Die größten Denker und Dichter, die größten Künstler und Architekten waren gläubige Christen. Sie sahen ihre Aufgabe darin, in allen Bereichen der Kultur die Herrlichkeit Gottes darzustellen. Heute sieht dies jedoch anders aus. Viele Christen zeigen

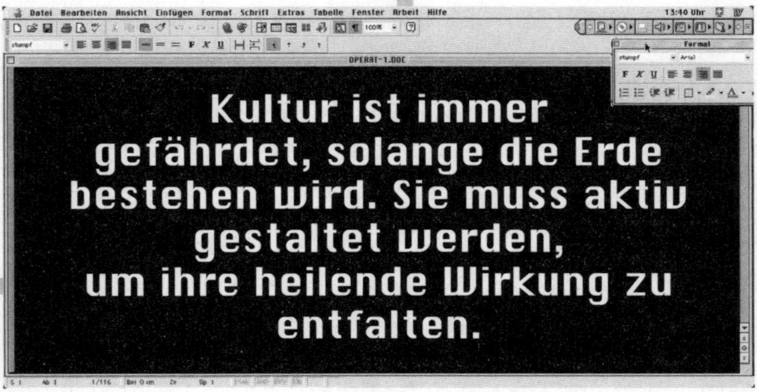

kaum Interesse an der öffentlichen Kultur. Francis Schaeffer konstatierte schon in den 70er Jahren über die Christen: «Wir haben keine christliche Kunst geschaffen, weil wir den größten Teil dessen, was das Christentum über Kunst lehrt, vergessen haben.»

Dabei sagt die Bibel selbst viel über Formen der Kunst. Schon in der Stiftshütte wurden alle möglichen Formen der Kunst verwendet (2. Mose 25), ebenso beim Bau des Tempels (1. Chron. 28; 2. Chron. 4). Gegner der Kunst sollten einmal Gottes Anweisungen für die künstlerische Gestaltung des Tempels durchlesen. Bis in die kleinsten Details werden hier Formen der Kunst zur Ehre Gottes ausgeschöpft. Aber es gab in Israel auch «säkulare Kunst», man denke nur an die Beschreibung des Thrones Salomos in 1. Kön. 10,18–20. Auf andere Beispiele von Kunst in der Bibel werden wir noch eingehen.

Wie sieht nun konkret eine erneuerte Kultur aus? Wir brauchen zum Beispiel eine Erneuerung unserer Theater. Inszenierungen, die die Gottlosigkeit unserer Gesellschaft fördern, indem sie freie Liebe und Unzucht verherrlichen, führen die Menschen in die Irre. Wir brauchen Künstler, die von einem festen biblischen Standpunkt aus ihre Begabung zur Ehre Gottes einsetzen, um Menschen zum Nachdenken über ihr Leben zu bewegen. Wir benötigen dringend mehr

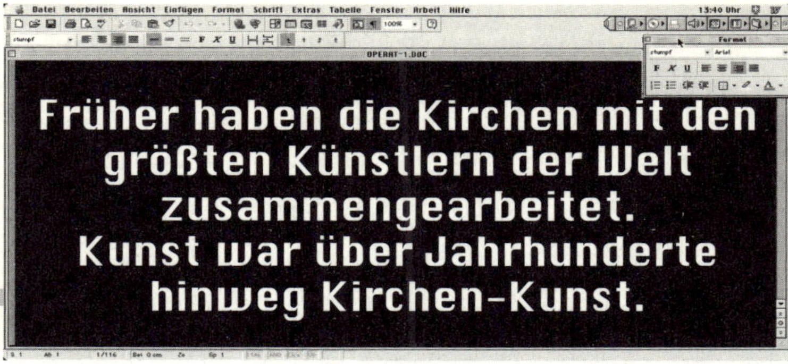

Christen in der Theaterszene unseres Landes; Christen, die der Gesellschaft den Spiegel vorhalten und die richtigen Wege weisen. Diese Gesellschaft sucht nach echten Antworten auf ihre Lebensprobleme. Das Theater könnte hier ein kleiner Wegweiser sein.

Dieses Plädoyer für das Theater mag manchen frommen Leser überraschen. Denn die christlichen Kirchen waren über viele Jahrhunderte große Feinde des Theaters. In der frühen Kirche galt es als Sünde, überhaupt in das Theater zu gehen. Und selbst im Pietismus und der Erweckungsbewegung galt das Theater als Stätte der Sünde. Im Gegensatz zu Spener war Francke z.B. von den verderblichen Einflüssen des Theaters überzeugt. Auch viele Prediger der Erweckungsbewegung lehnten den Besuch des Theaters kategorisch ab. Auf dem Bild vom breiten und vom schmalen Weg wurde das Theaterhaus als Sinnbild der Gottlosigkeit dargestellt. Das Hauptargument gegen das Theater war der Vorwurf, dort würden Lügen verkündet und es würde Fiktionen gehuldigt. Der Mensch sei von Gott zur Wahrheit erschaffen worden und dürfe als Schauspieler nicht in die Rolle anderer Charaktere schlüpfen.

In dieser Generalkritik am Theater ist ein Körnchen Wahrheit enthalten. Der Schauspieler spielt tatsächlich nicht sich selbst, sondern eine ihm fremde Rolle. Dass damit jedoch eine Unwahrhaftigkeit ausgedrückt wird, ist kaum einzusehen. Der Akteur schlüpft ja nicht in die Rolle, um seine Zuhörer hinters Licht zu führen. Er gibt auch seine eigene Identität nicht auf. Vielmehr möchte er durch seine «Verstellung» auf bestimmte Zusammenhänge hinweisen und durch bewusste Überzeichnung Wahrheiten des Lebens deutlich machen, so wie der Karikaturist Besonderheiten beim Menschen herausstellt oder der Satiriker Situationen des Lebens bewusst überzeichnet.

Dass die Bibel zudem nicht jede Form der Schauspielerei ablehnt, macht das Beispiel von Hesekiel deutlich. Mehrfach wird er aufgefordert, durch zeichenhaftes Handeln im Sinne eines Schauspiels dem Volk den Willen Gottes zu verkündigen (z.B. Hes. 4,1–4). Auch andere Propheten predigten durch zeichenhaftes Handeln dem Volk. Trotzdem dürfen diese Hinweise nicht als Freibrief für alle Formen der Kunst verwendet werden. Heute müssen dem Theater Grenzen gesetzt werden. Die Selbstinszenierung mancher Künstler ist unerträglich. Die Verächtlichmachung religiöser Wahrheiten oder christlicher Normen muss zurückgewiesen werden. Nacktdarstellungen im Theater sind schamlos. Das alles darf die Kirche jedoch nicht davon abhalten, die Kunst wieder in ihre ursprüngliche Funktion zurückzuführen. Kunst (auch die nichtreligiöse) ist eine Form, Gott zu loben. In der Vergangenheit haben die Kirchen mit den größten Künstlern der Welt zusammengearbeitet. Kunst war nicht zufällig über Jahrhunderte Kirchen-Kunst. Noch heute bewundern wir in alten Kathedralen das Werk dieser christlichen Künstler. Sie wollten etwas zur Ehre Gottes schaffen. Unsere Kirchen und Gemeinden täten heute wieder gut daran, wenn sie christliche Künstler fördern würden. Sicher werden sich auch die eigenen Gemeinderäume eignen, um einmal eine Kunstausstellung zu organisieren. Warum aber nicht auch einmal bei der Bank vor Ort anfragen oder die Stadthalle mieten, um christlichen Künstlern die Möglichkeit zu bieten, ihre Werke zu präsentieren? In gewissem Maße kann Kunst auch einen hervorragenden evangelistischen Dienst tun! Unseren Kirchenmitgliedern wird es zudem gut tun, wenn sie nicht nur durch die Seifenopern und Science-Fiction-Filme der Gegenwart geprägt werden, sondern umsichtig an die verschiedenen Formen der Kunst herangeführt werden. Deshalb darf es ruhig auch einmal Malkurse in der Gemeinde geben!

Die Erneuerung der Kultur muss auch die Musik umfassen. Dazu hat uns übrigens die Bibel sehr viel zu sagen. Schon im 1. Buch Mose sehen wir die ersten Anfänge der Kulturentwicklung: Dort werden Handwerk (4,22) und Kunst (4,21) erwähnt. Jubal wurde der Stammvater aller Musiker. Durch Musik wurde der depressive Saul von David aufgerichtet (1. Sam. 16,23), d.h. Musik hat auch eine therapeutische Wirkung. Musik war immer auch Ausdruck der großen Freude der Erlösten. Ein siegreicher Feldzug wurde besungen (z.B. 1. Sam. 18,6), ebenso besondere Heilstaten Gottes (2. Mose 15,1–18; Ri. 5). Wer Gott in seinem Leben erlebt hat, der kann davon im wahrsten Sinne des Wortes ein Lied singen.

Das eigentliche Musikbuch der Bibel sind die Psalmen. Hier wird deutlich: Der Sinn aller Musik ist das Lob Gottes, die Verherrlichung des Schöpfers und Erlösers Israels (Ps. 145,1–6). Gott sollte durch diese Lieder groß gemacht werden, nicht der Mensch. Diese Lieder wurden in erster Linie in der Gemeinschaft der Gläubigen gesungen – im Gegensatz zur individualistischen Musikszene der Moderne. Aber mehr noch: Musik wird in den Psalmen als der elementare Ausdruck des Glaubens bezeichnet (Ps. 149–150). Johann Sebastian Bach hatte dies begriffen. Unter seinen Kompositionen stand regelmäßig das SDG – Soli Deo Gloria, Gott allein sei die Ehre.

In der neutestamentlichen Gemeinde spielte die Musik ebenfalls eine zentrale Rolle. Paulus schreibt: «Das Wort des Christus wohne reichlich in euch; in aller Weisheit lehrt und ermahnt euch gegenseitig, mit Psalmen, Lobliedern und geistlichen Liedern singt Gott in euren Herzen in Gnade» (Kol. 3,16). Singen ist also Ausdruck der erfahrenen

Gnade Gottes. Es soll aus dem Herzen heraus geschehen, also aus dem Mittelpunkt des menschlichen Seins heraus.

Wir brauchen eine Erneuerung der Musik. Die Kirche hat heute die Verantwortung, jungen Menschen wieder Begeisterung für den Gesang und das Musizieren zu vermitteln. Kinderchöre, die mit Leidenschaft und Begeisterung geführt werden, haben eine wichtige Funktion. Dabei geht es den Sängern nicht um die eigene Karriere, sondern um das Lob Gottes. An guter Musik dürfen wir uns erfreuen. Sie hebt uns aus den Alltagssorgen heraus und weist uns den Weg zu Höherem. Gute Musik führt zur Ruhe und Stille, nicht zur Rebellion.

Zur Erneuerung der Musik gehört auch der Gemeindegesang. Auch er ist im Verfall begriffen. In vielen Kirchen singt nur noch der Pastor mit seinen Presbytern, wenn anwesend. In anderen Gemeinden beklagen wir eine Vereinseitigung des Repertoires hin zu kurzen Anbetungsliedern, die mehrmals wiederholt werden müssen, damit man nicht nach zwei Minuten fertig ist. Es wäre wünschenswert, wenn *viele* Musikstile in den Gottesdiensten Berücksichtigung fänden. Der Reichtum der Musikstile sollte als ein Geschenk Gottes angesehen werden, um uns zu erfreuen. Wer immer nur die Choräle des 16. Jahrhunderts singen lässt,

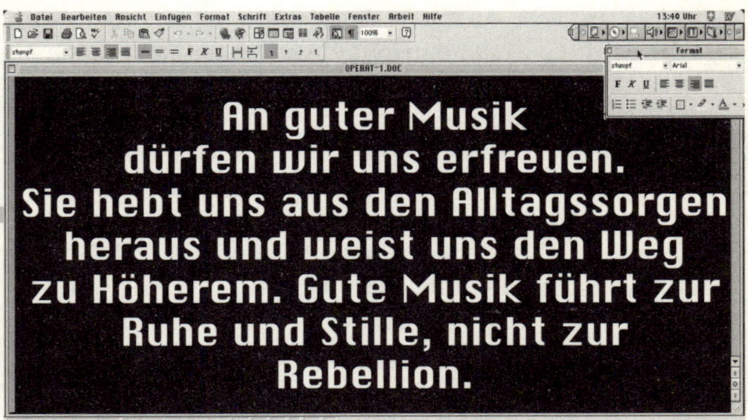

wird hier genauso schuldig wie der, dem nur das Moderne heilig ist. An diesem Punkt sollte auch genauer auf den Text unserer Lieder geachtet werden.

Zudem wäre es zu wünschen, dass alle Gemeindeglieder kräftig mitsängen. Aus Amerika kann man lernen, dass ein Dirigent für den Gemeindegesang erhebliche Verbesserungen bringen könnte. Seine Aufgabe ist es, die Gemeindeglieder zum Singen zu motivieren, den Takt und die Einsätze zu geben. Wer einen begeisterungsfähigen Dirigenten auf das Podium stellt, hat schnell den Gemeindegesang um einige Klassen verbessert. Noch wichtiger ist jedoch: «Wes das Herz voll ist, des geht der Mund über» – auch in unseren Kirchen. Wer Gott als seinen Herrn und Heiland erfahren hat, der stimmt gerne in sein Lob mit ein. Gott wird es gefallen – und uns Menschen auch. Übrigens stoßen Musikgottesdienste immer wieder auf beachtliches Interesse. Musik kann eine «klingende Predigt» sein, ohne dass sie die klassische Predigt verdrängen muss.

Gute Musik ist heute vielen Menschen einfach nicht bekannt. Wer nur das Gedudel aus dem Radio kennt und nie zur qualitativ hochstehenden Musik hingeführt wurde, dem ist kaum ein Vorwurf zu machen. Ihm entgeht jedoch eine der schönsten Seiten des Lebens. Deshalb haben wir auch die Aufgabe, Tipps und Empfehlungen für gute Musik zu geben und in unseren Gemeinden anzubieten. Gute Konzerte sollten deshalb in keiner Gemeinde fehlen. Ich bin versucht, Ihnen an dieser Stelle eine Liste zu präsentieren – lasse es aber aus Sicherheitsgründen ...

Musik im Dienst der Theologie ist auch Verkündigung in Klängen. Deshalb gilt es als eine Selbstverständlichkeit, dass Musik auch für evangelistische Zwecke genutzt werden kann. In diesem Bereich sollte ebenfalls auf Qualität geachtet werden; nicht jedes fromme Motiv zeitigt gute Ergebnisse. Christliche Musiker wünschten sich jedoch mehr gemeindliche Unterstützung – und die sollten wir ihnen tatsächlich geben!

Was wir zudem brauchen, ist eine neue Sprachkultur. Christen wissen, dass die Sprachfähigkeit ein großartiges Geschenk Gottes an den Menschen ist. Auch hier gilt: Gott selber spricht. Er hat durch sein Wort sogar die Welt geschaffen. Von Anfang an nahm er mit den ersten Menschen Kontakt auf. Gott redet, er schweigt nicht! Der Schöpfer hat sich offenbart. Jesus Christus ist das geoffenbarte «Wort

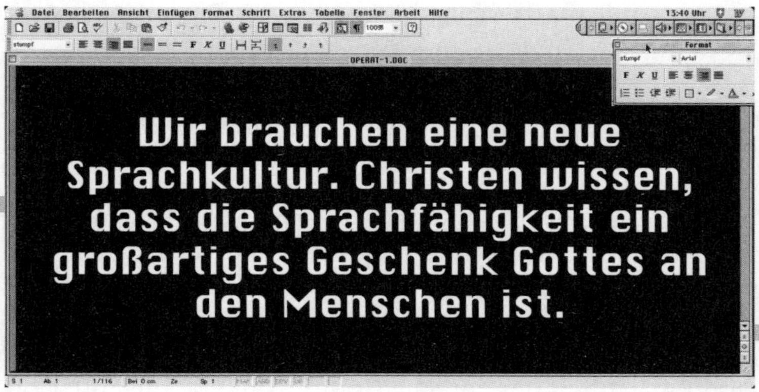

Gottes» an uns Menschen (Joh. 1,1–14). Die Bibel ist Gottes Wort in menschlicher Sprache an uns. Die Sprache ist eine gute Gabe Gottes an uns. Sie ist seit der Schöpfung in den Menschen hineingelegt. Unsere Würde und Gottesebenbildlichkeit liegt u.a. auch in unserer Sprachfähigkeit. Die Sprache zu pflegen, ist unsere große Aufgabe.

Aber die Sprache ist auch gefallene Sprache. Sie wurde genauso in den Sündenfall hineingezogen wie alle anderen geschöpflichen Realitäten. Seit der Ursünde des Menschen steht sie unter dem Fluch und hat ihre ursprüngliche Schönheit eingebüßt. Gott selber richtet den Menschen beim Turmbau zu Babel (1. Mose 11,1–9), indem er die Sprache verwirrt und die Menschen zerstreut und damit allen Machtansprüchen der Menschen ein Ende setzt. Die Verwirrung unserer Sprachen ist deshalb ein Gerichtszeichen Gottes. In der Sprache finden wir demnach etwas

Zweifaches: die Würde der Schöpfung und gleichzeitig die Gefallenheit der Schöpfung.

Was bleibt, ist unsere Verantwortung, mit der Sprache richtig umzugehen. Die Bibel warnt uns z.B. mehrfach vor der Geschwätzigkeit und dem falschen Reden (Spr. 11,9–14). Die Zunge ist ein stetes Übel (Jak. 3,1–12). Wir sollen kein falsches Zeugnis gegen jemanden reden (2. Mose 20,16). Aus dem Mund gehen große Übel hervor (Mt. 15,11). «Redet nicht Übles gegeneinander, Brüder», mahnte schon vor zweitausend Jahren Jakobus (Jak. 4,11). In 3. Mose 19,16 heißt es noch schärfer: «Du sollst nicht als ein Verleumder unter deinen Volksgenossen umhergehen.» Darauf sollten auch wir Christen wieder hören. «Bei vielen Worten bleibt Vergehen nicht aus, wer aber seine Lippen zügelt, handelt klug» (Spr. 10,19). Wer überlegt redet, ist ein weiser Mensch. Wer jedoch die von Gott geschenkte Sprache missbraucht, um anderen zu schaden, der macht sich schuldig.

Ein Hinweis sei an dieser Stelle erlaubt: Die Klarheit und Einfachheit der Sprache Gottes ist überwältigend. Gott macht nicht viele Worte. Aber was er sagt, ist wohlüberlegt und trifft den Kern der Sache. Deshalb sollten auch wir einfach und klar sprechen. Das Evangelium muss den Menschen verständlich gemacht werden. Die «Sprache Kanaans» der Frommen ist unerträglich. Die salbungsvollen Formulierungen mancher Prediger erquicken vielleicht das fromme Gemüt, richtig aussagekräftig sind sie allerdings nicht. Deshalb haben auch die Prediger und Pastoren eine wichtige Verantwortung als Vorbilder im Reden.

Zur Pflege der Sprache kann natürlich auch die Literatur dienlich sein. Ein gutes Buch entwickelt die eigene Sprachfähigkeit. Vom Stil anderer kann man immer viel lernen. Leseempfehlungen findet man im Kapitel «Bildung» in diesem Buch.

Wie sollen Christen auf die zunehmende Berieselung durch die Massenmedien und auf die vielfach obszönen und brutalen Darstellungen reagieren? Zunächst haben sie die Möglichkeit der Kritik durch Leserbriefe oder durch einen direkten Anruf bei den Rundfunk- und Fernsehstationen. Gerade an diesem Punkt sollten die Christen nicht müde werden, die Verantwortlichen der Medienszene in Liebe zur Umkehr zu rufen. Da die Reaktionen der Zuschauer auf Sendungen und Reportagen sehr wohl Einfluss haben, sollte hier ein Schwerpunkt der Kritik liegen.

Aber dabei sollten wir nicht stehen bleiben. Vielmehr geht es um eine systematische Medienpädagogik. Durch die riesige Auswahl der Medien in unseren Tagen empfiehlt sich ein bewusstes Auswählen der zu konsumierenden Informationen. Wer um die politische Tendenz von Tageszeitungen und Fernsehsendungen weiß, sollte im Sinne der Ausgewogenheit auch die Gegenseite hören bzw. lesen, um einer möglichen Manipulation zu entgehen. Anhand des Titels oder einer Vorschau in einer Programmzeitschrift sollte man gerade fragwürdige Streifen und Filme von vornherein meiden. Die eigene Standfestigkeit wird dabei zu leicht überschätzt. Die verantwortungsbewusste Auswahl hat aber auch Grenzen. In bestimmten Lebensphasen kann es sehr hilfreich sein, Medien-Askese zu pflegen. Wer den Ausschaltknopf nicht findet, dem ist vielleicht mit einem to-

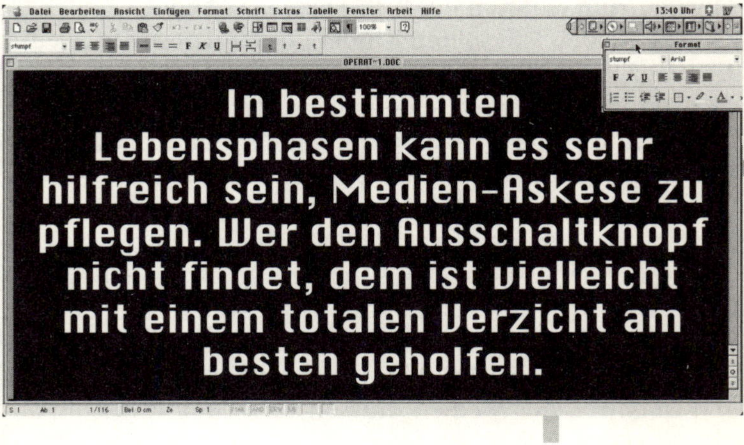

talen Verzicht am besten geholfen. Wer die Computersucht in den Knochen hat, bei dem sind bloße Appelle an seine Verantwortung fehl am Platze.

Prinzipiell bleibt zu beachten: Die Zunahme von okkulten Darstellungen in den Medien sollte Christen zur Wachsamkeit rufen. Verharmlosende Streifen sind dabei genauso gefährlich wie die typischen Okkultfilme, die offen satanische Praktiken propagieren. Hier gilt als Antwort nicht nur eine Konsumverweigerung, sondern auch ein heftiger Protest an die Medienverantwortlichen und ein anhaltendes Gebet des Glaubens gegen die Banalisierung des Dämonischen.

Keinesfalls sollte die Zeit des Medienkonsums die Zeit mit und für Gott in den Hintergrund drängen. Gerade das vielfältige Angebot verführt leicht zu einem endlosen Konsum, über den man sich im Nachhinein häufig ärgert. Es gilt, die Zeit auszukaufen (Eph. 5,16) und sinnvoll für Gott einzusetzen. Deshalb sollte man um der vielfältigen Aufgaben in der Welt und der Gemeinde willen auf manche Sendungen und manche Lektüre getrost verzichten. Christen sollten zudem nicht passive Konsumenten sein, die sich unkritisch berieseln lassen. Gerade darin liegt ja die Manipulationsgefahr des Fernsehens. Daher gilt es als ein oberstes Gebot, alle Sendungen sowohl seelisch als auch gedanklich zu verarbeiten. Dauerkonsum von Medien führt dagegen zum Abtöten des kritischen Verstandes.

Auf keinen Fall sollten Kinder vor Filmen sitzen, die für ihr Alter nicht geeignet sind oder sie seelisch und geistig belasten. Viele Kinder leiden unter der Angst, die durch Horrorfilme erzeugt wird, und kämpfen mit Schlaflosigkeit und Lästergedanken. Gerade bei Kleinkindern kann das Fernsehen nicht die Erziehung der Eltern übernehmen; und von Dauerkonsum raten alle Fachleute ab.

Von wem lassen wir uns prägen? In einer Zeit zunehmender Informationsflut gilt es für Christen, mit Gebet und Weisheit die richtigen Quellen herauszufiltern. Patentrezepte helfen an diesem Punkt nicht weiter, aber Chancen und Gefahren der Medien müssen von jedem Christen ab-

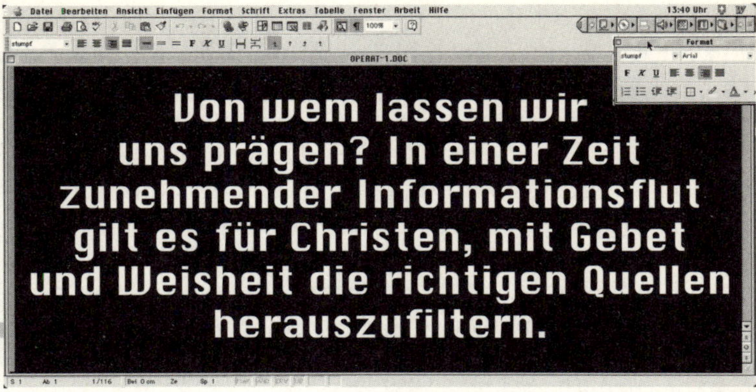

gewogen und ernst genommen werden. Die Chancen der neuen Medien werden noch viel zu wenig genutzt. Seit einigen Jahren haben Christen die Möglichkeiten der Verkündigung über die modernen Medien erkannt. Der Evangeliumsrundfunk in Wetzlar ist ein Beispiel dafür. Die Konferenz evangelikaler Publizisten vertritt die Medienanliegen der Evangelikalen in der Öffentlichkeit. Der ERF strahlt auch seit Jahren Fernsehsendungen über private Kanäle aus. Großevangelisationen wie ProChrist erreichten via Satellit Hunderttausende von Menschen. Mittlerweile gibt es auch einige gute Videos von Evangelikalen, dazu gute Kindersendungen. Wir sollten gerade diese Initiativen unterstützen und ausbauen.

Apropos Konsum: Was wir brauchen, ist auch eine neue Esskultur. Unsere Nahrung ist etwas, was uns Gott in seiner Güte geschenkt hat. Schon im Paradies wies er dem Menschen die Nahrung zu, die er zum Leben brauchte. Gott kümmert sich um uns. Essen ist eine gute Gabe Gottes. Er sprach zu Adam und Eva: «Siehe, ich habe euch alles samentragende Kraut gegeben, das auf der Fläche der ganzen Erde ist, und jeden Baum, an dem samentragende Baumfrucht ist: es soll euch zur Nahrung dienen» (1. Mose 1,29). Gott selber pflanzte einen Garten in Eden. Er selber ließ dort Bäume wachsen zur Ernährung des Menschen.

Das heißt doch: Gott hat etwas mit unserer Ernährung zu tun. Wir können doch nicht so tun, als ob die Frage des Essens nichts mit dem Schöpfer zu tun hätte. Wir haben zwar die Aufgabe, den großen Garten Erde selbständig zu bebauen und zu bewahren. Aber das heißt nicht, dass wir ohne Gott irgendetwas auf dem Teller haben könnten. Aus diesem Grund ist das Tischgebet so wichtig. Der Dank an Gott für die guten Gaben ist keine verstaubte Formel aus alten Kindheitstagen, sondern eine elementare Notwendigkeit und Huldigung an unseren Gott. Alle guten Gaben kommen wirklich von Gott. Unsere Mahlzeiten sind wirklich «gesegnete Mahlzeiten»!

Gott mischt sich auch in unsere Essgewohnheiten ein. Den biblischen Berichten können wir entnehmen, dass die Mahlzeit früher ein kulturelles Ritual war. In der Bibel lesen wir von Dutzenden von Mahlzeiten. Die Zubereitung konnte viel Zeit in Anspruch nehmen. Gäste wurden festlich bewirtet. Auf die Qualität der Speisen und Getränke wurde großer Wert gelegt – wie z.B. die Begebenheit der Hochzeit zu Kana zeigt (Joh. 2,1–11). Die Gemeinschaft am Tisch wurde stark betont. Das Passahmahl Jesu mit seinen Jüngern war nicht nur eine kurze Zeremonie, sondern eine richtige Mahlzeit. Die Gemeinde traf sich regelmäßig zum Essen. Christus selbst spricht von einem Hochzeitsmahl, das er in Zukunft mit seinen Nachfolgern halten wird (Mt. 26,29; Offb. 19,7).

Essen ist wichtig, darf aber nicht das Wichtigste werden. Weder rituelle Askese noch lustvolle Gelage machen uns vor Gott angenehm. «Speise aber macht uns nicht angenehm vor Gott; weder sind wir, wenn wir nicht essen, geringer, noch sind wir, wenn wir essen, besser» (1. Kor. 8,8). Essen darf auch nicht rücksichtslos geschehen, sondern das Gewissen der anderen soll meinen Speiseplan mitbestimmen (1. Kor. 8,13). Prinzipiell gibt es jedoch für den Christen kein unreines Essen. Er darf alle Nahrungsmittel genießen – in Maßen. Nicht umsonst wird nämlich das «Fressen und Saufen» in der Bibel an vielen Stellen verurteilt (5. Mose 21,20; Lk. 21,34; Spr. 23,19–21; Röm. 13,13). Der Konsum von Alkohol, in der Bibel keineswegs ausgeschlossen, soll in Verantwortung geschehen und nicht zu Ausschweifungen führen (Eph. 5,18).

In unserer Zeit der einseitigen Ernährung müssen wir auch wieder auf Ausgewogenheit achten. Die Warnungen sind bekannt. Weniger Fett, mehr Gemüse, Obst und Salat.

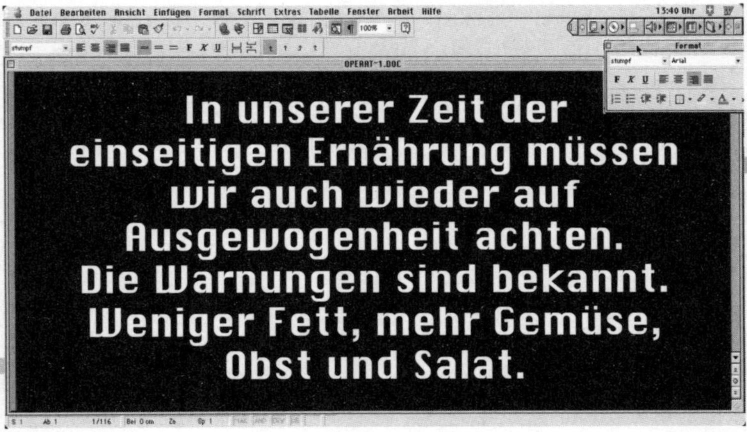

Weniger Zucker, mehr Rohkost. Wasser statt Limonade. Mehr Vitamine, besonders A, B_6, C und E. Weitere Ernährungstipps gehören nicht in dieses Kapitel und können in seriösen Fachbüchern nachgeschlagen werden. Aber noch eins: Unter allen guten und notwendigen Verzichtshinweisen sollte die kulinarische Lebensqualität nicht leiden. «Dass jeder Mensch isst und trinkt und Gutes sieht bei all seinem Mühen, das ist eine Gabe Gottes» (Pred. 3,13).

«Sport ist Mord» – diese Parole ist auch bei vielen Christen zu hören. «No sports» heißt auch hier manchmal die Devise. Dabei sitzen wir alle viel zu viel und bewegen uns viel zu wenig. Aber: Wir haben eine Verantwortung für unseren Körper. Diese Verantwortung sollte uns zwar nicht zu Sport-Fanatikern machen. Der Körper ist nicht unser Gott. Aber sie sollte uns dazu verhelfen, die Gesundheit nicht zu vernachlässigen. Regelmäßiger sportlicher Ausgleich – das schreibe ich gerade mir selber – ist notwendig. Dabei geht es nicht um Leistungssport, der schnell zu Lasten des Körpers geht, sondern um ein ausgewogenes und sinnvolles Fitnesstraining. Für Kirchen und Gemeinden dürfte es kein Problem sein, Sportgruppen zu initiieren, zu denen man übrigens auch sehr gut Nichtchristen einladen kann, um mit ihnen über den Glauben zu sprechen.

Auch unsere Urlaubsreisen müssen neu überdacht werden. Zunächst: Gott gebietet Entspannung! Gott selbst ruhte am siebten Tag (1. Mose 2,2–3). Und so ist auch der Mensch aufgefordert, die Ruhe in seinem Leben einzuplanen. Niemand braucht ein schlechtes Gewissen zu haben, wenn er jeden Tag des ihm zustehenden Urlaubs nimmt. Gott musste einmal den hyperaktiven Mose durch dessen Schwiegervater ermahnen: «Du reibst dich auf» (2. Mose 18,18). Es gibt eine geistliche Überaktivität in der Gemeinde, die nicht zum Segen, sondern zum Fluch wird. Dadurch werden wir ineffektiv und nutzlos für Gott. Wir werden hin und her getrieben von Terminen und verlieren am Ende die innere Ruhe.

Eines Tages kamen die Jünger Jesu zu ihrem Meister. Sie waren voll von begeisternden Erfahrungen in ihrem Dienst. Sie hatten Jesus viel zu erzählen von den Wundertaten Gottes unter ihrer Verkündigung. Frisch vom Missionseinsatz kommend, brannten sie für den Herrn. Sie hatten kaum geschlafen und gegessen. Und was sagt Jesus zu

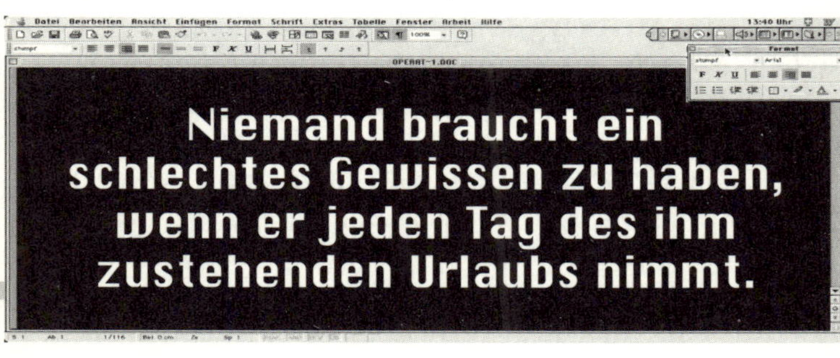

ihnen? In Mk. 6,31 heißt es: «Und er sprach zu ihnen: Kommt, ihr selbst allein, an einen öden Ort und ruht ein wenig aus! Denn derer, die kamen und gingen, waren viele, und sie fanden nicht einmal Zeit, um zu essen. Und sie fuhren in einem Schiff allein an einen öden Ort.» Hier macht Jesus «Urlaub» mit seinen Jüngern. Aus der vollen Aktivität eines missionarischen Einsatzes geht er mit ihnen an einen einsamen Ort. Er bringt sie zur Ruhe. Er holt sie herunter vom Baum der Erlebnisse und führt sie in die Stille vor Gott. Ruht ein wenig! Das ist ein Befehl für einen entspannten «Urlaub». Zur Stille kommen vor Gott, neu hören auf ihn.

Ähnlich erging es dem Elia nach seinem Kampf auf dem Karmel (1. Kön 19,1ff). Er hatte einen glänzenden Sieg über die Baalspriester gefeiert. Gott hatte sich zu ihm und seiner Sendung bekannt. Der Götzendienst in Israel war ausgerottet. Und doch: Gott spricht in der Ruhe zum Propheten. Das leise Säuseln Gottes ist die Kraftquelle für den erschöpften Diener Gottes. In der Stille schenkt Gott Erholung durch einen Engel. Gott gibt neue Kraft für den geistlichen Dienst in der Stille. Gott sagt: «Wer auf mich hört, wird sicher wohnen, er kann ruhig sein vor des Unglücks Schrecken» (Spr. 1,33).

Wie kann nun sinnvoller Urlaub aussehen? Einige praktische Tipps: Urlaub soll nicht Urlaub von Gott sein. Freizeit heißt nie freie Zeit von Gott. Sinnvoller Urlaub nach Gottes Plan ist ein Urlaub mit Gott. Bei Urlaub und Erholung geht es um Leib und Seele, beides gehört zusammen, und beides muss gepflegt werden. Machen Sie auch im Urlaub regelmäßig Stille Zeit – vielleicht einmal länger als gewöhnlich! Vielleicht finden Sie hier einmal Zeit, längere Abschnitte in der Bibel zu lesen. Es war für mich eine wertvolle Zeit, als ich in einem Urlaub am Strand einmal ganze biblische Bücher am Stück gelesen habe. Dabei gehen einem Zusammenhänge auf, die man vorher nie gesehen hat. Vergessen wir nicht die Mission im Urlaub. An anderen Orten sollen wir genauso ein Zeugnis für Jesus sein wie zu

Hause (aber dabei nicht in Stress verfallen). Fremdsprachige Traktate können eine Hilfe sein. Missionseinsätze in anderen Ländern für Jugendliche und junge Erwachsene können deren Leben verändern.

Nehmen Sie gute Bücher mit in den Urlaub. Die Lesekultur verfällt ja seit Jahren immer mehr. Wir kaufen zwar immer mehr Bücher, aber wir lesen immer weniger. Es soll

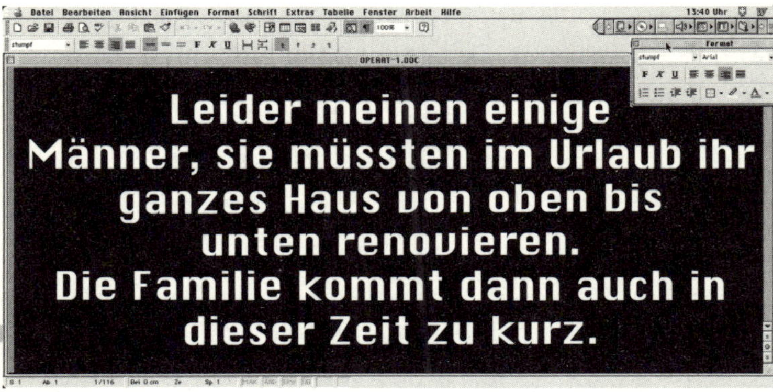

Christen geben, die nur 20 bis 50 Bücher zu Hause haben. Lesen ist wichtig. Es bildet nicht nur, sondern ein gutes Buch kann mir auch geistliche Impulse vermitteln. Ich selber lese schrecklich gerne im Urlaub, manchmal mehr als gut wäre. Fragen Sie in einer christlichen Buchhandlung nach guter Urlaubslektüre.

Urlaub kann auch eine Chance sein, sich wieder einmal intensiv um die Familie zu kümmern: Ausflüge mit den Kindern machen, auf ihre Nöte eingehen, ein Grillfest mit allen, mit der Ehefrau einmal gut essen gehen – dazu bietet der Urlaub Möglichkeiten. Gut ist es, im Urlaub auch einmal intensive Familienandachten zu halten.

Leider meinen einige Männer, sie müssten im Urlaub ihr ganzes Haus von oben bis unten renovieren. Die Familie kommt dann auch in dieser Zeit zu kurz. Davon halte ich überhaupt nichts. Familie geht vor – gerade in unserer familienfeindlichen Zeit. Warum nicht auch einmal Urlaub mit Christen machen? Darunter verstehe ich z. B. christliche Freizeiten. Die Verbindung von Predigt und Erholung ist wichtig und effektiv. Urlaub unter Gottes Wort meint aber auch Gemeinschaft mit Geschwistern in anderen Städten und Ländern. Suchen wir doch an unseren Urlaubsorten den Kontakt mit Gläubigen. Vielleicht auch einmal mit Gläubigen aus anderen Denominationen. Das erweitert meinen Horizont und kann die Krönung eines Urlaubs sein.

Wer weiterdenken möchte, dem seien hier noch einige Adressen empfohlen:

Konferenz evangelikaler Publizisten, Spilburg A5, Frankfurter Straße 69, D-35578 Wetzlar, www.kep.de

Ambo: Forum für christliche Autoren, Rotdornstraße 10, D-37574 Einbeck-Rotenkirchen

Christliche Künstler allgemein:
DAS RAD – Gemeinschaft künstlerisch arbeitender Christen e.V., Mühlbaurstraße 9, D-81677 München,
Tel (089) 4107 4107,
Fax (089) 4107 4108,
E-Mail: mail@dasrad.org

«Kommunikation nimmt zu,
Beziehungen verfallen.»
Rob Frost, A New Start?

5. Freunde fürs Leben:

Die *Beziehungen* im neuen Jahrtausend

«Ein wahrer Freund trägt mehr zu unserem Glück bei
als tausend Feinde zu unserem Unglück.»
Marie v. Ebner-Eschenbach

«Viele so genannte Freunde schaden dir nur,
aber ein wirklicher Freund
steht mehr zu dir als ein Bruder.»
König Salomo, Sprüche 18,24

5. Freunde fürs Leben:

Die *Beziehungen* im neuen Jahrtausend

5.1 Daten und Prognosen

Unsere Gesellschaft am Anfang des neuen Jahrtausends leidet unter einer kollektiven Beziehungskrise. Wir wissen nicht mehr, wie wir miteinander umgehen sollen. Die «Chemie» stimmt nicht mehr. Zwischenmenschliches Vertrauen bröckelt auf allen Seiten. Ehen zerbrechen, Freundschaften gehen in die Brüche, Familien streiten sich. Man spricht nicht mehr miteinander oder redet aneinander vorbei. Vorhandene Beziehungen leiden an Oberflächlichkeit. Längerfristige Bindungen gibt es nur noch selten. Wir verletzen uns dauernd gegenseitig oder fühlen uns ständig verletzt. Wir wissen nicht mehr mit Konflikten umzugehen und gehen notwendigem Streit aus dem Weg. Dadurch flüchten wir wiederum in die große Einsamkeit, die in uns den Wunsch nach Geborgenheit wach werden lässt.

Unsere moderne Welt macht es uns auch nicht leicht. Sie ist nicht gerade beziehungsfördernd. Die geforderte Mobilität in der Arbeitswelt führt zu immer neuen Wohnortswechseln. Aus unterschiedlichsten Gründen wechseln Christen auch schnell einmal die Gemeinde. Fixpunkte des Lebens wie Familie, Heimat, Arbeit, Kirche, Staat oder einfach die Nachbarschaft lösen sich auf. Das Soziale hält nicht mehr, was es verspricht. Aus Ehepartnern werden Lebensabschnittspartner. Kinder müssen sich an Zweit- oder Drittmütter und -väter gewöhnen. Die neue Individualisierung des Menschen löst ihn aus vielen sozialen Zusammenhängen heraus.

Das alles führt automatisch zu mehr Konfliktpotenzial. Je weiter der Welthorizont gespannt ist, desto vielfältiger werden die Streitpunkte: Die Auseinandersetzungen um das Fernsehprogramm begannen erst, als es eine Auswahlmöglichkeit gab. Die Frage nach der Bedeutung kultureller Werte wurde brennend, als immer mehr Ausländer vor der Tür standen. Der Streit um den Zukunftsweg der Firma begann, als Arbeitnehmer mehr Mitspracherecht bekamen. In der multikulturellen und multipolaren Freiheitswelt des 21. Jahrhunderts sind Konflikte vorprogrammiert. International beobachtet man einen Rückzug in den radikalen und militanten Fundamentalismus, der behauptet, durch einfache Antworten komplexe Probleme lösen zu können.

Auf internationaler Ebene wird der Konfliktforschung vermehrt Aufmerksamkeit geschenkt, da die Verständi-

gungsprobleme der Völker zugenommen haben. Unterschiedliche Kulturen haben unterschiedliche Kommunikationsmuster. Immer wieder werden Äußerungen von Politikern eines Landes in anderen Kulturkreisen missverstanden. Manche Krisen auf dem diplomatischen Parkett hätten leicht vermieden werden können, wenn man das Gegenüber auf dem Hintergrund seiner Kultur besser verstanden hätte.

Aber auch auf nationaler Ebene geraten Beziehungen unter Druck. Das Zusammenleben wird schwieriger. Der Stress des Alltags zehrt an unseren Nerven – zum Leidwesen unseres Nächsten. Immer mehr Menschen «rasten aus». Die Konkurrenzsituation auf dem Arbeitsmarkt macht uns nervös und aggressiv. In den Städten und sozialen Brennpunkten kommt es zwangsläufig zu Reibereien und Spannungen, da immer mehr Menschen auf geringstem Raum zusammenleben müssen. Aggression ist ein Ventil für sozialen, politischen oder auch psychischen Druck. Die Grausamkeit von Bürgerkriegen hat uns alle aufgeschreckt. Hass und Gewaltbereitschaft in den Schulen ist ein Topthema unserer Zeit. Morddrohungen gegen Lehrer werden bitterer Ernst. Die Unzufriedenheit mit dem eigenen Leben richtet sich plötzlich gegen den Nächsten.

Andererseits sind wir zwangsläufig auf den anderen angewiesen und können uns nicht einfach voreinander verstecken. Die Arbeitsplätze sind heute längst nur Glieder in einer ganzen Kette von Produktionsplätzen, die ineinander greifen. Als Konsumenten leben wir tagtäglich nur deshalb, weil andere direkt oder indirekt für uns arbeiten. Sei es die Müllabfuhr oder der Mitarbeiter des Stromkonzerns, die Kassiererin im Supermarkt oder der Friseur, der Zeitungsausträger und der Postbote, der Beamte beim Finanzamt oder der Bankier: Sie alle stehen mit uns in Verbindung und bestimmen unser Leben mit. Von daher sind gute Beziehungen das A und O einer funktionierenden Gesellschaft.

Gleiches gilt für den globalen Bereich: Vernetzungen und Beziehungen bestimmen längst alle Bereiche der Wirtschaft. Ökonomische Abhängigkeiten erkennt man bei den Rohstoffen, den Zulieferindustrien, bei internationalen Krediten und den Wechselkursen. Wir können als Nation längst nicht mehr nur für uns leben. Wir sind Teil eines komplizierten und sensiblen weltweiten Beziehungskomplexes. Wir sind zur Zusammenarbeit mit anderen Völkern gezwungen – anders können wir nicht mehr leben. Deshalb ist interkulturelle Verständigung unabdingbar für eine friedliche Zukunft unserer Erde.

Warum haben wir heute jedoch eine Vielzahl von Beziehungskonflikten?

Die Gründe für unsere fundamentalen Beziehungskrisen sind schnell ausgemacht. Der zunehmende Individualismus führt zur Selbstbespiegelung des eigenen Ichs. Das Leben nach dem Lustprinzip nimmt keine Rücksichten mehr auf andere. Wir drehen uns ständig um unsere eigenen Bedürfnisse. Unterordnung fällt schwer. Rücksichtnahme ist «out». Die Fehler des anderen fallen stärker ins Gewicht als früher. Wir haben keine Zeit mehr füreinander. Wir spielen nicht mehr miteinander, wir singen nicht mehr miteinander, wir haben keine gemeinsamen Ziele mehr. Das miteinander Reden ist verstummt oder zur oberflächlichen Konversation verkümmert. Es gibt keine gemeinsamen Lebenswelten mehr zu entdecken. Jeder geht seinen eigenen Weg.

Die amerikanische Trendforscherin Faith Popcorn beobachtete schon Anfang der 80er Jahre den «Cocooning-Effekt», die Abkapselung des Menschen in einem selbstgezimmerten Schutzraum, den Rückzug aus der Verantwortlichkeit hinein in die melancholische Ich-Isolierung. Richard Sennett sprach bereits in den 70er Jahren von einem «Verfall und Ende des öffentlichen Lebens» durch die Dominanz des Privaten in der westlichen Gesellschaft. Die Tyrannei der Intimität, der Versuch, das Alleinsein mit uns selbst zum Selbstzweck zu machen, und die öffentliche Zurschaustellung heutiger Zeitgenossen sei das Ende der sozialen Beziehungen. Heute ernten wir die Früchte der modernen Rückzugsmentalität und der Tyrannei der Intimität – und dies insbesondere auf der so elementar wichtigen Beziehungsebene. Das eigene Ich ist uns wichtiger als alles andere. In der Ego-Gesellschaft der Moderne haben wir das Du aus dem Blick verloren. Beziehungen müssen mir etwas nützen, mich glücklich machen. Wir leben Beziehungen egoistisch, setzen sie durch eine überstarke Psychologisierung aufs Spiel.

Beziehungsprobleme beobachten wir verstärkt in der Ehe. Nach dem glücklichen «Honeymoon» lebt man sich schnell auseinander. Das Gespräch verstummt, jeder hat seine eigenen Pläne im Kopf. Man hat es nicht gelernt, auf allen Ebenen des Seins Beziehungen zu pflegen, leidet unter dem Stress des Alltags und zieht sich deshalb in seine Schutzhülle zurück. Die Familie wird der eigenen Karriere geopfert, von Rücksichtnahme und Verzicht fehlt weitgehend jede Spur.

Die Beziehungsprobleme setzen sich in der Familie fort. Die Kinder leben ihr eigenes Leben und haben kein Verständnis für die Einstellungen der Eltern. Die wiederum sind mit der Kindererziehung überfordert und lassen den Kids freien Raum. Man weiß wenig voneinander, ist zu selten im Gespräch, unternimmt selten etwas gemeinsam. Verständigungsprobleme zwischen Eltern und Kindern häufen

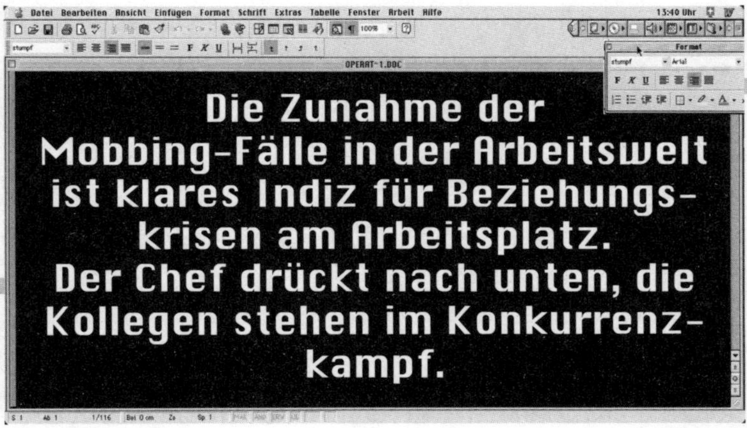

sich. Der Rückzug in das eigene Kinderzimmer, vor den eigenen Fernseher und Computer verstärken die Isolierung. Das Kind lebt sich selbst, weil es einen solchen Lebensstil von uns Erwachsenen gelernt hat.

Die Zunahme der Mobbing-Fälle in der Arbeitswelt ist klares Indiz für Beziehungskrisen am Arbeitsplatz. Der Chef drückt nach unten, die Kollegen stehen im Konkurrenzkampf. Eitelkeiten und offene Machtkämpfe, schlechte Laune und bewusste Provokationen sind an der Tagesordnung. In der heutigen Konkurrenzgesellschaft, in der kein Arbeitsplatz auf Dauer gesichert ist, kommen neue Rivalitäten auf. Wo nur noch totale Leistung gefordert wird, bleiben menschliche Werte auf der Strecke. Kommunikation am Arbeitsplatz darf sich nur noch auf den fachlichen Austausch beschränken, Persönliches wird an den Rand gedrängt. Am Arbeitsplatz sind echte Freundschaften leider selten geworden.

Aber auch bei «Christens» ist nicht alles Gold, was glänzt. Wie viel unnützen Streit gibt es in unseren Kirchen und Gemeinden, wie viele Machtkämpfe in den christlichen Führungsgremien, wie viele zerbrochene Beziehungen in den Kirchen unserer Zeit. Bestimmte Älteste lassen keinen

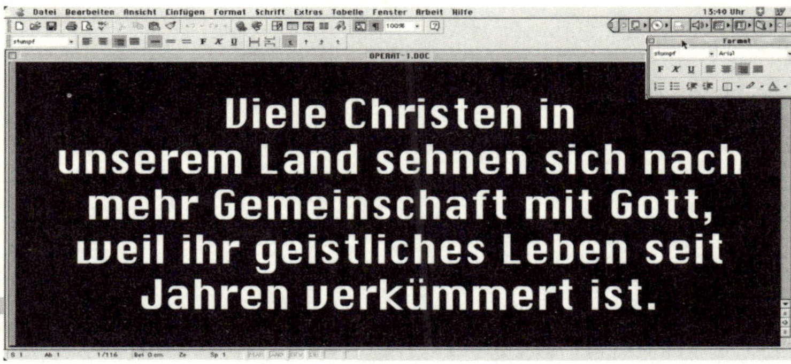

anderen ans Ruder. Wieder andere wollen in sekundären Fragen unbedingt ihre Meinung durchdrücken. Zudem wächst die Gruppe der ewig Unzufriedenen, der Querulanten, die immer das Haar in der Suppe finden und mit ihrer dauernden Kritisiererei andere infizieren und ein Negativklima schaffen.

Es geht mir aber nicht nur um die Beziehung der Menschen untereinander. Wie sieht es mit der Beziehung des Menschen zu Gott aus? Kann es sein, dass es eine Verbindung zwischen der gestörten Gottesbeziehung und der zerrütteten Menschenbeziehung gibt? Viele Christen in unserem Land sehnen sich nach mehr Gemeinschaft mit Gott, weil ihr geistliches Leben seit Jahren verkümmert ist. Stille Zeit und Gebet werden vernachlässigt – weil man so viel zu tun hat. Dabei wäre gerade das Gebet und die Stille vor dem Schöpfer die Voraussetzung Nr. 1 für eine fruchtbare und lebendige Gottesbeziehung.

Es klingt paradox, ist traurig, aber wahr: Obwohl wir mehr Kommunikationsmittel haben als je zuvor, steigt in der Gesellschaft das Gefühl der Einsamkeit. Kommunikation boomt, Beziehungen verfallen. Man ist Teil einer Gruppe, aber doch Einzelgänger. Einsamkeit gilt heute als die klassische Grundbefindlichkeit des modernen Menschen. Man kennt seine Nachbarn nicht mehr, weil man keine Zeit für sie hat und so viel mit sich selbst beschäftigt ist. Außerdem wechseln wir in der mobilen Welt der Moderne ständig unseren Aufenthaltsort und kommen deshalb gar nicht dazu, Wurzeln zu schlagen und langfristige und tiefe Beziehungen aufzubauen. Man kann heute sechs Stunden in einem vollbesetzten Zug sitzen, ohne auch nur ein direktes Wort mit jemandem im Abteil zu wechseln – obwohl fast alle Mitreisenden mit dem Handy telefonieren! Wir leben in einer paradoxen Welt der kommunikativen Einsamkeit.

Obwohl wir immer mehr Verbindungen aufbauen und uns unserer weltweiten «Connections» rühmen, sind uns die Freunde ausgegangen. Wir schalten per Internet Videokonferenzen, rühmen uns einer gigantischen Kommunikationsindustrie – aber sind sprachloser als je zuvor. Wir haben Kommunikation mit Beziehung verwechselt. Kommunikation ist heute vielfach unpersönlich. Es gibt viel Kommunikation, aber wenig echte Beziehung. Wir sind mit der halben Welt «online», aber mit dem Arbeitskollegen reden wir schon seit Monaten nicht mehr. Wir haben viele Bekannte, aber wenig Freunde. Wir «e-mailen» mit uns völlig unbekannten Menschen, bekommen aber unsere Ehekrise nicht in den Griff.

Gerade mit den langfristigen Verbindungen haben wir so unsere Schwierigkeiten. Der andere wird fallen gelassen, wenn er uns nichts mehr bringt oder unangenehm wird. Uns fehlen die Geduld und die Spannkraft, Beziehungskrisen zu lösen. Wir gehen ihnen lieber aus dem Weg, als uns ihnen zu stellen. Langfristige Freundschaften bekommen Seltenheitswert. Die meisten Ehen zerbrechen zwischen dem fünften und siebten Ehejahr. Die wenigsten Freundschaften halten so lange. Irgendetwas stimmt nicht mehr mit unserem sozialen Leben.

Meine Beobachtung ist: Auch in den Kirchen tun wir uns mit den Beziehungen schwer. Christen wechseln schnell mal die Gemeinde, wenn ihnen etwas nicht passt. In der Gemeinde läuft man aneinander vorbei, hat keine Kraft für das persönliche Gespräch, jagt den eigenen Kindern hinterher oder beschränkt sich im Gespräch auf Plattitüden. Die Namen aller Gemeindeglieder kennt man nicht, man weiß auch nicht viel voneinander.

Unsere Beziehungsebenen verlieren die persönliche Dimension und werden künstlich: Im Supermarkt kennen wir die Verkäuferinnen nicht mehr mit Namen. Die freundliche Kassiererin der Bank wird mit dem Geldautomaten vertauscht. Die Beziehungsebenen verkümmern, viele Kontakte werden reduziert auf das Eintippen einiger Nummern oder Buchstaben. Die Telefonnummern bei der Auskunft werden schon vom Computer angesagt. Die E-Mails ersetzen das persönliche Gespräch. Viele Menschen kommunizieren mit den Schauspielern der täglichen Seifenopern, weil ihnen in der Realität die Gesprächspartner abhanden gekommen sind. Dabei hungern Menschen nach Beziehungen und finden sie nur noch in den künstlichen Medienwelten.

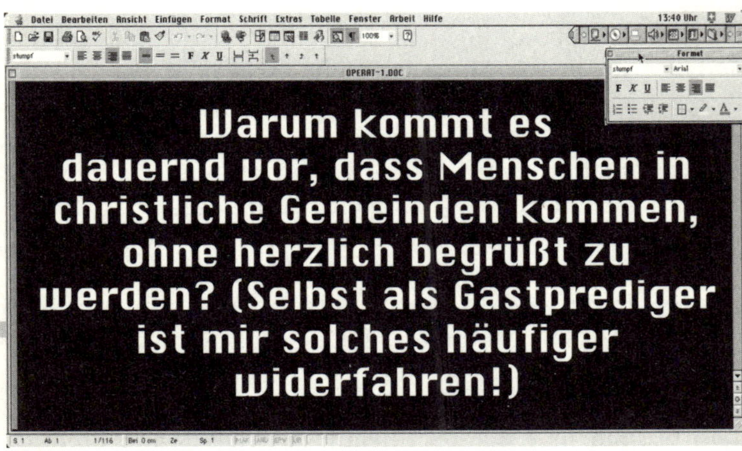

Wie oft reden wir aneinander vorbei, weil wir nicht mehr genau zuhören können? Wie viel Streit und Missgunst könnten vermieden werden, wenn wir uns besser kennen würden? Warum kommt es dauernd vor, dass Menschen in christliche Gemeinden kommen, ohne herzlich begrüßt zu werden? (Selbst als Gastprediger ist mir solches häufiger widerfahren!) Im neuen Jahrhundert wird es auf die Beziehungsebenen ankommen. Die großen Herausforderungen liegen in der Konfliktforschung. Die Frage aller Fragen wird lauten: Wie können wir als Menschen in guten Beziehungen leben?

5.2 Impulse und Auswege

Welche Auswege bieten sich für die Beziehungskrise an?

Auch bei dieser Frage dürfen wir nicht bei uns anfangen, sondern sollten zunächst auf Gott sehen. Gott ist nämlich die Quelle aller Beziehungen! Er ist nicht ein Single-Wesen, sondern ein Gemeinschaftswesen. Die Trinität, die Dreieinheit Gottes, ist das absolute Vorbild für alle Beziehungsfragen. Vater, Sohn und Heiliger Geist leben in perfekter Beziehung zueinander. Jeder von ihnen ist gleichwertig, aber jeder hat eine andere Aufgabe. Jeder will den anderen verherrlichen (Joh. 17,1), vertraut dem anderen. Jede Person der Trinität hat ihren fest abgesteckten Arbeitsbereich und greift nicht in den Bereich der anderen Person hinein. Gott ist ein Beziehungswesen. Er ist das Vorbild für alle echte Beziehungen.

Aber nicht nur in der Trinität zeigt sich Gottes Interesse an Beziehungen. Auch die Erschaffung des Menschen hatte ihren Grund darin: Gott wollte einen Bezug zum Geschaffenen, der Mensch wurde deshalb sein «Gegenüber» (1. Mose 1,26–27). Mit dem Menschen will Gott «per du» sein. Die Gottesebenbildlichkeit des Menschen zeigt sich im Relationalen, d.h. sie spielt sich auf der Beziehungsebene mit Gott ab. Im Unterschied zu allen Tieren sind wir Menschen Gottes Ebenbilder. Die Würde des Menschen liegt darin, dass er auf eine personale Beziehung zu Gott hin geschaffen wurde. Jeder Mensch ist zutiefst wertvoll, weil er zur Gemeinschaft mit seinem Schöpfer gebildet worden ist!

Der Mensch erfährt den Sinn seiner Existenz ausschließlich in der Beziehung zu seinem Schöpfer. Alle Schöpfung ist «zu Gott hin» geschaffen (Kol. 1,16), so auch der Mensch. Er kann ohne die Beziehung zu Gott eigentlich gar nicht richtig Mensch sein. Die Beziehung Gott – Mensch ist deshalb die Lebensachse allen Seins. Der Mensch bekommt seinen Wert durch die Beziehung zu Gott, seinem Schöpfer. Wer ohne die Beziehung zu Gott lebt, lebt an seiner Bestimmung vorbei, ist letztlich ein verlorener Mensch, unfähig zu anderen Beziehungen. Wer sich dagegen selbst im Lichte Gottes entdeckt hat, weiß, wer er ist, hat keine Identitätsprobleme mehr, hat sich selbst gefunden. Diese eigene Identitätsfindung ist der Schlüssel zu jeder guten Freundschaft.

Die Beziehung Gottes zu uns Menschen bleibt dabei nicht im Abstrakten stecken, sie äußert sich ganz konkret: Gott und Mensch sprechen miteinander (1. Mose 1,29; 2,16 u.a.), Gott wandelt im Garten, in dem der Mensch wohnt (1. Mose 3,8). Gott segnet den Menschen (1. Mose 1,28). Er gibt ihm einen Auftrag, nämlich sich zu vermehren, sich die Erde untertan zu machen und die Tiere zu benennen (1. Mose 2,19), und er gibt ihm damit Autorität! Gott kümmert sich konkret um den Menschen, indem er ihm seine Nahrung zuweist (1. Mose 1,29–30); er gibt den Menschen sogar Leibröcke (1. Mose 3,21). Gott will das Beste für Adam, kennt ihn ganz genau und schafft ihm in Eva die optimale Hilfe für sein Leben.

Gott ist aber zusätzlich auch die Quelle aller menschlichen Beziehungen. Gott erschafft die Menschen von Anfang an als Mann und Frau (1. Mose 1,27b). Gott bildet Eva, um Adam eine menschliche Beziehung zu geben (1. Mose

2,18). Dabei geht er sensibel ans Werk: «... eine Hilfe, die ihm entspricht». Der Mensch ist nicht nur auf seinen Schöpfer, sondern auch auf den anderen Menschen hin angelegt. Gott schafft keine Einzelgänger, sondern Beziehungswesen. Er weiß, dass wir die Ergänzung brauchen. 1. Mose 2,24 spricht davon, dass die ersten Menschen «ein Fleisch» wurden. Dieses Wort ist der Ausdruck für die

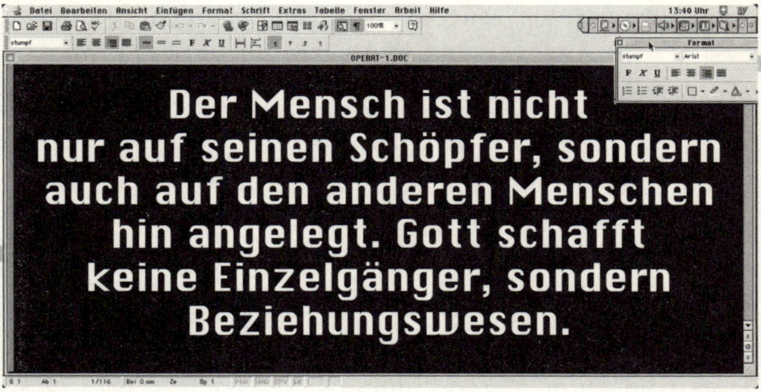

innigste und tiefste Beziehung, die es überhaupt zwischen zwei Menschen geben kann. So hat Gott den Menschen gewollt.

Warum reden wir dann aber heute von Beziehungskrisen? Auch hier geben uns die Geschichten auf den ersten Seiten der Bibel die Antworten: Zunächst wird die Beziehung zu Gott durch die Sünde zerstört. Der Mensch wendet sich ab vom göttlichen Du. Er übertritt das göttliche Schutzgebot und will selbst Gott spielen (1. Mose 3,5). Er stellt das Du Gottes in Frage, indem er sich selbst absolut setzt. Er geht sogar eine Beziehung zum Gegenspieler Gottes ein und wird Gott untreu: Er kommuniziert mit dem Teufel. Er übertritt damit das Gebot Gottes und setzt die Urbeziehung aufs Spiel. Der Beziehungstöter Nr. 1 ist die Ursünde, dass der Mensch sich selbst zum Gott macht. Die Untreue Gott gegenüber führt in die Katastrophe.

Die Folge: Der Mensch verspielt die Gemeinschaft mit Gott. Adam versteckt sich vor Gott. Er schämt sich seiner Nacktheit – ein Ausdruck zerstörter Beziehungen. Er fällt in den Zustand des Verlorenseins, des ewigen Todes. Die Kommunikation zu seinem Schöpfer ist augenblicklich unterbrochen. Die Leitung ist durchtrennt. Eine lebenswichtige Beziehung kommt zu ihrem abrupten Ende. Mose beschreibt das plastisch: «Da versteckten sich der Mensch und seine Frau vor dem Angesicht Gottes, des Herrn» (1. Mose 3,8). Der Mensch fürchtet sich vor Gott. Die Beziehung ist zerrüttet.

Und sofort wird auch die Beziehung der Menschen untereinander gestört: Adam beschuldigt Eva, sie sei an dem Schlamassel schuld (1. Mose 3,12). Der Sündenbock ist also schnell gefunden. Wie wird Eva darauf reagiert haben? Wenn die Beziehung zu Gott nicht stimmt, gehen auch menschliche Beziehungen zu Bruch. Arbeit, Schweiß und Schmerzen treten auf. Zum ersten Mal ist hier von «Feindschaft» die Rede (1. Mose 3,15). Cherubim verschließen den Zugang zum Garten. Kapitel 4 des ersten Buches Mose zeigt die fatalen Konsequenzen zerrütteter Beziehungen: Kain tötet Abel und beendet damit endgültig die tragische Beziehung zwischen den ersten Brüdern.

Beziehungsprobleme finden sich danach überall in der Bibel. Noah gegen die Ungläubigen, Abraham gegen Lot, Sara gegen Hagar, Jakob gegen Esau, Joseph gegen seine Brüder, Israel gegen die Ägypter, Saul gegen David, Daniel gegen die Sterndeuter, Jona gegen Ninive usw. Die Sünde gegen Gott hat immer auch Konsequenzen für die Beziehungen der Menschen untereinander. Die gesamte Menschheitsgeschichte ist die Geschichte von Beziehungstragödien.

Zurück in die Gegenwart. Um die Beziehungsprobleme zu überwinden, müssen wir bei den Ursachen beginnen. Es gibt viele Gründe, warum Beziehungen scheitern. Auf der Gemeindeebene ist es häufig die Geschwätzigkeit, das schlecht übereinander Reden, das Ausstreuen von Gerüch-

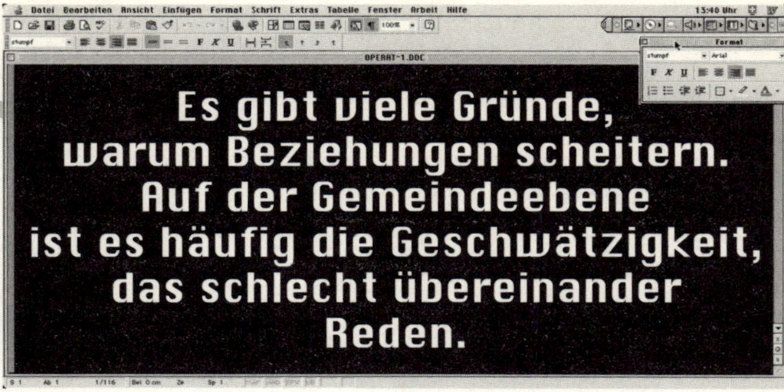

ten und das Schüren von Intrigen. Neid und Eifersucht gefährden ebenfalls jede Beziehung. Weiterhin sind die schon angesprochene Egozentrik und das dauernde Um-sich-selbst-Drehen ein Hauptgrund, warum es nicht zu tiefen Beziehungen kommt. Wer immer nur über sich selbst redet, zeigt seine Gleichgültigkeit anderen gegenüber. Wer meint, alle anderen Menschen müssten so sein wie er selbst, wird ein einsamer Mensch werden. Zusätzlich beobachtet man eine übertriebene Verletzlichkeit, die schnell in Unversöhnlichkeit und Bitterkeit umschlägt. Fundamentalistische Kampfhähne seien hier besonders erwähnt; ihre Lust am Streit hat noch nie einer Beziehung genützt.

Wie können wir im neuen Jahrtausend wieder heile Beziehungen leben?

Die Heilung zerbrochener Beziehungen kann nur mit unserer Gottesbeziehung beginnen. Das zerbrochene Verhältnis des Menschen zu Gott muss zunächst geheilt werden, bevor wir über menschliche Therapiemaßnahmen nachdenken können. Die Beziehung zwischen Gott und Mensch wurde mit dem Kommen Jesu neu geknüpft. Gott stieg in Christus auf die Erde herab und nahm von sich aus den Kontakt mit uns Menschen auf. Der Beziehungstöter Sünde wurde durch den stellvertretenden Tod Jesu Christi am Kreuz überwunden. Jesus Christus bringt den Menschen wieder in die Gemeinschaft und die Beziehung mit Gott.

Am Anfang aller geheilten Beziehungen steht deshalb die Umkehr des Sünders, das «In-sich-Schlagen» des verlorenen Sohnes. Seine Beziehung zum Vater konnte erst wieder zurechtkommen, nachdem ihm von Gott die Augen über seinen jämmerlichen Zustand geöffnet worden waren. Der verlorene Sohn kehrte um, tat Buße und lief zurück in die Arme des Vaters. Er schob die Schuld nicht auf andere, auf die Zustände in der Gesellschaft oder auf seine Veranlagung. Er war bereit, vor Gott zu kapitulieren und sich als Sünder zu bekennen. Versöhnung mit Gott ist die Grundlage aller menschlichen Beziehungen. Wer nicht mit Gott im Reinen lebt, kann es auch nicht mit Menschen. Der Frieden mit Gott ist Ausgangspunkt für den Frieden untereinander. Von Gott können wir die Lösung aller Beziehungsprobleme lernen: Er tat den ersten Schritt auf uns zu. Er lief uns entgegen, obwohl er sich nichts hatte zuschulden kommen lassen. Versöhnung beginnt da, wo wir den ersten Schritt tun.

Und dann werden wir frei für versöhnte Beziehungen zu anderen Menschen. Christus kehrt den Sündenfall wieder um. Aus zerbrochenen Verhältnissen werden heile Beziehungen. Wer Gott wieder gefunden hat, für den ist der Weg zum anderen nicht weit. Die Gottesbeziehung heilt auch die Menschenbeziehung. Das Zweite ist aber nicht ohne das Erste zu haben.

Wie sehen versöhnte Beziehungen konkret aus? Wahre Beziehungen können nur in Harmonie mit dem Willen Gottes gelebt werden. Es wird deshalb nötig sein, den Menschen die Gebote Gottes nahe zu bringen. Bei der Eheschließung muss wieder deutlich gemacht werden, dass es sich um ein lebenslanges Ehebündnis handelt, nicht um einen Vertrag auf Zeit. Im Vorfeld sollten Gemeinden Seminare anbieten, in denen befreundete und verlobte Paare auf die Ehe vorbereitet werden. Vor allen Dingen braucht es Hilfen zur Konfliktlösung in der späteren Ehe. Erfahrene Ehepaare sollten ihre Verantwortung für junge Paare begreifen und ihre Häuser und Herzen öffnen, um hier hilfreich zur Seite zu stehen.

Das beste Übungsfeld und die solideste Vorbereitung für gute Beziehungen ist und bleibt die Familie. Deshalb müssen Christen auch den säkularen Staat dazu drängen, die sozialen Bedingungen für Familien zu verbessern. Gesunde und starke Familien bringen Menschen hervor, die auch starke Beziehungen leben können. Wer Liebe, Annahme und Hingabe nicht in der eigenen Familie gelernt

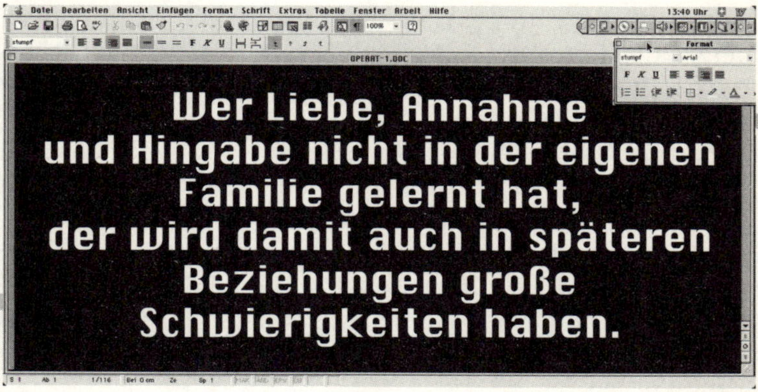

hat, der wird damit auch in späteren Beziehungen große Schwierigkeiten haben. «Stärkt die Familie» – so muss die Parole für unsere Zeit heißen, dann stärken wir auch die Konfliktfähigkeit der kommenden Generation. Anders ist die Beziehungskrise der Moderne wohl kaum zu überwinden.

Beziehungsprobleme gibt es auch unter Christen, das ist kein Geheimnis. Selbst der Apostel Petrus stritt sich mit Paulus (Gal. 2,11ff). Der wiederum trennte sich von Johannes Markus (Apg. 15,37f). Aber der Unterschied zu heute war: Sie kannten und praktizierten die Versöhnung. Petrus konnte am Ende seines Lebens vom «geliebten Bruder Paulus» sprechen (2. Petr. 3,15), und Paulus konnte Johannes Markus wieder in die Augen schauen (2. Tim. 4,11). Sie waren bereit, den ersten Schritt aufeinander zuzugehen und Versöhnung ganz praktisch zu leben.

Ich bin der festen Überzeugung, dass der Gemeinde Jesu im Beziehungschaos der Zeit eine entscheidende Aufgabe zufällt. Sie soll ein Ort der gelebten Versöhnung werden. Die Gemeinschaft der Gläubigen muss ein sichtbares Beispiel für tiefe und echte Beziehungen werden. Trotz unterschiedlicher Temperamente, Rassen, Sprachen oder Hautfarben gehören Gläubige zu der einen Familie Gottes. Lukas beschreibt die Beziehungen in der Urgemeinde: «Sie waren ein Herz und eine Seele» (Apg. 4,32). Gemeinde ist kein Club, kein Verein, keine bloße Interessengemeinschaft religiös bewegter Seelen, sondern sie ist eine Familie. In dieser Familie geht es um tiefste Anteilnahme, um Zuneigung und Unterstützung. Die Bibel benutzt dafür das Bild von dem einen Leib (1. Kor. 12), in dem alle Glieder Anteil aneinander nehmen und bei dem jedes Glied vom anderen abhängig ist. Diesen Leib kann man nur unter Schmerzen auseinander reißen. Dieser Leib funktioniert nur, wenn alle an einem Strang ziehen, einer den anderen respektiert und die eigenen Ziele hinter die Gemeinschaftsziele zurückgestellt werden.

Wie gesagt: Die Gemeinde Jesu Christi hat die Verantwortung, in dieser zerstrittenen Welt ein Ort gelebter Versöhnung und tiefer Beziehungen zu werden. Hier darf keiner einsam sein. Hier darf sich keiner mit seiner mitteleuropäischen Mentalität herausreden, die als kühl und distanziert gilt. In christlichen Kirchen und Gemeinden ist kein Platz für Distanz, Machtkämpfe, Streiterei und Missgunst. Christsein macht einen Unterschied – gerade in diesen Bereichen! Aber nicht nur im Gemeindeleben: Auch Ehen können mit Gottes Hilfe gesunden. Kinder-Eltern-Beziehungen bekommen neue Hoffnung. Die charakterliche Veränderung des Menschen durch den Heiligen Geist hat immer fruchtbare Konsequenzen für das Zusammenleben mit anderen. Selbst Nichtchristen bemerken diese Veränderungen (Apg. 2,47: «Gunst beim Volk»).

Das alles muss erkämpft werden. Christen sind nicht automatisch Beziehungschampions. Das Ideal Urgemeinde war bereits im ersten Jahrhundert gefährdet. Schon Paulus wusste um Missgunst und üble Nachrede. Falsche Lehren schlichen sich in die Gemeinden ein und zerstörten Beziehungen (Gesetzlichkeit, Liberalismus). Deshalb ist das Ringen um gute Beziehungen eine ständige Herausforderung für den Lebens- und Gemeindealltag.

Hier einige praktische Tipps für gute Beziehungen: Sehr hilfreich ist das Gebet für Menschen, die uns schaden wollen (Mt. 5,44). Die Fürbitte für solche Menschen kann dabei nicht nur den Gegner verändern, sondern auch uns, die Beter. Es dürfte auch hilfreich sein, Gott um Liebe für bestimmte Personen zu bitten (1. Kor. 13,1–8). Achtung vor dem anderen ist eine fundamentale Voraussetzung für gute Beziehungen. Ebenso geht es nicht ohne Transparenz und Offenheit, ohne jedoch die Intimsphäre des anderen zu verletzen (eine beliebte Unsitte der «Frommen»). Der Schlüssel jeder guten Beziehung ist und bleibt die Anteilnahme, das Interesse am anderen, das Gespräch, das Sich-selbst-Verschenken. Unserer Kreativität sind hier keine Grenzen gesteckt.

Gute Beziehungen bedeuten aber nicht Harmonie um jeden Preis, sondern dazu gehört auch die brüderliche Korrektur aus Liebe. Wir müssen allerdings alle wieder lernen, uns um die wichtigen Dinge zu streiten, nicht um die unwichtigen. Wer als Christ meint, den Bekenntnisstand ausrufen zu müssen, wenn es um Stilfragen im Gottesdienst

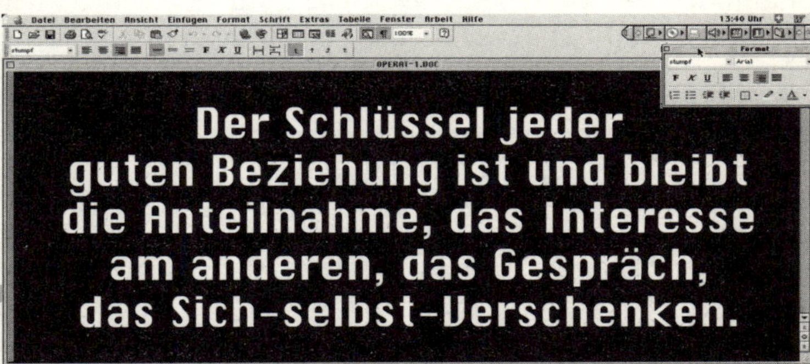

geht, wird schuldig an der Gemeinde. Wer Fragen nach dem rechten Zeitpunkt der Entrückung oder nach der Farbe der Vorhänge im Kirchsaal zu Grundsatzproblemen erhebt, kann nicht mehr Hauptsachen von Nebensachen unterscheiden. Gerade in konservativen Gemeinden haben sich hier die Prioritäten verschoben. Man kämpft nicht mehr gegen die Gegner des Glaubens oder den Unglauben in der Kirche. Die Diskussionen haben sich längst auf innerevangelikale Nebensächlichkeiten verlagert. Schattenboxen ist «in». Die Emotionen explodieren schon beim bloßen Nennen der typischen Stichworte: «Willow Creek», «ProChrist», «Jesus-Marsch» oder die angebliche «katholische Unterwanderung». Anderes, Wichtigeres, bleibt auf der Strecke. Die Einigelung in die eigene fromme Subkultur scheint damit ihren Höhepunkt erreicht zu haben. Auf die zunehmende Liberalisierung der Landeskirchen, den Werteverfall der Gesellschaft und alle anderen globalen Herausforderungen des 21. Jahrhunderts geht man zu wenig ein. Man genügt sich selbst, schlägt sich gegenseitig die Köpfe ein und belastet die Beziehungen der wenigen Gläubigen in unserem Land.

Im Ringen um die großen Fragen des Glaubens und des Lebens gibt es jedoch einen guten und notwendigen Streit. Er sollte in Respekt und Achtung vor dem anderen geführt werden, nicht in Polemik und nicht mit Intrigen. Dieser Streit kann engagiert geführt werden, darf aber nicht von Emotionen bestimmt sein. Die Liebe zum Gegenüber hält davon ab, unethische Argumente und Strategien zu gebrau-

Im richtigen Streit geht es um die Sache, nicht um die Personen oder um meine gekränkte Eitelkeit.

chen. Im richtigen Streit geht es um die Sache, nicht um die Personen oder um meine gekränkte Eitelkeit.

Und noch etwas: Der Kompromiss steht am Ende der Auseinandersetzung, nicht am Anfang. Die Konsenssoße der Moderne führt dazu, dass es gar nicht mehr zu einem echten Abwägen der Meinungen kommt. Man geht aufeinander zu und trifft sich in der Mitte. Das starke Harmoniebedürfnis unserer Zeit lässt unaufgebbare Positionen verdunsten. Das zeigt nur wieder: Die vorschnelle Suche nach Lösungen ist zwar oft pragmatisch, aber prinzipienlos. Was wir heute brauchen, sind nicht (nur) Lösungen, sondern Prinzipien.

Im neuen Jahrhundert brauchen wir alle echte Freunde. Den Wert von Freundschaften habe ich selber erst in den letzten Jahren richtig begriffen – und lerne immer noch daran. Ich muss gestehen, dass es auch mir schwer fällt, echte Freundschaften aufrecht zu erhalten. Als sachbezogener Mensch vergrabe ich mich gerne in meine Arbeit und habe oft keinen Blick für den Wert menschlicher Beziehungen. Es gibt – so denke ich manchmal – Wichtigeres zu tun, als mit Freunden Minigolf zu spielen, Hamburger zu grillen oder einen Tierpark zu besuchen. Andere sperren sich vor Freundschaften, weil sie Angst haben, verletzt zu werden. Dabei merken wir nicht, wie stark uns Freundschaften prägen können. Sie bewahren vor dem Einsiedlertum, geben uns Kraft und Halt in Krisenzeiten, stabilisieren unsere seelische Gesundheit. Wahre Freundschaften bestehen aus Nähe und Distanz. Echte Freunde klammern nicht, sondern lassen Platz für Entfaltung. Ein vorbildliches Beispiel für echte Freundschaft finden wir in der Bibel.

David und Jonathan waren echte Freunde. Der eine war der von Gott erwählte, aber noch nicht inthronisierte König des Volkes, der andere war der Sohn des regierenden Königs. Unter diesen äußerst schwierigen Umständen wuchs eine tiefe Beziehung, die in der Weltgeschichte ihresgleichen sucht. Die Basis dieser Freundschaft war die ganzheitliche Verbindung zweier «Seelen» (1. Sam. 18,1), d.h. nicht nur gemeinsame Interessen oder bloße Sympathie, sondern eine tiefe Übereinstimmung in allen Bereichen der Persönlichkeit. Die Kraftquelle ihrer Verbindung war selbstlose Liebe (1. Sam. 18,1), die das Wohl des Freundes im Blick behielt und uneigennützig dem anderen half (1. Sam. 18,4). Um die Verbindlichkeit ihrer Freundschaft zu dokumentieren, schlossen beide sogar einen Bund miteinander (1. Sam. 18,3). Ihre Verbindung wurde konkret gefüllt: Sie halfen einander in der Not (1. Sam. 19,2–4), redeten nur Gutes übereinander (1. Sam. 19,4–5), tauschten sich über ihre Probleme aus (1. Sam. 19,1ff) und schützten einander vor den Nachstellungen der Feinde. In einer solchen Freundschaft darf man auch Gefühle ausdrücken (1. Sam. 20,41–42)!

Solche Freundschaften fallen auf. Solche Beziehungen wünsche ich mir im neuen Millennium. In solche Freundschaften müssen wir mehr investieren. Unser Gebet sollte sein, dass Gott uns solche Freunde fürs Leben schenken möge.

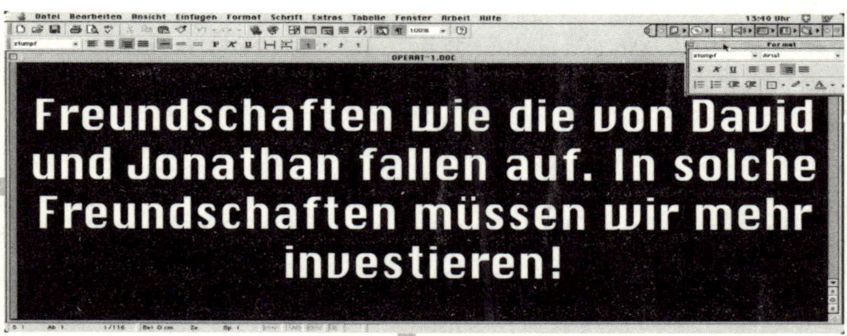

«Man muss nicht das Wissen beseitigen,
um dem Glauben Platz zu machen.
Vielmehr muss man bereits etwas glauben,
um von Wissen und Wissenschaft reden zu können.»
Wolfgang Stegmüller

6. Neues Denken für eine neue Zeit:

Die *Bildung* im neuen Jahrtausend

«Es geht vielmehr um einen Kompass,
mit dem sich in der Informationsflut Richtung halten lässt,
um ein interdisziplinär vermitteltes Orientierungswissen
auf einem gefestigten Werteunterbau.»
Wolfgang Schäuble, Und sie bewegt sich doch!

«Gib mir die guten Gedanken,
nimm mir das Netz vom Verstand.»
Manfred Siebald

6. Neues Denken für eine neue Zeit:

Die *Bildung* im neuen Jahrtausend

6.1 Daten und Prognosen

Im Jahre 1999 erschien ein bemerkenswertes Buch. Der Autor hieß Dietrich Schwanitz, Professor an der Universität Hamburg. Sein Titel lautete: *Bildung: Alles, was man wissen muss.* Auf über 500 Seiten entfaltet darin der bekannte Dozent und Romanautor in einfacher Sprache das Wichtigste, was jeder Mensch eigentlich wissen sollte. Schwanitz sagt klar: Die Schule vermittelt längst nicht mehr die nötigen Kenntnisse, die für das Leben ausreichen. Wir stecken in einer kolossalen Bildungungskrise. Westeuropa, der Kontinent der Dichter, Denker, Künstler, Komponisten, Ingenieure und Genies, verliert an Einfluss, weil wir nicht genug in die Bildung investieren. Deshalb machte sich Schwanitz ans Werk und schrieb diesen provokanten Bestseller.

Schon seit Jahren ist Bildung ein Top-Thema der Öffentlichkeit. Und das mit Recht. Im 21. Jahrhundert wird Bildung ein Überlebensfaktor erster Güte werden, wichtiger als alle Bodenschätze dieser Welt. Unsere westliche Welt wird jetzt schon als «Informationsgesellschaft» bezeichnet. Maschinen haben uns die handwerkliche Arbeit größtenteils abgenommen, nun treten Dienstleistungen an ihre Seite. Diese bedingen jedoch «Know-how», Spezialkenntnisse, Bildung. Fachleute sind gefragt, nicht nur im Bereich der Informatik. Spitzenkräfte fehlen heute schon auf allen Gebieten der Wissenschaft. Die anspruchsvolle Welt der Moderne braucht gut ausgebildete Experten und Fachleute. An sie kommt man nur heran, indem man die Bildung verstärkt. Wissen ist gefragt.

Unser Problem muss jedoch noch genauer formuliert werden. Wir verfügen heute nicht über zu wenig Wissen. Im Gegenteil: Wir wissen heute erheblich mehr als unsere Vorfahren. Wir ertrinken geradezu in einem Meer von Informationen. Wissen ist überall zu haben. Unser Wissen verdoppelt sich innerhalb von wenigen Jahren. Die Wissensexplosion ist nicht eindämmbar. Allein die Zahl wissenschaftlicher Aufsätze und Monographien zu allen möglichen und unmöglichen Themen ist Legion und wächst jährlich ins Unüberschaubare. Überall wird geforscht, entwickelt, analysiert und publiziert. An dieses Wissen heranzukommen, ist dank der Suchmaschinen des Internets ein Kinderspiel geworden. Selbst in der ärmsten Hütte Südamerikas kann man über eine simple Telefonleitung die Encyclopaedia Britannica lesen oder die Texte der Philosophen Plato und Aristoteles – alles per Internet. Die Wissensexplosion reicht also bis in die hintersten Winkel der Erde.

Unser Problem ist aber ein anderes: Wissen ist nicht Bildung. Bildung ist mehr als Wissen. Wissen ist die bloße Anhäufung von Datenmaterial, Bildung dagegen die Fähigkeit, selber Schlussfolgerungen zu ziehen und eigenständig zu denken. Wissen ist die Ansammlung von Einzeldaten, Bildung ist die Kunst, Einzeldaten zusammenzubinden. Pures Wissen macht uns zu Enzyklopädisten, zu Computerwesen. Bildung jedoch geht tiefer, macht Persönlichkeit aus, ruht auf Werten und Überzeugungen.

Die sogenannte Timss-Studie machte es schon 1998 deutlich: Deutschland ist bei der Bildung – insbesondere im Bereich Mathematik – nur Mittelmaß. Unsere Schüler schnitten im internationalen Vergleich mäßig ab. Japanern ist z.B. Bildung viel wichtiger als den Deutschen. Dabei ist das Bildungsdefizit hausgemacht: Es gibt in Deutschland immer noch keine regelmäßige Prüfung der pädagogischen und fachlichen Leistungen von Lehrern, was in anderen Ländern längst der Fall ist. Qualitätsprüfung darf aber nicht nur für Firmen und Unternehmen gelten, sondern muss auch im Bereich der Bildungspolitik greifen. In unserem rohstoffarmen Land ist qualitativ hochwertige Bildung die wichtigste Grundlage für unsere Wirtschaft und die Sicherung der Zukunft. Wenn wir das nicht erkennen und die dafür notwendigen Schritte schnell unternehmen, wird der Standort Deutschland weiter an Anziehungskraft verlieren.

Was uns zusätzlich fehlt, ist gemeinsames Wissen, Allgemeinbildung genannt. Für den Zusammenhalt jeder Gesellschaft ist es unabdingbar, dass ihre Mitglieder über einen gemeinsamen «Bildungskanon» verfügen. Es ist gefährlich, wenn sich jeder nur noch individuell sein eigenes Wissen zusammenstellt. Am Ende haben wir uns nichts mehr zu sagen, weil wir keine gemeinsamen Erkenntnisse und Er-

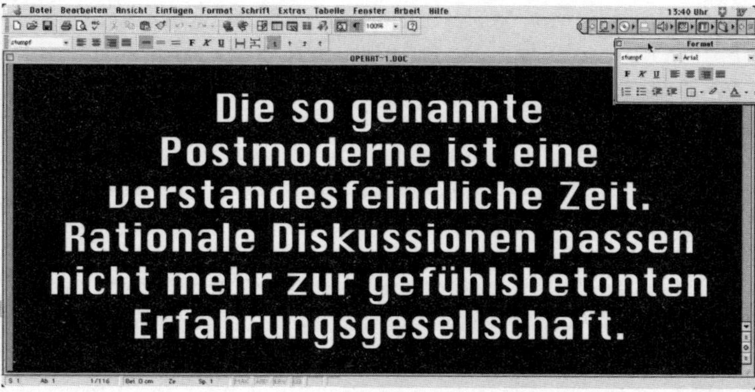

fahrungswerte mehr besitzen. Wir verstehen uns nicht mehr, weil jeder in seinen eigenen Denkkategorien lebt. Wir reden aneinander vorbei, weil keiner genau das weiß, was der andere weiß.

Die so genannte Postmoderne ist eine verstandesfeindliche Zeit. Rationale Diskussionen passen nicht mehr zur gefühlsbetonten Erfahrungsgesellschaft. Schon 1987 wies der Amerikaner Allan Bloom in seinem Bestseller *The Closing of the American Mind* nach, dass die eigentliche Krise Amerikas eine Krise des Intellekts sei. Nicht ohne Grund eröffnete er seine aufrüttelnde Analyse mit dem Satz: «Es gibt eine Sache, über die ein Professor absolut sicher sein kann: Fast jeder Student, der zur Universität kommt, glaubt, dass Wahrheit relativ sei.» Selbstverständlichste Gesetze der Logik werden heute nicht nur in Amerika mit Füßen getreten. Wahrheit ist heute eine Beziehungsfrage, nicht mehr eine

Faktenfrage. Die größte Gefahr dieser Welt ist nicht mehr der Irrtum, sondern die Intoleranz. Der Megawert ist die totale Offenheit, und die bedingt den totalen Relativismus.

Die Kirchen und Gemeinden sind von der öffentlichen Bildungskrise ebenfalls betroffen. Sie bemerken das Fehlen von Allgemeinbildung vor allem bei den Kindern aus säkularisierten Elternhäusern. Biblische Geschichten und Gestalten sind hier unbekannt. Wer Mose vor Noah datiert oder Abraham mit Mohammed verwechselt, der kann auch bald nichts mehr mit Jesus anfangen. Wer den tieferen Sinn von Pfingsten nie gelernt hat, der freut sich tatsächlich nur noch über einen freien Tag mehr zum Ausschlafen. Der Katechismus, über Jahrhunderte die eiserne Glaubensration für Millionen, verstaubt in den Regalen. Das Kirchengesangbuch, eine Art kollektives Liedgedächtnis von Generationen, ist zum Buch mit sieben Siegeln geworden.

Aber auch auf der nichtkirchlichen Ebene schrumpft das kollektive Gedächtnis. Kinder kennen die alten Kinderlieder nicht mehr. Grimms Märchen fristen ein trostloses Randdasein. Die klassischen Gedichte – wer memoriert sie noch? In der Flut von Bildungsangeboten – auch in christlichen Kreisen – verlieren wir die gemeinsame Mitte. Wir gehen unter in einem Meer von Banalitäten und verlieren den Blick für das Wesentliche. Unsere Bücherregale biegen sich unter dem Gewicht der Quantität, aber die Qualität bleibt auf der Strecke. Perry Rhodan statt Martin Luther, Asterix gegen Augustin, PC-Handbücher versus Bibel.

Aber es fehlt noch an etwas Weiterem: Uns ist nicht nur die Allgemeinbildung abhanden gekommen, sondern auch der Bildungshorizont. Wissen muss immer eingebettet sein in einen Bezugsrahmen, sonst ist es eine fruchtlose Ansammlung von unzusammenhängenden Daten. Die Puzzlesteine des Wissens brauchen einen Denkrahmen, um ordentlich sortiert ihre Funktion ausüben zu können. Immer mehr Menschen bekommen heute dieses Wissenspuzzle aber nicht mehr zusammen, weil sie die Vorlage verloren haben. Ihr fragmentarisches Spezialwissen stößt sie mehr und mehr in

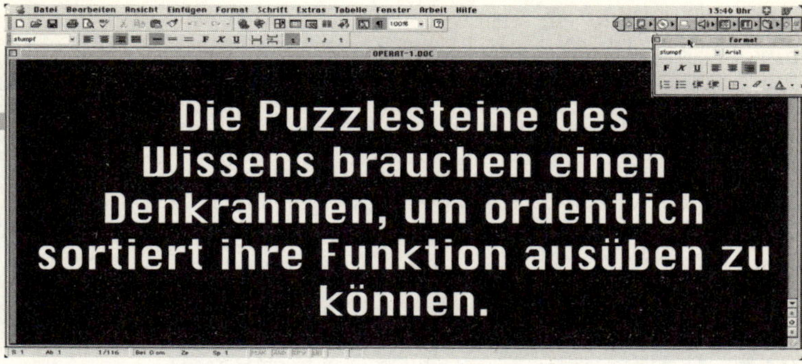

die große Unübersichtlichkeit und Orientierungslosigkeit. Wir forschen an den kleinsten Details des Universums, kennen aber den großen Rahmen nicht mehr. Wir schicken Raumschiffe zu entfernten Planeten, können aber nicht sagen, was der Sinn des Lebens ist. Wir perfektionieren die Miniaturisierung von Prozessoren, haben aber keine Antwort auf die Frage nach geheilten Beziehungen. Die Daten der Forschung hängen in der Luft. Was fehlt, ist der feste Bezugsrahmen, um ein sinnvolles Ganzes zu ergeben.

In seinem Roman «Die Zeitmaschine» hat H.G. Wells schon vor hundert Jahren unsere Bildungskrise auf den Punkt gebracht. Sein Zeitreisender beamt sich mit der Zeitmaschine in die Zukunft. Sein Urteil über die Menschen des Jahres 802701 ist verheerend: «Sind diese Geschöpfe Narren?» Ihr Problem: Für sie gibt es keine intellektuellen Anreize mehr. Große Gleichgültigkeit macht sich breit, da es keine Herausforderungen mehr gibt. Lethargisch ergötzt man sich an sich selbst, ist unfähig, mit Konflikten umzugehen und Grenzen zu ziehen. Eine solche selbstgenügsame Gesellschaft ist zutiefst gefährdet. Sie blendet das Denken aus, weil man meint, alles erreicht zu haben. Der allgemeine Wohlstand verführt zur Denkfaulheit, zur Lethargie. Alles bleibt beim Alten. Nichts wird in Frage gestellt. Es gibt scheinbar keine Herausforderungen mehr.

Auch die Kirchen bieten kaum noch eine Herausforderung für den Verstand. In den Gemeinden beruhigt man die

Gefühle, wärmt die Herzen, spricht selten von den Kosten der Nachfolge, sagt nichts über die geistigen Kontroversen unserer Zeit. Sie vermitteln ihren Mitgliedern nicht mehr die Wahrheit, dass Christsein Konsequenzen in allen Lebensbereichen fordert, auch im Bereich des Denkens. Das geistige (und geistliche) Niveau christlicher Gemeinden ist vielfach erschreckend. Immer mehr Menschen kommen

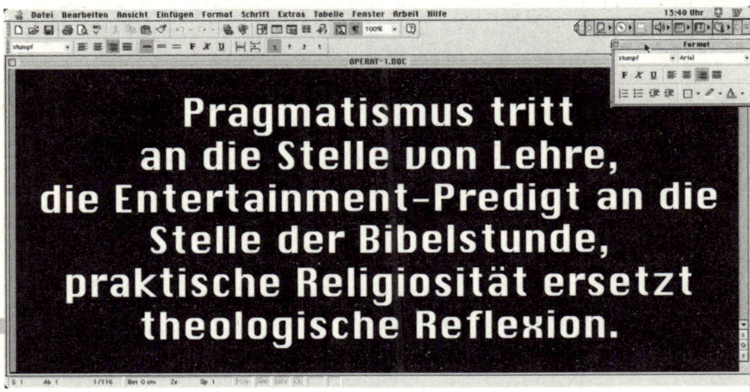

mit immer geringerer christlicher Vorbildung in unsere Gemeinden und bleiben auf diesem Niveau stehen. Bei manchen muss man wirklich bei Punkt Null beginnen. Auf ein christliches Basiswissen können wir längst nicht mehr zählen.

Gleiches muss man wohl auch vom christlichen Büchermarkt sagen, der symptomatisch für die Bildungskrise der Gesellschaft steht. Anspruchsvolle Literatur sucht man hier vergeblich oder findet sie allenfalls in den hinteren Teilen der Kataloge und Buchhandlungen. Anspruchsloses und Sanftes hat dagegen Konjunktur. Möglichst bequemes Trallala, harmonisch bestätigend, befriedigt unsere geschundene Seele. Lebenshilfethemen, leicht und locker präsentiert, boomen. Wie bekommen wir eine gute Figur? Welche Farbe passt zu meinem Hauttyp? Was gibt es Neues in Willow Creek? Wohlfühlkategorien haben Bildungskategorien abgelöst. Pragmatismus tritt an die Stelle von Lehre, die Entertainment-Predigt an die Stelle der Bibelstunde, praktische Religiosität ersetzt theologische Reflexion. Der Verstand wird systematisch abgewertet und als gefährlicher Rationalismus deklassiert. Er habe mit dem wahren christlichen Glauben eigentlich nichts zu tun. Hauptsache, ich liebe Jesus und erfahre ihn in meinem täglichen persönlichen Leben.

6.2. Impulse und Auswege

Genug der Klage über Bildungsnotstand in Gesellschaft und Gemeinde. Es gilt vielmehr, die grauen Zellen zu aktivieren, Kopfarbeit zu leisten und Alternativen zu entwickeln.

Was wir in unserer Zeit zunächst brauchen, ist ständige Fortbildung. Wer sich mit dem «status quo» seiner Erkenntnisse zufrieden gibt, hat schon verloren. Wir brauchen Menschen, die geistig flexibel und lernfähig bleiben; die dauernd bereit sind, sich auf neue Felder der Erkenntnis einzulassen. Wir Menschen sind nie fertig, sondern befinden uns immer in einem Prozess. Wir sind immer Lernende, Pilger, Suchende, Reisende auf dem Weg. Die Offenheit für Neues, für Herausforderungen, für andere Lebenswelten bewahrt uns vor Lethargie.

Wir müssen alle wieder denken lernen. Unsere stressgeplagte und hektische Zeit hat uns das Denkvermögen geraubt. Wir stolpern von einer Dringlichkeit in die nächste, haben kaum mehr Zeit zum Atemholen, sind froh, das Allernotwendigste geschafft zu bekommen. Zeit zum Nachdenken bleibt nicht. Bilanz ziehen, eine Kursänderung einläuten, das Lebensschiff herumreißen – dazu fehlt uns die Stille und die Kraft zum Nachdenken. Denken ist anstrengend, aber notwendig. Denken muss auch wieder systematisch erlernt werden. Wir lassen andere für uns denken –

die Fernsehmacher, den Computer, den Taschenrechner. Wir sind ja kaum noch in der Lage, auf dem Zettel zu multiplizieren oder zu dividieren, so weit haben wir schon das Denken an Maschinen delegiert. Wir lassen uns resigniert treiben im Strom der Zeit, statt gestalterisch den eigenen Weg zu verantworten.

Gott hat uns ein Wunderwerk der Schöpfung anvertraut: unseren Verstand. Er ist ein hochkomplexer und bis heute unverstandener Geniestreich des Schöpfers. Er ist keineswegs unfehlbar, aber zu logischen Einsichten wahrhaft fähig. Durch ihn sind wir Gott gegenüber verantwortliche Wesen. Mit ihm können wir die Schöpfung entdecken, eigene Entscheidungen treffen, komplizierte mathematische Probleme lösen, das Geld im Portemonnaie zählen, dieses Buch schreiben, es in diesem Augenblick lesen, seine Qualität prüfen usw. Das menschliche Gehirn muss jedoch gepflegt und trainiert werden, sonst «rostet es ein».

Auch Christen haben das Denken verlernt. Wie viel Unsinn wird in christlichen Kreisen verbreitet – und niemand protestiert. Wie viel Denkfaulheit gibt es bei Pastoren und Predigern, wie viel Unwille zur Fortbildung aber auch bei den Laien. Wir verwechseln Fakten mit Behauptungen, können nicht mehr logische Schlüsse ziehen. Meinen wir denn, wir könnten lebendige Gemeindearbeit ohne ständige Weiterbildung betreiben? Meinen wir wirklich, dass wir uns auf den Erkenntnissen der Vergangenheit ausruhen könnten? Die Herausforderungen der heutigen Zeit wechseln ständig – und wir müssen uns immer neu darauf einstellen. Andere Fragen bedingen andere Antworten. Die alten Ladenhüter ziehen nicht mehr. Es gilt, sich ständig neu den Anfragen der Moderne zu stellen und sie denkerisch zu durchdringen.

Ich plädiere mit aller Kraft für eine neue Wertschätzung des Denkens. Denken ist nicht leicht, aber spannend und bereichernd. Wie lange ist es her, dass uns heiß und kalt wurde, weil wir plötzlich Zusammenhänge des Lebens begriffen haben? Wann haben wir zum letzten Mal einen kreativen Gedanken gehabt, der über die Entscheidung, welches Fernsehprogramm wir uns anschauen sollten, hinausgegangen ist? Wann ist uns zum letzten Mal ein Schauer über den Rücken gelaufen, weil wir aus dem Lauf der Geschichte unsere Kultur besser verstehen gelernt haben? Denken macht Spaß! Denken weitet den Horizont! Denken verändert und vertieft mein Leben!

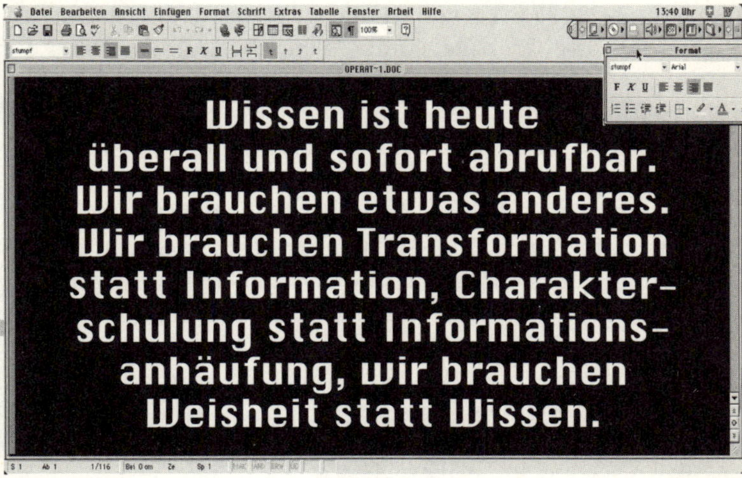

Dabei heißt richtiges Denken nicht, alles zu wissen, sondern das Richtige zu wissen. Es geht heute nicht um eine Anhäufung von möglichst viel Wissen. Dazu gibt es Bibliotheken oder gar das Internet. Wenn Denken nur die Anhäufung von Wissen wäre, dann müsste man den leistungsfähigsten Computer als besten Denker auszeichnen. Wissen ist heute überall und sofort abrufbar. Wir brauchen etwas anderes. Wir brauchen Transformation statt Information, Charakterschulung statt Informationsanhäufung, wir brauchen Weisheit statt Wissen. Diese Zusammenhänge kannten schon die biblischen Autoren. Zum Beispiel der weise König Salomo. Sein Ruf erschallt auch in unserer Zeit: «Suche Weisheit für deine Seele» (Spr. 24,14). Wir brauchen weise Menschen, gebildete Leute, nicht Fachidioten.

Wie werden wir weise? Was ist überhaupt Weisheit? Weisheit ist Wissen plus Glaube, so sagt es die Bibel sinngemäß. Sie spricht übrigens viel von der Weisheit. Eine ganze Literaturgattung der Bibel, die so genannte Weisheitsliteratur, handelt von diesen Themen. Die Bücher Hiob, Psalmen, Sprüche und Prediger thematisieren die Klugheit und Einsicht des Weisen. Hier lässt sich unendlich viel lernen. Gott selber wird in der Bibel als «der allein weise Gott» bezeichnet (Röm. 16,27). Er hat in Weisheit die Welt geschaffen (Spr. 3,19). Die Grundlage aller Weisheit ist in der Bibel die Ehrfurcht vor dem Allmächtigen, die Gottesfurcht (Spr. 1,7). Echte Weisheit gibt es nur in der Bindung an Gott und seine Gebote. Weise ist der, der sich an Gottes Willen hält und seine Gebote achtet. Klug ist der Mensch, der Gott im Himmel als Gott akzeptiert und sich ihm unterwirft. Vernünftige Einsichten sind solche, die Gott als Grundlage allen Seins berücksichtigen. Ohne Gott gibt es keine Weisheit. Der Apostel Paulus hatte diese Zusammenhänge des Alten Testaments verstanden, denn er spricht von «Christus, in dem alle Schätze der Weisheit und Erkenntnis verborgen sind» (Kol. 2,3). Ähnlich schreibt er an die Gemeinde in Korinth: «Christus ist uns geworden Weisheit von Gott» (1. Kor. 1,30).

Weisheit hat also etwas mit dem Glauben an Gott zu tun. Weisheit ist ein Geschenk, eine gute Gabe Gottes. Wir dürfen Gott sogar darum bitten. Das Gebet ist der Schlüssel zum Verständnis. Ich stehe vor Gott und gebe meine Unwissenheit zu. Ich bitte ihn, meinen Verstand zu erleuchten und mir die richtigen Gedanken zu geben (Jak. 1, 5). Weisheit ist nicht unser Verdienst. Bildung wird zur Einbildung, wenn wir sie als Frucht unserer Leistung vereinnahmen. Weise Menschen haben ihre Weisheit von Gott. Weisheit hat Geschenkcharakter (Spr. 2,6). Dafür darf gebetet werden. Selbst der weise König Salomo bekam seine Weisheit von Gott persönlich (1. Kön. 3,12) und rühmte sich nicht seiner eigenen Geisteskraft. Durch das Lesen der Bibel, des Wortes Gottes, werden Menschen weise (Ps. 19,8). Ja, es gibt eine «hagia sophia», eine heilige Weisheit, die der Christ durch den Glauben entdecken kann.

Was ist die Voraussetzung, um weise zu werden? Auch hier redet Gott ganz deutlich. Die Grundvoraussetzung ist die Hinwendung zu ihm. Die Bekehrung, die Buße eröffnet mir ein neues Denken. Der neutestamentliche Begriff für Umkehr, «metanoia», meint genau genommen «Umdenken», «eine neue Gesinnung bekommen». Menschen, die das Heil in Christus erfahren haben, denken anders. Sie denken von Gott her. In einem andauernden Prozess wird ihr Denken transformiert, umgestaltet. Ihr Verstand wird erneuert (Röm. 12,2), das Denken bekommt nichthinterfragbare intellektuelle Fundamente. Vertrauen in Gott (Glaube) wird so die Grundlage allen Denkens. Das rationale Denken wurzelt bei Christen im überrationalen Vertrauen auf Gott. Glaube wird zum Ermöglichungsgrund einer neuen Vernunft!

Wir Christen haben diese Zusammenhänge einfach vergessen. Die pietistische und evangelikale Tradition meint, der Glaube beziehe sich in erster Linie auf die einmalige persönliche Heilserfahrung in Christus, die Erlösung. Bekehrung wird hier mit einem einmaligen religiösen Gefühl verbunden. Sie übersieht dabei, dass der in der Bekehrung geschenkte Glaube auch eine Auswirkung auf alle Bereiche des Lebens haben soll. Der Glaube verändert Denken und Handeln, nicht nur mein Gefühl. Biblisches Denken ist

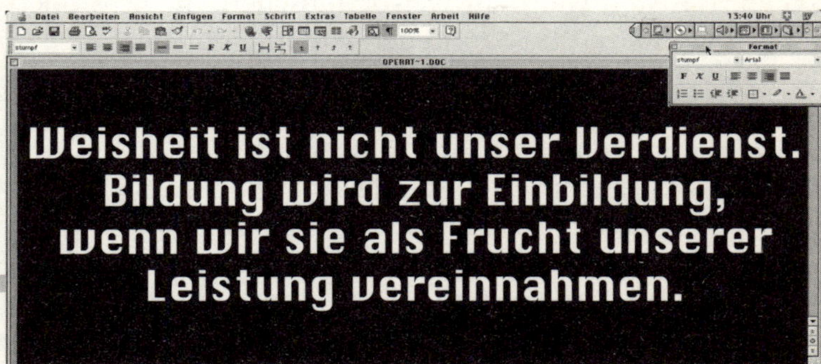

Denken von Gott her, ist ein neues Paradigma. Die alte These von Anselm von Canterbury stimmt: «Credo, ut intelligam» – «Ich glaube, um zu verstehen.»

Eine weitere fundamentale Erkenntnis der Bibel muss noch angefügt werden: Weisheit ist keine theoretische Wissensanhäufung, sondern immer angewandtes Wissen. Weisheit ist nicht ein Überfluss an Wissen, kein intellektueller Spielplatz von Gebildeten, sondern praktiziertes Wissen vor Gott. So ist Torheit auch nicht Mangel an Wissen, sondern verfehltes Verhalten vor Gott. Die alte griechische Trennung zwischen Theorie und Praxis ist der Bibel ganz fremd. Weisheit ist angewandtes Wissen, eine Verhaltensweise des Menschen. Deshalb spricht Paulus vom «Wandeln in der Weisheit» (Kol. 4,5f). Uns Theoretikern muss immer wieder gesagt werden: Wir wissen viel, tun aber so wenig und sind deshalb nicht weise. Die praktische Frömmigkeit ist die wahre Weisheit.

Deshalb können auch intellektuell schlichte Menschen sehr weise sein. Es kommt nicht darauf an, dass wir alle kleine Einsteins sind. Es geht nicht um eine Wissenselite. Die größte Bibliothek ist nebensächlich, der persönliche IQ nicht das Entscheidende, der beste Pentium-Computer kein Garant für Weisheit. Vor allen Dingen ist ein rein theoretisierendes Wissen gefährlich. Wichtiger ist: Das, was wir als Willen Gottes erkannt haben, sollen wir in die Praxis umsetzen. Auf diese Art und Weise bekommen wir ein erfülltes Leben. Das sind wahrhaft weise Menschen, die ihre Überzeugungen leben und dafür auch vor anderen einstehen.

Übrigens: Wo das Christentum hinkam, breitete sich die Bildung aus. Die Missionsbemühungen der Gläubigen führten immer zu einer explosionsartigen Verbreitung von Bildung. Man denke zum Beispiel an die Bibelübersetzungen. Der christliche Glaube hängt eng mit der Heiligen Schrift zusammen. Durch ihre Lektüre erkennen wir den Willen Gottes. Deshalb werden Sprachen erforscht, Schulen eingerichtet und Menschen geschult: um Gottes Wahrheiten in ihrer Muttersprache zu erfassen. Nur auf dem Hinter-

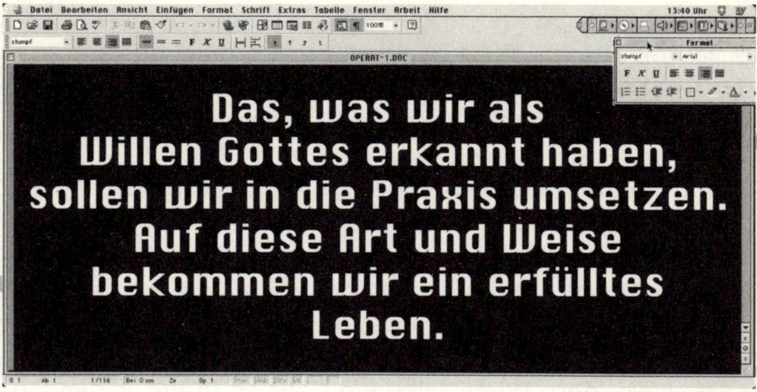

grund des christlichen Glaubens sind die Bildung und der Fortschritt unserer westlichen Welt zu verstehen.

Nun zu einigen praktischen Impulsen.

Zunächst: Wir brauchen eine neue Lesekultur. Lesen bildet. Deshalb brauchen wir auch wieder eine neue Achtung vor dem Geschriebenen. Nicht umsonst gibt es seit Jahren in der Literaturwissenschaft eine große Diskussion um einen «Bildungskanon». Darunter versteht man eine Liste von literarischen Werken, die eigentlich jeder Bürger kennen sollte. Sie gehören zum Marschgepäck jedes Menschen, sozusagen zur eisernen Ration von jedermann. Sie zu kennen, gehört zur Allgemeinbildung. Durch die bildungspolitischen Abenteuer der letzten 30 Jahre ist dieses kollektive Wissen, das die westliche Kultur ausmachen sollte, jedoch völlig abhanden gekommen. Schon meine Generation las im Deutschunterricht nicht mehr die Klassiker, sondern die so genannte Moderne Literatur. Goethe, Schiller und Fontane kamen bei uns in der Schule nicht vor. Von Shakespeare, Thomas Mann und Heine ganz zu schweigen.

Auch ich möchte für einen Bildungskanon plädieren. Wir brauchen in unserer Gesellschaft wieder ein gemeinsames Wissen über die wichtigsten Werke der Weltliteratur, über die einflussreichsten Musikkompositionen und die großartigsten Kunstwerke. Wir brauchen Kenntnisse über den Gang der Weltgeschichte und über die grundlegenden Zusammenhänge dieser Welt. Wir müssen bei unseren Kindern wieder die Allgemeinbildung stärken und das Detailwissen zurückdrängen. Wer alle Bundesliga-Ergebnisse von Eintracht Frankfurt aus der Saison 1999/2000 aufsagen kann, aber die einfachsten Zusammenhänge der Weltpolitik nicht versteht, hat wahrlich keinen Sinn für das Entscheidende. Wer alle Computerspiele der letzten Jahre auf CD-ROM gesammelt hat, aber nicht weiß, wer Karl der Große war, dem ist kaum noch zu helfen. Schlimmer noch: Wer die Geschichte nicht kennt, ist dazu verdammt, ihre Fehler zu wiederholen. Wenn wir nicht auf ein gutes Allgemeinwissen in der Bevölkerung zurückgreifen können, wird auch die Demokratie zur Gefahr, denn sie lebt von informierten Menschen, die verantwortbare Entscheidungen treffen können.

Was sollten wir lesen? Natürlich ist jede «Leseliste» völlig subjektiv. Das macht jedoch ihren Reiz aus. Wenn Sie andere Vorschläge zu machen haben, um so besser. Es zeigt, dass Sie sich mit der Materie auseinandersetzen möchten. Trotzdem wage ich hier einige Vorschläge, was man lesen sollte. Ich habe mich bemüht, die Liste klein zu halten und aus unterschiedlichen Epochen der Literaturgeschichte einige Werke herauszugreifen. Ich unterscheide dabei Bücher aus der Weltkultur von Büchern, die zusätzlich jeder Christ gelesen haben sollte.

Natürlich steht am Anfang das Buch der Bücher, die *Bibel*. Ob in der klassischen Luther-Übersetzung oder in einer modernen Übertragung – sie ist und bleibt das wichtigste literarische Werk aller Zeiten. Sie gut zu kennen, ist eine fundamentale Voraussetzung für Bildung. Sie gibt uns den Denkrahmen für unser Leben. In ihr offenbart Gott seinen Willen für uns Menschen. Sie ist das entscheidende Dokument der Heilsgeschichte Gottes mit uns Menschen und deshalb das wichtigste Buch der Weltliteratur. Regelmäßige Bibellektüre, möglichst täglich ein kleiner Abschnitt, ist das Geheimnis einer lebendigen Gottesbeziehung.

Jeder Mensch sollte heute über die Zeitereignisse gut informiert sein. Dazu verhelfen uns seriöse Zeitungen und Zeitschriften. Wenn es geht, sollte man jeweils zwei Periodika unterschiedlicher politischer Färbung beziehen, z.B. die täglich erscheinende *Frankfurter Allgemeine Zeitung* ergänzt durch das Wochenmagazin *Der Spiegel*, oder die *Süddeutsche Zeitung* in Kombination mit *Focus*. Informativ und lesens-

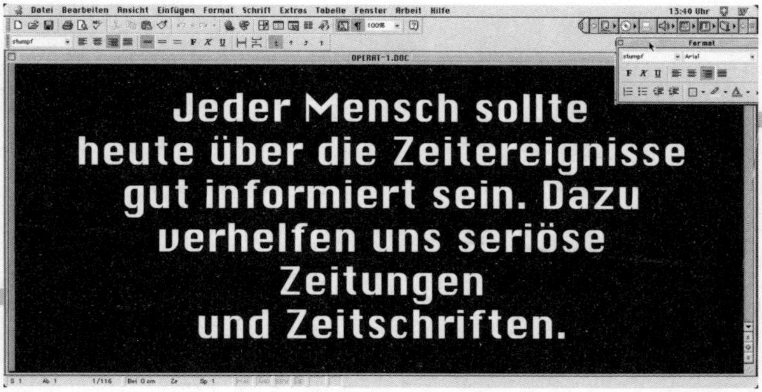

wert ist auch die Wochenzeitung *Die Zeit*, gerade für diejenigen geeignet, die für eine umfangreiche Tageszeitung einfach keine «Zeit» haben. Grundsätzlich muss beachtet werden: Ob *Die Welt*, *Neue Zürcher Zeitung*, *Das Parlament* oder die *Frankfurter Rundschau*: Artikel geben immer auch die Interpretation des Journalisten wieder und sollten deshalb kritisch gelesen werden.

Über die lokalen Ereignisse informieren die Lokalzeitungen. Ihr Lokalteil ist wichtig, um über die Entwicklungen in der unmittelbaren Umgebung informiert zu sein. Nicht jeder wird sich für alle Sommerfeste der Kaninchenzüchtervereine interessieren. Aber diese Berichte zeigen, welche Probleme «vor Ort» herrschen, womit sich unsere Nachbarn beschäftigen, wer in der Stadt wichtig und einflussreich ist usw. Christen haben eine Verantwortung für ihre Stadt. Lokalzeitungen können helfen, Gemeindearbeit zum Wohle der Menschen in ihrem Umfeld zu gestalten. Andere Zeitschriften und Blättchen, deren Namen hier nicht genannt werden, weil sie häufig nur Klatsch und Tratsch weitergeben, sind allenfalls als Zeitvertreib im Wartezimmer des Arztes oder beim Friseur geeignet.

Was sollte im Bücherschrank stehen? Die *Buddenbrooks* von Thomas Mann sollte jeder kennen, ebenso Theodor

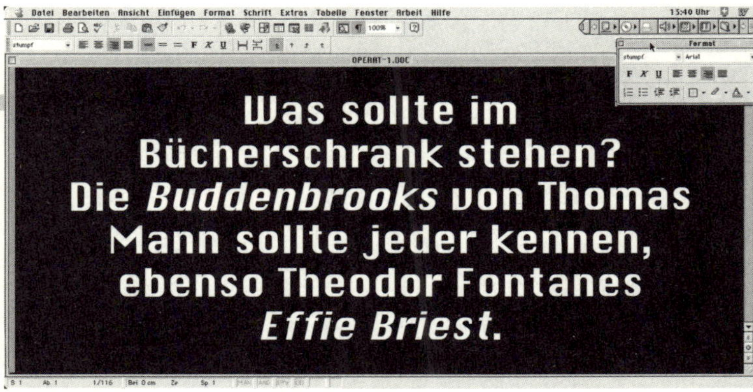

Fontanes *Effie Briest*. Darf ich auch Theodor Storms *Schimmelreiter* empfehlen? Was haben Sie von Schiller gelesen? Ob *Die Räuber* oder *Don Carlos*, *Wilhelm Tell* oder *Maria Stuart* – der Weimarer Klassiker lohnt sich, auch wenn man einige Zeit braucht, um sich einzulesen. Aber greifen Sie doch auch noch einmal (wieder?) zu Gerhard Hauptmann, Charles Dickens oder Heinrich von Kleist. Wenn Sie es abenteuerlicher wollen auch zu Daniel Defoes *Robinson Crusoe*, zu *Ben Hur* oder *Quo Vadis*, zu *Don Quijote* – alles Bücher von Weltformat. Wenn Sie dann nicht aufhören können, so greifen Sie nach Tolstois Monumentalwerk *Krieg und Frieden*, Dostojewskijs *Brüder Karamasow* und Shakespeares *Hamlet* (bitte nicht nur *Romeo und Julia*). Ob Stefan Zweig oder Franz Kafka, Reinhold Schneider oder Rilke, von mir aus auch Böll und Grass – die Lektüre ihrer Bücher hilft uns zu einem besseren Verständnis der damaligen und heutigen

Zeit, formt unsere Ausdrucksfähigkeit, führt zur Stille der besinnlichen Lektüre und regt unser Denken an. Sie warten auf Goethe? Sicher ist es kein Fehler, den *Faust* gelesen zu haben. Immerhin hat er sogar sprachbildend auf die Deutschen gewirkt. Aber noch besser gefällt mir (ehrlich gesagt) Heinrich von Kleists *Michael Kohlhaas*. Wenn Sie es einfacher haben wollen: Auch Erich Kästner ist keineswegs zu verachten.

Und nun zur «christlichen Leseliste». Um über die Neuigkeiten in den christlichen Kreisen informiert zu sein, dürfte das Wochenmagazin *idea-spektrum* reichen. Es informiert knapp über Wichtiges und Unwichtiges aus dem Bereich der protestantischen Kirchen und Freikirchen. Zusätzlich empfiehlt sich natürlich eine Zeitschrift des eigenen Gemeindeverbandes, um auch über die Entwicklungen innerhalb der Kirche oder Freikirche Bescheid zu wissen. Um nicht zu viel Geld in solche Zeitschriften investieren zu müssen, kann man sie auch gemeinsam mit Freunden abonnieren.

Das allein reicht aber noch nicht. Ich empfehle, sich zu jedem Bereich der christlichen Lehre mindestens ein Standardwerk anzuschaffen. Jeder Christ sollte z.B. ein Bibellexikon sein Eigen nennen. Der Klassiker ist Fritz Rieneckers *Lexikon zur Bibel*. Noch besser, weil detaillierter, ist das *Große Bibellexikon*. Eine Konkordanz, in gedruckter Form oder auf CD-ROM, gehört ebenso in den Bücherschrank bzw. zum Computer jedes Gläubigen. Für die Bibelauslegung empfiehlt sich ein Kommentarwerk zur ganzen Bibel. Für den Laien gut geeignet ist die *Wuppertaler Studienbibel*. Für das Neue Testament halte ich auch die *Edition-C-Bibelkommentar*-Reihe für eine hervorragende Hilfe, da hier neben einer guten Auslegung gleich auch Hilfen für Bibelarbeit und Predigt gegeben werden. Diese Reihe wird gerade auch für das Alte Testament konzipiert.

Im Bereich der Dogmatik empfehle ich das Buch von Charles C. Ryrie, *Die Bibel verstehen*, eine Art Laiendogmatik, die auf 600 Seiten in alle Bereiche der biblischen Lehre systematisch einführt (englisch: *Basic Theology*). Es gibt im Deutschen bisher nichts Vergleichbares. Für die einzelnen Bereiche der Dogmatik gibt es im Deutschen kaum brauchbare Nachschlagewerke. Geschichtskenntnisse sind heute von eminenter Bedeutung. Neben einem Werk zur Weltgeschichte sollte deshalb das eine oder andere Handbuch zur Kirchengeschichte nicht beim Buchhändler verstauben. Ich empfehle Kurt Alands zweibändige *Geschichte der Christenheit,* da es nicht nur kompakte Informationen enthält, sondern auch sehr flüssig geschrieben ist. Hilfreich aber auch, weil kompakt und kurz, Martin Greschats *Christentumsgeschichte II: Von der Reformation bis zur Gegenwart.*

Echte Klassiker der christlichen Literatur sind Augustins *Bekenntnisse,* Luthers Schlüsselwerk *Vom unfreien Willen,* Calvins *Institutio,* Speners *Pia Desideria* und John Bunyans *Pilgerreise.* Aber auch Bonhoeffers *Widerstand und Ergebung* gilt als Standardwerk der religiösen Literatur. Für das persönliche geistliche Leben empfinde ich die Bücher von C.H. Spurgeon und A.W. Tozer als wertvoll. Wer sich vor anspruchsvollerer christlicher Literatur nicht scheut, dem seien die Bücher von C.S. Lewis und Francis Schaeffer empfohlen. Hier wird man manche Schätze heben können.

Prinzipiell sei zu allen diesen Buchempfehlungen gesagt: Prüfet alles, und das Gute behaltet. Es gibt außer der Bibel kein Buch, und sei es der angesehenste Klassiker, das man kritiklos hinnehmen kann. Jeder Mensch, auch der Dichter und Schriftsteller, ist begrenzt. Jedes Buch enthält Fehler, falsche Interpretationen, einseitige Blickwinkel, ungewollte Verirrungen (außer natürlich das vorliegende!). Man hüte sich vor der unkritischen Glorifizierung von bestimmten Autoren. Bücher wollen herausfordern, inspirieren, tieferes Interesse wecken, korrigieren und motivieren. Nur gut, wenn Christen sich gute Bücher zu ihren guten Freunden machen.

Natürlich darf man Bildung nicht nur mit der Kenntnis von Literatur gleichsetzen. Der ganze Bereich der Kunst – ein von evangelikalen Christen sträflich vernachlässigtes

Gebiet – gehört genauso dazu. Ob man eine Vorliebe für Gotik oder Barock, für Klassizismus oder Impressionismus hat – auch die Beschäftigung damit hilft ungemein, sich über Vergangenheit und Gegenwart Rechenschaft abzulegen und unsere Menschheitsgeschichte zu verstehen. Und ob Sie nun in der Musik Bach oder Händel, Mozart oder Gershwin den Vorzug geben – sei's drum. Den Wert von

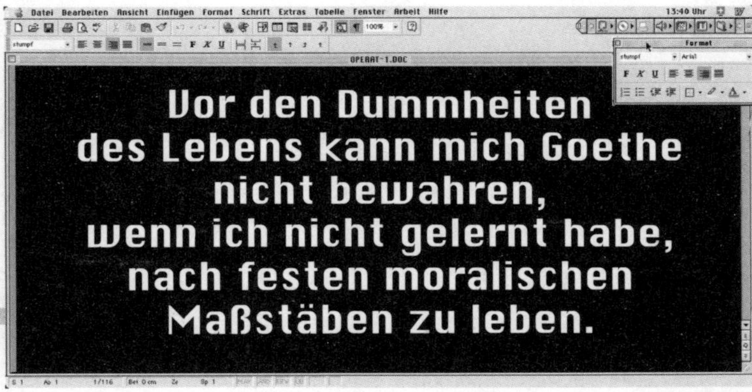

guter Musik dürften Sie auf jeden Fall schätzen. Sie hilft uns, einmal abzuschalten und über den Tellerrand des Alltags hinauszuschauen.

Aber auch bei dieser Liste gilt: Zur Bildung gehört in erster Linie der «gesunde Menschenverstand». Vor den Dummheiten des Lebens kann mich Goethe nicht bewahren, wenn ich nicht gelernt habe, nach festen moralischen Maßstäben zu leben. Wie viele Spinnereien der Philosophie haben uns mehr Verderben als Segen gebracht. Das alles entlastet uns nicht vom richtigen Vernunftgebrauch. Und es zeigt wieder einmal, dass Wissen nicht automatisch mit Weisheit gleichgesetzt werden kann. Das tröstet auch den, dessen IQ im unteren Bereich liegt und der gerade feststellen musste, dass er aus obiger Liste überhaupt kein Buch kannte!

Zum Thema Bildung gehört ein weiterer Aspekt: Der christliche Glaube soll alle Wirklichkeitsbereiche durchdringen, auch die Wissenschaften. Dieser Zusammenhang ist mir äußerst wichtig. Wie oben schon gesagt, beginnt mit der Bekehrung des Christen ein Verwandlungsprozess. Sein Denken wird transformiert. Er denkt nun von Christus her. Der Glaube ist ihm eine neue Grundlage und Voraussetzung seines Denkens geworden. Deshalb hat der christliche Glaube bei einem Wissenschaftler automatisch auch Auswir-

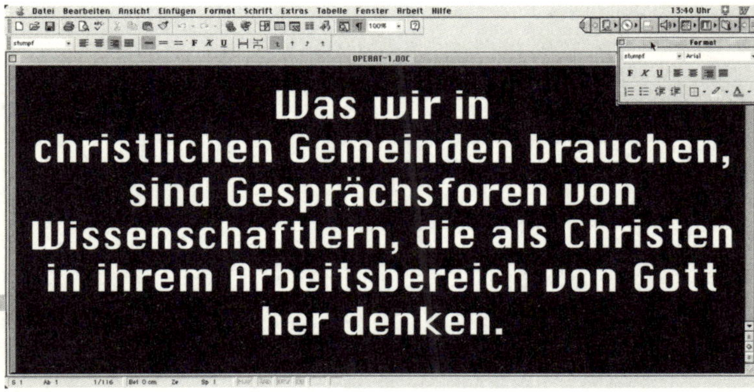

kungen auf seine Arbeit. Das bedeutet nicht, dass er plötzlich im Labor zu völlig anderen Ergebnissen kommt. Aber die Interpretationen seiner Experimente werden oftmals anders ausfallen als vorher.

Was wir daher in christlichen Gemeinden brauchen, sind Gesprächsforen von Wissenschaftlern, die als Christen in ihrem Arbeitsbereich von Gott her denken. Wir brauchen Vereinigungen von Physikern, Chemikern, Biologen, Ärzten, Juristen, Wirtschaftswissenschaftlern, Anthropologen, Soziologen, Psychologen, Germanisten usw., die ihr Fachgebiet vom Glauben her durchdenken. Der christliche Glaube gibt den Denkrahmen für alle Wissensgebiete. Als Mediziner und Christ bin ich nicht automatisch ein besserer Chirurg, aber hoffentlich ein Arzt, der einen festen Maßstab für seine ethischen Entscheidungen hat. Als Naturwissenschaftler und Christ bin ich nicht automatisch ein Kandidat für den Nobelpreis, aber ich weiß die Ergebnisse der Ursprungsforschung in einem Zusammenhang mit der biblischen Urgeschichte zu interpretieren.

Erste Anfänge einer solchen intensiven Zusammenarbeit finden wir in der *Studiengemeinschaft Wort und Wissen* und in der Akademikerarbeit der *SMD*. Aber das sind nur allererste Anfänge. Für eine gewichtige Einflussnahme auf die wissenschaftliche Welt reicht das noch nicht aus. Deshalb seien alle Leser dieses Buches, die in irgendeiner Form in der wissenschaftlichen Welt tätig sind, aufgefordert, sich bei den unten genannten Adressen zu melden. Wir brauchen unsere gegenseitige Hilfe in unseren akademischen Berufen. Es wird ein Geben und Nehmen sein, und es wird die eigene Arbeit und die der Kollegen befruchten. Nur durch diese – auch international vernetzte – Zusammenarbeit können Christen auch in der wissenschaftlichen Welt neue Maßstäbe und Impulse setzen.

Aber nicht nur die Eliten müssen erreicht werden. Wir brauchen zudem dringend eine gute Fortbildungsarbeit in den Kirchen und Gemeinden. Ich wünsche mir speziell Verantwortliche in den einzelnen Kirchen und Freikirchen, die alle Gemeindeglieder und besonders die Mitarbeiter ständig schulen. Die einzelnen Kirchen sollten darauf achten, dass jeder Mitarbeiter einmal im Jahr eine Fortbildung bezahlt bekommt. Es kann nicht angehen, dass Mitarbeiter vierzig Jahre lang Kinderarbeit machen, sich aber nie fortgebildet haben. Verantwortungsvolle Gemeindearbeit braucht den Input durch neue Erkenntnisse. Diese Fortbildungen müssen natürlich auch von den Gemeinden bezahlt werden. Vielleicht kann man auch regelmäßig Gastreferenten in die Gemeinde einladen. Gemeinde Jesu darf sich nie auf dem Erreichten ausruhen, sondern muss ständig wachsen und sich fortbilden können.

Wer an weiteren Impulsen zu diesen Themen interessiert ist, wende sich an die Institutionen, die auf der folgenden Seite aufgeführt werden:

Studiengemeinschaft Wort und Wissen e.V.,
Rosenbergweg 29, D-72270 Baiersbronn,
E-Mail: SG@wort-und-wissen.de,
Homepage: www.wort-und-wissen.de

Institut für Glaube und Wissenschaft, Auf der Ebert 14,
D-35041 Marburg,
E-Mail: info@iguw.de,
Homepage: www.iguw.de

Swiss L'Abri, Chalet Bellevue, CH-1857 Huémoz,
Tel. (0041-25) 352139, Fax (0041-25) 371647

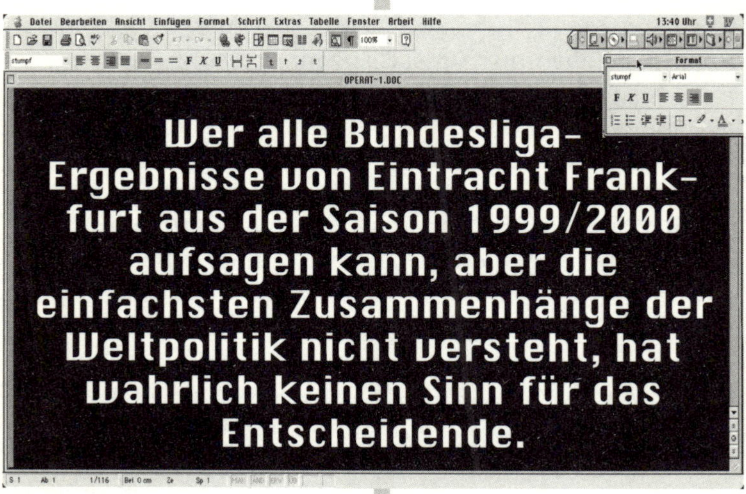

«Wachsende Gemeinden sind diejenigen,
die konsequent zu ihren Glaubensgrundsätzen stehen
und liebevoll gegenüber Außenstehenden sind.»
Rick Warren, Kirche mit Vision

7. Family-Church:

Die christliche *Gemeinde* im neuen Jahrtausend

«Ich werde meine Gemeinde bauen,
und des Hades Pforten werden sie nicht überwältigen.»
Jesus Christus in Matthäus 16,18

«Die Gemeinde braucht nicht glänzende Persönlichkeiten,
sondern treue Diener Jesu und der Brüder.»
Dietrich Bonhoeffer, Gemeinsames Leben

7. Family-Church:

Die christliche *Gemeinde* im neuen Jahrtausend

7.1 Daten und Prognosen

Am Beginn des neuen Jahrtausends dürfte es angebracht sein, sich über den Stand der Gemeinde Jesu einige Gedanken zu machen. Wo stehen die Kirchen heute? Welche Prognosen kann man für die nächsten Jahre wagen? Was muss sich verändern? Wie sieht es mit den Kirchen an der Jahrtausendwende aus?

Zunächst zu den Zahlen in Deutschland: Wir leben religionsmäßig in einer Drittelgesellschaft. Ein Drittel aller Deutschen gehört zur Römisch-Katholischen Kirche, ein Drittel zu den protestantischen Landeskirchen, und das letzte Drittel ist areligiös oder gehört zu kleineren religiösen Gemeinschaften. Diese Zahlen treffen allerdings nur auf den Westen Deutschlands zu. Im Osten sieht es anders aus. Dort gehören in manchen Gegenden nur noch 30 Prozent der Menschen überhaupt zu irgendeiner Kirche. In den ehemaligen Hochburgen des Protestantismus wurde der Glaube durch 40 Jahre Sozialismus systematisch ausradiert.

Die eben genannten Zahlen müssen noch genauer unter die Lupe genommen werden. Über zwei Drittel der Bevölkerung in unserem Land Christen – diese Angabe ist trügerisch. Von den ca. 55 Millionen Mitgliedern der beiden großen Volkskirchen sind ca. 90% als nominelle Christen einzustufen. Hier handelt es sich um Kirchenmitglieder, die im Durchschnitt nur einmal im Jahr oder überhaupt nicht in die Kirche gehen, geschweige denn sich am Leben der Kirche beteiligen. Dabei sehen die Zahlen in der Katholischen Kirche besser aus als im Protestantismus. Konstatiert man in der Katholischen Kirche immerhin noch einen regelmäßigen Kirchenbesuch von ca. 10% der Mitglieder, liegt die Zahl im Protestantismus bei ca. 2,5%. Summa summarum: Die meisten Kirchenmitglieder überweisen zwar – dank des Staates – ihre Kirchensteuern, nehmen aber nicht aktiv am Leben ihrer Kirchengemeinde teil.

Analog zu diesen Zahlen liegt die Quote der Kirchenaustritte sehr hoch. In den letzten Jahrzehnten verloren z.B. die protestantischen Landeskirchen jährlich bis zu 300'000 ihrer Mitglieder. Zwar hat mittlerweile die Zahl der Austritte etwas abgenommen, doch noch immer liegt sie weit im sechsstelligen Bereich. Warum sollten auch Menschen noch Mitglieder einer Kirche bleiben, wenn sie seit der Konfirmation mit diesem Verein eigentlich nichts mehr zu tun haben? So zieht man die logischen Konsequenzen, steigt aus und spart am Ende noch Geld. Man bedenke: In der alten Bundesrepublik waren 1950 noch 96% aller Einwohner Mitglieder in einer Kirche, in der DDR 93%, heute sind es bundesweit nur noch 65%!

Die Krise der klassischen Volkskirchen zeigt sich auch und gerade in dem Bereich der Finanzen. Zwar verfügen sie mit ca. 16 Milliarden DM an Kirchensteuereinnahmen immer noch über erhebliche finanzielle Mittel. Auch darf nicht vergessen werden, dass die Kirchen über ein großes Vermögen an Grundbesitz und Immobilien verfügen. Aber die Trends der Zukunft verheißen nichts Gutes. Da die Kirchensteuer an die Lohnsteuer gekoppelt ist, verlieren die Kirchen durch die Steuerentlastungen Milliardenbeträge. Man spricht von Mindereinnahmen von bis zu 20%. Zudem bedeuten weniger Kirchenmitglieder auch weniger Einnahmen. Sollten die pessimistischen Prognosen eintreffen, so werden die evangelischen Landeskirchen in Deutschland im Jahre 2020 nur noch 16 Millionen Mitglieder haben – mit allen damit zusammenhängenden Konsequenzen.

Mitgliederzahlen und Finanzen sind jedoch nur die äußeren Merkmale einer veränderten geistlichen Situation, die man schonungslos anführen muss. Entscheidender als der Rückgang der Zahlen ist die sich seit Jahrzehnten hinziehende innere Krise der Kirchen. Insbesondere im Protestantismus wird längst nicht mehr mit einer Stimme gesprochen. Seit Jahrzehnten regiert der religiöse Pluralismus. Die Kirchen sind zu einer Art Gemischtwarenladen geworden, in dem jeder seine eigene Meinung verkaufen darf. Der vielstimmige Chor klingt dabei nicht nur in Nebensächlichkeiten dissonant. Selbst in fundamentalen Glaubensfragen gibt es keine Einheit mehr. Ob Feminismus oder Homosexuellenbewegung, Liberalismus oder Radikalökologie, ob Tierschützer oder Spiritualisten, ob Konservative oder Taizé-Anhänger – es fällt immer schwerer, im kirchlichen Pluralismus nicht die Orientierung zu verlieren.

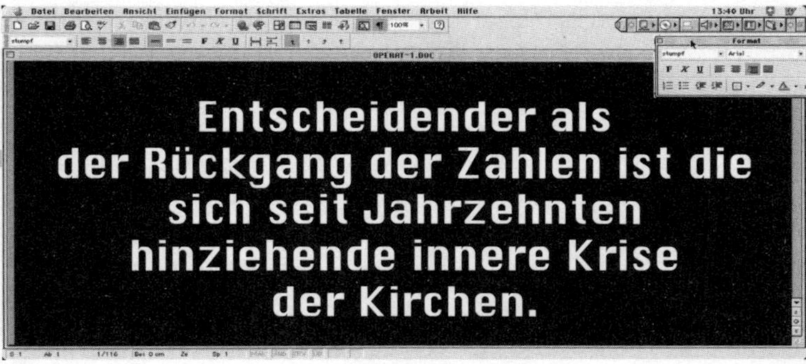

Symptomatisch für den geistlichen Niedergang der Kirchen ist ihr jahrzehntelanges Desinteresse an Evangelisation und Mission. Diese Themen überließ man den Pietisten und Evangelikalen. In einer Gesellschaft, in der die meisten Menschen als Kinder getauft wurden, benötigte man doch keinen Aufruf zur Entscheidung für Christus – so meinte man. Die Lehrstühle für Mission wurden an vielen deutschen Universitäten systematisch gestrichen. Viele Theologiestudenten und Pfarrer haben keine einzige Pflichtvorlesung in Evangelisation oder Mission gehört. Die kirchlichen Missionsgesellschaften verlegten sich schon vor Jahrzehnten auf die sozialdiakonischen Aufgaben. Die einstmals großen kirchlichen Missionen reduzierten ihr Personal oder haben sich ganz aufgelöst. Die Volksmissionarischen Ämter erhielten kaum Unterstützung. Mission in einer pluralistischen Welt gilt als Anachronismus, als Relikt einer vergangenen Zeit.

Erst in den 90er Jahren wachten einige Kirchenführer auf. Der unglaubliche Glaubensschwund in den neuen Bundesländern machte deutlich: Deutschland muss wieder evangelisiert werden. Kirchen und Gemeinden stehen vor dem «Aus», wenn nicht Menschen wieder Christen werden. So beschäftigen sich neuerdings wieder ganze Synoden der EKD mit dem Thema «Mission». Aber es ist zu befürchten, dass dieser Gesinnungswandel zu spät kommt.

Sprachen wir bisher von den großen Volkskirchen, so müssen wir auch einen Blick auf die Freikirchen und die Gemeinschaftskreise werfen. Das Bild ist auch hier bunter und vielfältiger geworden. Prinzipiell muss man feststellen, dass auch viele Freikirchen, was die Mitgliederzahlen betrifft, stagnieren. Bei genauerem Hinsehen erkennt man, dass hier ebenfalls der missionarische «Drive» nachgelassen hat. Es ist mancherorts eine «Verkirchlichung» und «Verkrustung» von Freikirchen festzustellen. Man genügt sich selbst, verwaltet seine Kirchenangelegenheiten in Tausenden von Gremien, ist ständig darauf aus, bei anderen Anerkennung zu gewinnen. Die Visionen der Gründungsväter sind passé. Zwar gibt es überall noch Ortsgemeinden mit großem Einsatzwillen, klarer biblischer Verkündigung und missionarischem Anliegen, aber die Durchschlagskraft vergangener Zeiten wird nicht mehr erreicht.

Ähnliches ist bei den Gemeinschaftskreisen zu beobachten. Auch sie ringen vielerorts mit Verkrustungserschei-

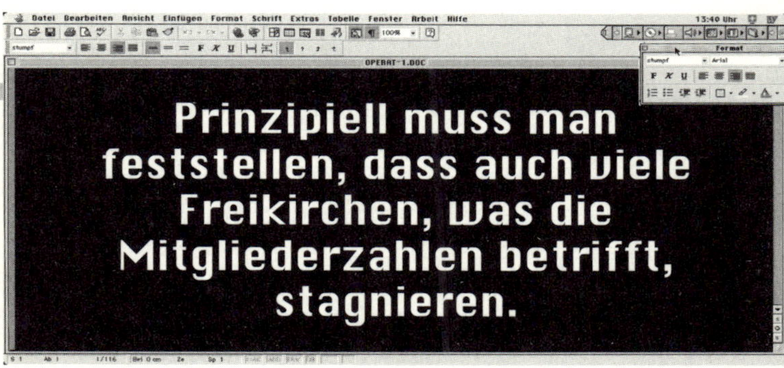

nungen. Man lebt von und in der Tradition oder wirft sie völlig über Bord. Manche Gemeinschaften müssen wegen Überalterung geschlossen werden. Wieder andere distanzieren sich von den alten Überzeugungen der deutschen Gemeinschaftsbewegung und wollen völlig neue Wege gehen. Das Verhältnis zu den Landeskirchen ist ein ewiger Streitpunkt: Ob mit, neben, über oder unter der Kirche, ob Modell 1–3 oder gar Modell 4 – die Strukturfragen bewegen diese so sehr gesegnete Gemeinschaftsbewegung und stellen sie andauernd vor neue Zerreißproben.

Wie ich schon in meinem Buch «Trends 2000» dargestellt habe, boomt andererseits in der Gesellschaft die Religiosität und Spiritualität. Die Menschen glauben heute an vieles: an die Kristalle in der Hosentasche, die Musikgruppe XY, den Fußballverein, das Maskottchen, das Horoskop oder vor allem an sich selbst. Rituale sind «in». Heilige und Engel sind die Topthemen auf dem religiösen Buchmarkt. Die Sehnsucht nach dem Übersinnlichen ist ungebrochen. Yoga, Tai-Chi, Meditation und Feuerlaufen lassen selbst knallharte Managertypen dahinschmelzen. Die Sehnsucht nach dem Übersinnlichen wird seit Jahren in den Fernsehprogrammen reflektiert. Die Wiederkehr alter religiöser Riten und Symbole ist erstaunlich.

Neu ist aber die Art, wie Religion gelebt wird. Es geht dabei nicht mehr um Dogmen und Lehren, sondern gefragt ist eine Erlebnisreligiosität. Sie hat nichts mehr mit dem alten Glauben an bestimmte Heilstatsachen zu tun. Sie ist eine völlig neue Form von Glauben. Und: Die neue Religiosität hat längst auch die christlichen Kirchen und Gemeinden erreicht. Glaube wird mittlerweile häufig auf die Gefühls- und Erfahrungsebene reduziert. Wenn ich Gott erlebe, dann geht es mir und meinem Glauben gut. Ganz im Trend der Zeit brauchen auch Christen ständig die unmittelbare Glaubenserfahrung, um ihr Christsein authentisch leben zu können.

Was dabei auf der Strecke bleibt, ist die biblische Lehre. In erschreckendem Maße hat selbst in evangelikalen Gemeinden die Bibelkenntnis abgenommen. Man weiß nicht mehr, was Gott in seinem Wort niedergeschrieben hat. Es reicht aus, wenn man nach dem individuellen Willen Gottes für das Leben fragt. Gott soll hier und jetzt zu mir reden. Der Wunsch nach dem direkten Reden Gottes verdrängt dabei das Verlangen, das Reden Gottes durch die Bibel zu vernehmen. So verwundert es nicht, dass große Teile der

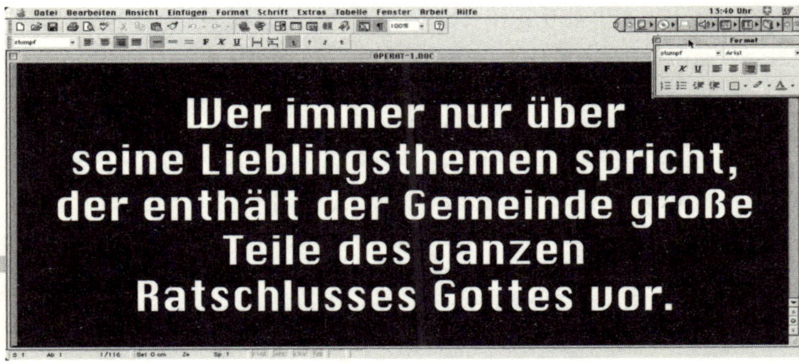

Bibel selbst langjährigen Christen in unseren Gemeinden unbekannt sind. Umfangreiche Passagen aus dem Alten Testament haben sie nie gelesen. Die Inhalte von Büchern wie Hesekiel oder Esther sind wenigen bekannt. Als vor Jahren ein Pastor in seiner Gemeinde die Gottesdienstbesucher aufforderte, sie möchten doch bitte einmal in der Bibel das Buch «Hiskia» aufschlagen, war im Saal ein großes Blättern zu hören. Erstaunlich immerhin, dass überhaupt so viele Besucher ihre Bibel mitgenommen hatten!

Hinzu kommt ein großes Desinteresse an theologischen Zusammenhängen in unseren Gemeinden. Die systematische Glaubensunterweisung fehlt. Da Religionsunterricht und Konfirmandenunterricht an Qualität abgenommen haben und da weder in der Kirche noch in der Familie eine systematische Glaubensunterweisung stattfindet, fehlt es schon den Kindern an elementaren Kenntnissen vom christlichen Glauben. Zudem haben viele Prediger und Pastoren kein klares Predigtkonzept, um die Gemeindeglieder in alle Aspekte des christlichen Glaubens einzuführen. Wer immer nur über seine Lieblingsthemen spricht, der enthält aber der Gemeinde große Teile des ganzen Ratschlusses Gottes (Apg. 20,27) vor. Theologie ist «out», so hört man von allen Seiten. Theologische Bücher verkaufen sich nicht mehr. Glaubensgrundkurse beschränken sich auf vier bis sieben Abende, statt auf sechs Monate. Auf diesem Niveau bleiben dann viele Christen stehen. Mit Dogmatik will niemand mehr etwas zu tun haben. Sie gilt als verstaubt und langweilig, manchmal sogar als gefährlich, weil sie zu Streit und Spaltung führen kann.

Noch eine Beobachtung aus den letzten Jahren möchte ich anführen: den Streit um Nebensächlichkeiten im Lager der Konservativen. Seit Jahren werden die bibeltreuen Kreise in unserem Land durch unsägliche Grabenkämpfe in den eigenen Reihen gelähmt. Anstatt sich um eine sterbende Gesellschaft zu kümmern und um einen biblischen Lebensstil zu ringen, schlägt man sich gegenseitig die Köpfe ein. Da der Kampf um die Gesellschaft und die Landeskirchen verloren erscheint, verlegt man die Auseinandersetzung auf innerevangelikale Bereiche. Die werden häufig mit der gleichen Schärfe und Konsequenz geführt wie der frühere Kampf mit dem Unglauben. In rüdester Art und Weise werden selbst bibeltreue Verkündiger an den Pranger gestellt, nur weil sie in Nebenfragen andere Meinungen vertreten als der Mitbruder. In ausgeklügelter Kriegsmanier werden Verdächtigungen gesät, Halbwahrheiten verbreitet und Verschwörungstheorien gebastelt. Die Sachebene wird dabei schnell verlassen. Es geht direkt an die Persönlichkeit.

Dabei spreche ich hier von dem Streit über Nebensächlichkeiten, nicht von den Hauptsachen. Der Kampf um das Bekenntnis ist sehr wohl nötig und uns von Gott verordnet. Er soll in Liebe und Sanftmut, aber auch in aller Konsequenz geführt werden. Wer als Christ nicht bereit ist, dem Unglauben und Irrglauben (auch innerhalb der Kirche) zu widerstehen, hat Gottes Gebot und Heiligkeit nicht verstanden. Wer meint, immer nur lieb und nett sein zu müssen, wenn heute fundamentale christliche Wahrheiten selbst von Kirchenvertretern in den Schmutz gezogen werden, der steht in der Gefahr der Anpassung und des Opportunismus. Wir brauchen wieder Kämpfer und Streiter für die Wahrheit!

Wer jedoch bei Nebensachen des Glaubens den «status confessionis» ausruft, jeden Bruder kritisch beäugt, der bei «ProChrist» mitarbeitet, jeden noch so konservativen Gemeindebund des Kompromisses bezichtigt, wer zum Auszug aus allen verfassten Kirchenstrukturen aufruft, den Kampf gegen die Hosen der Frauen und das Schlagzeug im Gottesdienst aufnimmt, wer meint, erst die völlige Einheit in allen Glaubensfragen führe zur wahren Gemeinschaft der Kinder Gottes – der hat weder die Bibel noch die Kirchenväter auf seiner Seite. Der wird vielmehr schuldig an der Fragmentierung und Spaltung des Leibes Christi. Solche Menschen sind selbst unfähig, Gemeinde Jesu zu bauen. Sie lähmen und zersetzen jede Arbeit im Reich Gottes und töten alle Energie und Unbefangenheit. Und, schlimmer noch, gerade sie sind ein Produkt unseres Zeitgeistes, wo niemand mehr Wesentliches von Unwesentlichem unterscheiden kann.

7.2 Impulse und Auswege

An dieser Stelle dürfen keine Missverständnisse aufkommen. Bei aller Kritik an den kirchlichen Zuständen unserer Zeit bin ich ein «Fan» von Gemeinde. Gemeinde ist die Organisationsform der Kinder Gottes, die Gott gewollt hat. Dafür gibt es keine Alternative! Ein individualistisches Christenleben ohne Verbindung zu einer örtlichen Gemeinde ist bei Gott völlig undenkbar. Christsein entfaltet und gestaltet sich immer in der Gemeinschaft, nie im Eremitentum des eigenen Schneckenhauses. In der Gemeinde erfahre ich

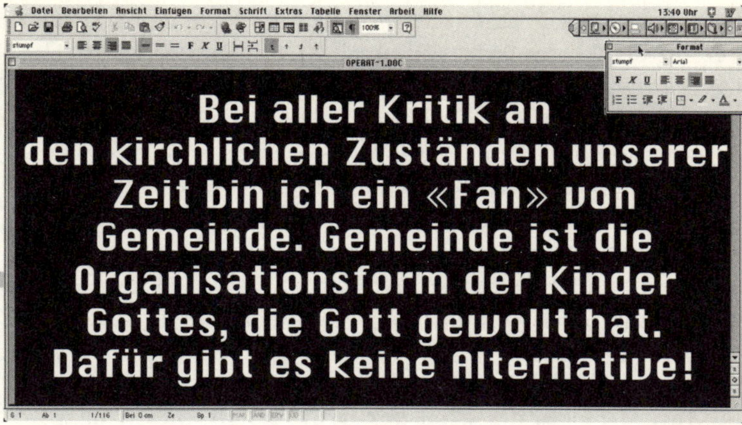

Ermutigung und Hilfe, Impulse und neue Erkenntnisse, Seelsorge und Wegweisung. Sie schenkt mir aber auch Korrektur und Infragestellung, Ermahnung und die so nötige Kritik. Ohne Gemeinde geht es nicht! Im Gegenteil: Gemeinde Jesu ist bei allen ihren Begrenzungen die Antwort auf die Missstände unserer Zeit.

Wir müssen deshalb wieder darüber nachdenken, was Gemeinde eigentlich ausmacht. Die Grundlage der Gemeinde ist Christus selbst, nicht der Mensch (Eph. 2,20). Diese Selbstverständlichkeit muss wieder selbstverständlich werden. Ohne Jesus Christus gibt es keine Gemeinde. Christus will Gemeinde und ermöglicht erst Gemeinde. Er muss der erste Maßstab unserer Gemeindearbeit sein, nicht die menschlichen Bedürfnisse. Deshalb ist auch klar, dass nur wiedergeborene Christen zur Gemeinde gehören können, keine Ungläubigen. Eine Durchmischung von Christen und Nichtchristen in der Gemeinde ist völlig inakzeptabel. Die Stoßkraft unserer Gemeindearbeit wird gehemmt, wenn die elementarsten Grundlagen des christlichen Glaubens umstritten sind.

Gott lässt uns in der Gemeindearbeit nicht allein. Der Heilige Geist wirkt in der Gemeinde (Apg. 2; 1. Kor. 12,13) und leitet alle ihre Aktivitäten. Er schafft Gemeindewachstum, wirkt das Zum-Glauben-Kommen von Menschen, redet durch Gottes Wort zu uns. Nicht Menschen machen Gemeinde, sondern Gott. Er baut sie auf, schenkt Wachstum und Gedeihen, begleitet die Kirche aber auch in Schwierigkeiten und Verfolgung. Gemeinde ist in erster Linie nicht für den Menschen da, sondern für Gott! In einem Zeitalter der einseitigen Menschenorientierung muss diese Ausrichtung unbedingt betont werden.

Gemeinde ist nicht nur ein Verein für religiös Interessierte. Gemeinde ist vielmehr der «Leib Christi» (1. Kor. 12,13; Eph. 4,4.16), Bau (1. Kor. 3,9), Haus (1. Petr. 2,5) und Tempel (Eph. 2,21) Gottes. Gemeinde ist ein Pfeiler der Wahrheit (1. Tim. 3,15) in der Welt der Unwahrheit. Sie ist dazu da, Gott zu loben, nicht den Menschen. Es geht bei der Gemeinde auch nicht um frommen Aktionismus, nicht um großartige Gebäude und Kathedralen, sondern um die Ehre Gottes. In der Gemeinde darf sich jeder mit seinen Gaben einsetzen (1. Kor. 12), und doch geht es um Teamarbeit und um die Auferbauung aller. In der Gemeinde gibt es klare Ämter mit klaren Voraussetzungen: Älteste (1. Tim. 3,1–7) und Diakone (1. Tim. 3,8–13). Und doch ist ihre Grundlage das Priestertum aller Gläubigen (1. Petr. 2,5–6). Zur Gemeindearbeit gehört auch die unbedingte Verbindlichkeit der Gemeindeglieder (Hebr. 10,25)!

Was braucht die Gemeinde Jesu in den Herausforderungen unserer Zeit am dringendsten? Ich meine: In unserer Situation benötigen wir zuallererst eine neue Hinwendung zur biblischen Lehre. Eine Erneuerung der Kirchen und Gemeinden ohne eine Erneuerung der Theologie ist unvorstellbar. Gesunde Lehre ist die Überlebensfrage für die Kirche von heute. Nur durch sie ist die Stabilität des Christenlebens gesichert. Nur sie allein schafft ein stabiles Fundament des Glaubens. Ohne Lehre entsteht eine gefährliche Leere. Ohne Dogmatik verfällt Gemeindearbeit in reinen Pragmatismus.

Die Lehre und Unterweisung der Gemeindeglieder ist angesichts der Postmoderne eine der Hauptaufgaben der Gemeinde Jesu. Lehre ist aber auch biblisch geboten: Schon im Alten Testament lehrte Gott sein Volk durch die Priester, Propheten und Könige. Das Gesetz am Sinai wurde durch Gott als Lehre gegeben, um das Leben in Israel zu ordnen. Besonders in den Psalmen wird der Wunsch des Gläubigen nach Gotteslehre ausgesprochen. Gott antwortet darauf: «Ich will dich unterweisen und dich lehren den Weg, den du gehen sollst» (Ps. 32,8).

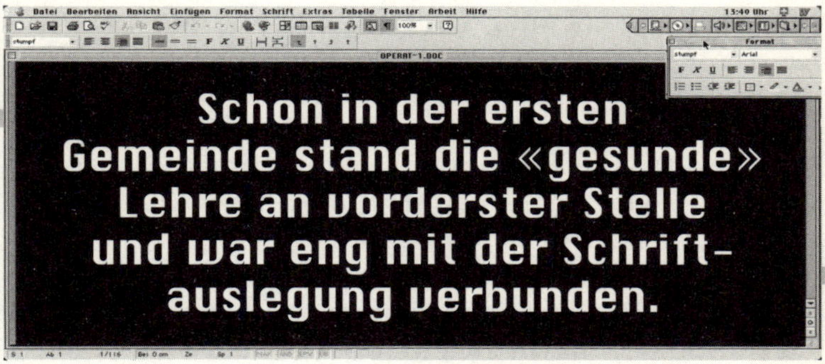

Das Neue Testament spricht hier nicht anders. Jesus Christus lehrte das Volk und die Synagogenbesucher so, dass sie darüber sehr erstaunten. Er war der Lehrer aller Lehrer. Das Volk staunte über seine vollmächtige Unterweisung (Mt. 7,28). Drei Jahre lang durchzog er Städte und Dörfer, um zu lehren (Lk. 13,22). In Lukas 19,47 heißt es: «Und er lehrte täglich im Tempel.» Mehrfach fordert uns das Neue Testament auf, zu lehren und in der Lehre zu bleiben. Matthäus 28,20: «... und lehrt sie alles zu bewahren, was ich euch geboten habe»; Kolosser 3,16: «In aller Weisheit lehrt und ermahnt euch gegenseitig»; Titus 2,1: «Du aber rede, was der gesunden Lehre geziemt.» Auch Johannes fordert uns dringend dazu auf, in der Lehre zu bleiben (2. Joh. 1,9).

Schon in der ersten Gemeinde stand die «gesunde» Lehre an vorderster Stelle und war eng mit der Schriftauslegung verbunden. Die Urgemeinde in Jerusalem «verharrte in der Lehre der Apostel» (Apg. 2,42), «sie hörten nicht auf, jeden Tag im Tempel und in den Häusern zu lehren und Jesus als den Christus zu verkündigen» (Apg. 5,42). Die Zusammenkünfte der Christen waren geprägt von Lehre (1. Kor. 14,26). Die Lehre sollte an Multiplikatoren weitergegeben werden: «Was du von mir ... gehört hast, das vertraue treuen Menschen an, die tüchtig sein werden, auch andere zu lehren» (2. Tim. 2,2). Jesus Christus selbst unterrichtete seine Jünger drei Jahre lang. Der Apostel Paulus lehrte die Neubekehrten in Ephesus über zwei Jahre (Apg. 19,10).

Lehre spielt in irgendeiner Form in fast allen Bereichen der Gemeindearbeit eine Rolle. Sie darf deshalb nicht von den normalen Gemeindeaktivitäten in einen getrennten Bereich abgeschoben werden, sondern muss in allen Gemeindegruppen und -veranstaltungen ihren Platz haben. Lehre darf nicht nur in den Glaubensbekenntnissen der Gemeinde zum Ausdruck kommen, sondern muss auf die Kanzel, in den Gemeindebrief und die Kinderarbeit, in die Jugendstunde und in den Hauskreis. Ich wünschte mir Sonntagsschulen für Erwachsene, in denen in erfrischender Art und Weise Woche für Woche alle Bereiche der biblischen Lehre vermittelt werden. Neubekehrte sollten in einem systematischen Jüngerschaftsprogramm unterwiesen werden. Aber auch «Langzeitchristen» brauchen Vertiefung ihres Glaubens durch die Lehre. Vor allen Dingen müssen Mitarbeiter regelmäßig geschult und gefördert werden!

Wir brauchen heute Lehre statt Pragmatismus. Der christliche Glaube ist nicht nur eine persönliche Erfahrung des Individuums, er ist auch nicht nur eine besondere Form von Lebenshilfe, sondern er ist eine geschichtliche Wahrheit in Raum und Zeit. Gott hat sich in der Geschichte offenbart, deshalb müssen Christen den Geschichtswahrheiten Gottes auf die Spur kommen. Die Bibel ist die Offenbarungsquelle Nummer 1 für alle Gläubigen. Sie zu kennen, ist das Fundament unseres Glaubens. Deshalb brauchen wir eine bessere Bibelkenntnis in unseren Kirchen. Ich appelliere dafür, die Bibelkunde einzuführen – eine systematische Einführung in alle biblischen Bücher.

Anhand einer «Jahresbibel» kann man die ganze Heilige Schrift in einem Jahr durchlesen. Warum nicht auch einmal (wieder) ein Bibelquiz in der Gemeinde veranstalten? Warum nicht einmal eine gute Laiendogmatik den Mitarbeitern als «Pflichtlektüre» empfehlen?

Zusätzlich sollte man in regelmäßigen Abständen über theologische Themen des Glaubens predigen. Ich vermisse

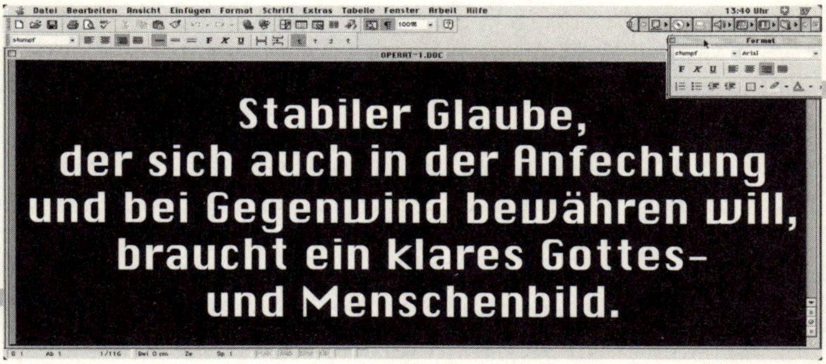

Predigtreihen über die Grundaspekte der Dogmatik. Stabiler Glaube, der sich auch in der Anfechtung und bei Gegenwind bewähren will, braucht ein klares Gottes- und Menschenbild, eine feste Unterweisung über den Anfang und das Ende der Welt, ein deutliches Bewusstsein für die Heilsfrage. Warum nicht einmal eine Predigtreihe über den Heiligen Geist ansetzen? Warum nicht im Gemeindebrief eine Kolumne über biblische Lehre einrichten, in der innerhalb einiger Monate in systematischer Art über die Grundwahrheiten des Glaubens informiert wird?

Aber um welchen Glauben geht es konkret? Die Inhalte des Glaubens können ja nicht der Beliebigkeit der Modemeinung überlassen werden. Was wir deshalb vor allem brauchen, ist eine Hinwendung zum wahren Glauben, wie er uns in der Bibel aufgezeichnet worden ist. Um das zu erreichen, müssen wir uns in unserem Land endlich von dem bibelkritischen Glauben verabschieden, der die Heilige Schrift nicht ernst nimmt, sondern nach eigenem Gutdünken verdreht. Der eigentliche Grund für die geistliche Sprachlosigkeit unserer Kirchen liegt in einer sich über zwei Jahrhunderte erstreckenden fundamentalen Aushöhlung des Glaubens durch die Bibelkritik. Die verschiedenen historisch-kritischen Methoden, die trotz ihrer katastrophalen Auswirkungen heute immer noch von den meisten Theologen und Kirchenführern als «non plus ultra» akzeptiert werden, haben zu einer unbeschreiblichen Orientierungslosigkeit geführt. Man weiß heute nicht mehr genau, was Jesus gesagt hat und was seine Jünger hinzugedichtet haben. Das Grab Jesu war nicht leer – so wird es selbst von bekannten Theologieprofessoren lauthals verkündet. Die Liste der scheinbaren biblischen Irrtümer ist für sie lang: Jesus ist nicht in Bethlehem geboren, er hat sich selbst nie als Messias verstanden, seine Wunder sind größtenteils Legenden, seine Lehren zum Teil von seinen Anhängern erfunden worden. Sein Scheitern am Kreuz wurde erst von den Aposteln zum Sieg uminterpretiert.

Wenn es auch manche Theologen und Kirchenführer gibt, die es so radikal nicht sagen wollen und vor allem davor zurückschrecken, ihre Erkenntnisse öffentlich von der Kanzel zu verkünden, so bleibt es doch dabei: Wer angehende Pfarrer und Pastoren im Studium mit solch scheinbar gesicherten Erkenntnissen überschüttet, der darf sich nicht wundern, dass viele ihren Kinderglauben über Bord werfen. Der darf sich auch nicht wundern, dass viele «Geistliche» nicht wissen, über was sie an Ostern predigen sollen oder welche Hoffnung sie an den Gräbern verkündigen können. Am Ende bleiben nur schön klingende religiöse Worte ohne Vollmacht und Segen.

Wir brauchen deshalb in unserem Land eine bibeltreue Theologie, die jenseits von allem Separatismus und gesetzlicher Engführung die Glaubwürdigkeit der Heiligen Schrift verteidigt. Es gibt gute Gründe, der Bibel zu vertrauen! Angesehene Wissenschaftler in aller Welt haben immer wieder die einseitigen Voraussetzungen und Fehler der Bibelkritik aufgedeckt. Archäologen und Papyrologen haben dagegen sehr häufig die Aussagen der Schrift bestätigt. Längst nicht alle Fragen und Probleme sind bisher geklärt. Manche Aussagen der Bibel sind schwer zu verstehen. Oftmals wissen wir noch zu wenig über die Umwelt und die Hintergründe der biblischen Berichte. Deshalb muss die bibeltreue Theologie weiter gefördert und (auch von den Gemeinden!) unterstützt werden. Trotzdem gibt es immer mehr gewichtige Argumente für die absolute Glaubwürdigkeit der biblischen Aussagen. Auf die Heilige Schrift können wir uns verlassen. Sie ist der Grund und das Fundament wachsender und stabiler Gemeinden in unserer Zeit.

Seit Jahrzehnten kann man beobachten: Wachsende Gemeinden sind in der Regel bibeltreue Gemeinden. Es ist eine Illusion zu denken, man könne Gemeindeaufbau betreiben ohne eine biblisch fundierte Verkündigung. Alle erwecklichen Aufbrüche in den letzten Jahrzehnten waren Aufbrüche innerhalb des konservativen Christentums. Gott stellt sich eben zu den Menschen, die ihn und sein Wort ernst nehmen. Bibeltreue Prediger, die uneingeschränkt die Wahrheiten Gottes predigen, dürfen Gottes Gnade und Segen erfahren. Gott stellt sich zu ihnen und zu ihrer Treue.

Die Bibeltreue ist das Fundament einer gottgefälligen Gemeinde der Zukunft. Ohne sie geht es nicht. Ohne sie

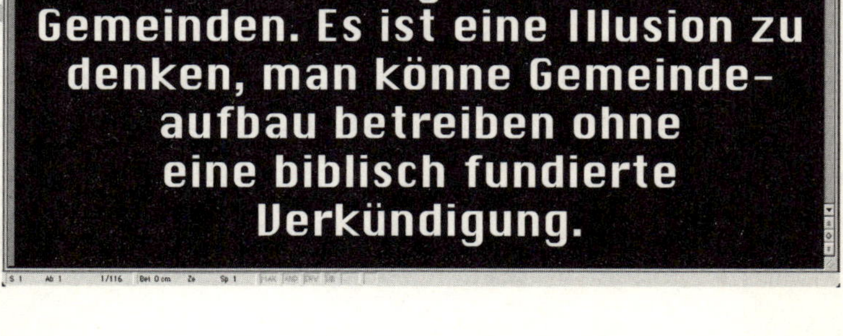

wird Religion zwar funktionieren, aber keine echten Früchte bringen. Auf diesem Fundament müssen dann weitere Aufbauten erfolgen, um Gemeindearbeit relevant und glaubwürdig zu machen. Wenn man das richtige Glaubensbekenntnis hat, dann fängt die Arbeit erst richtig an. Einige «orthodoxe» Gemeinden sind in einen Kirchenschlaf versunken. Sie genügen sich selbst und begnügen sich mit dem

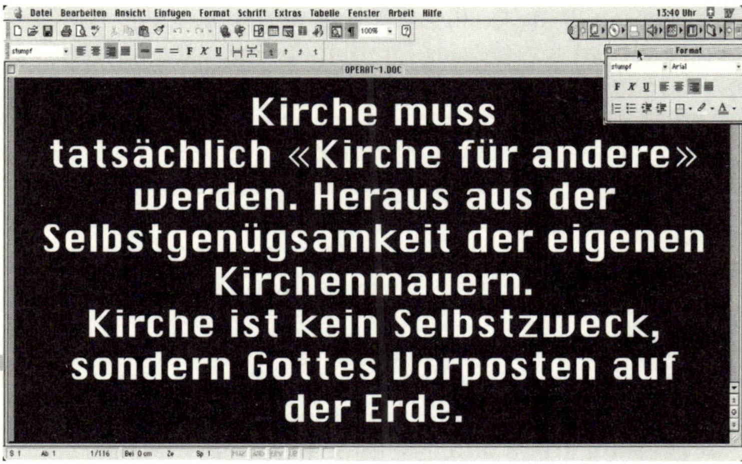

lehrmäßigen «status quo». Die rechte Lehre – so notwendig sie auch ist – darf nicht zum Ruhekissen der eigenen Selbstgerechtigkeit werden, sondern muss die Grundlage für missionarischen Gemeindebau werden.

Deshalb muss das zweite Kennzeichen der Gemeinde Jesu die klare Ausrichtung auf die Verkündigung des Evangeliums sein. Im nächsten Kapitel werde ich ausführlicher auf diese Zusammenhänge eingehen. In einer säkularen und gottvergessenen Welt ist es die zentrale Aufgabe der christlichen Kirchen, die Menschen ihrer Zeit auf das Heil in Christus hinzuweisen. Wenn wir diese Zentralaufgabe vernachlässigen, haben wir als Kirche eigentlich keine Existenzberechtigung mehr. Christen sind in erster Linie auf der Welt, um andere Menschen zu Christen zu machen. Sie sind Salz und Licht in der Welt, Botschafter Gottes im Ausland. Kirche muss tatsächlich «Kirche für andere» werden. Heraus aus der Selbstgenügsamkeit der eigenen Kirchenmauern. Kirche ist kein Selbstzweck, sondern Gottes Vorposten auf der Erde.

Erst dann kommt der dritte Aspekt der Gemeindearbeit: die Gemeinschaft der Gläubigen untereinander. Dieser Aspekt darf nicht an die erste Stelle rutschen, sonst drehen wir uns wieder nur um uns selbst. Aber er darf auch nicht in Vergessenheit geraten, sonst wird die Kirche ein unmenschliches und eiskaltes theologisches Lehrgebäude.

Aber auch dieser dritte Aspekt ist ausbaufähig. Gemeinschaft funktioniert nicht von selbst. Wir müssen wieder lernen, was wahre Gemeinschaft der Gläubigen bedeutet. Von der Urgemeinde in Jerusalem heißt es: «Sie waren ein Herz und eine Seele» (Apg. 4,32). Davon kann heute in vielen Gemeinden keine Rede mehr sein. Viele Christen sind zu sehr mit sich selbst beschäftigt, haben den Blick für den anderen in der Kirche verloren. Man geht noch in den Gottesdienst, aber steht dem Mitchristen oft gleichgültig gegenüber. Man singt zusammen Loblieder zur Ehre Gottes, weiß aber nicht einmal, wie der Banknachbar heißt. Man überweist seinen Gemeindebeitrag, aber nimmt kaum noch Anteil am Wohlergehen der Gesamtgemeinde.

Was wir in unseren Gemeinden brauchen, ist eine ganzheitliche «Koinonia», eine ganzheitliche Gemeinschaft. Sie besteht nicht nur darin, dass wir zur gleichen Gemeinde gehören, aus dem gleichen Gesangbuch singen, die gleiche Konfessionszugehörigkeit haben. Biblische Gemeinschaft geht viel weiter: Sie hat einen umfassenden Charakter. In der Familie Gottes lebt man nicht nebeneinander, sondern miteinander. Im Kapitel über «Beziehungen» habe ich mehr darüber geschrieben. Ganzheitliche Gemeinschaft ist das, was wir in unseren Kirchen brauchen.

Was kann dieses biblische Gemeinschaftsverständnis konkret bedeuten? Es meint z.B. die unbedingte Verpflichtung zur Hilfeleistung in Notsituationen. Gemeinden sollten besondere Rücklagen für Glieder in Not bilden, mit denen die dringendsten sozialen Nöte gelindert werden können – und sei es nur als zinsloses Darlehen. Gemeinden sollten Stätten der Nächstenliebe und Barmherzigkeit sein. Kranke werden regelmäßig besucht. Depressive erfahren Betreuung. Wir brauchen Begegnungsmöglichkeiten nach dem Gottesdienst, damit unsere Gemeindeglieder ins Gespräch kommen können. Hauskreise sollten nicht nur Kuschelclubs von Gleichgesinnten sein, sondern Zellen der Annahme und der Liebe, aber auch der Korrektur und Ermahnung. Ich wünsche mir Gemeinden, in denen nach dem Gottesdienst Seelsorge angeboten wird, in denen man auch vor liebender Gemeindezucht nicht Halt macht, in denen keine sozialen Gruppen ausgegrenzt werden, in denen nicht die «Gesetze dieser Welt» gelten.

Jeder gehört in diese Gemeinschaft der Kinder Gottes, auch der Schwache. Wir verfallen oft in das Schema der Moderne, wo nur der Erfolgreiche und Begabte zählt. In der Familie Gottes gelten dagegen andere Maßstäbe. Auch der weniger Begabte ist ein Glied in der Kette. Auch ihm werden in der Gemeinde kleine Aufgaben zugeteilt, ohne die der Gesamtorganismus nicht funktionieren kann. Auch er ist nötig, um die Gemeinde Jesu voranzubringen. Diese von Gott gewollte Gemeinde besteht nicht nur aus Gliedern der Mittelschicht, sondern ist offen für alle sozialen Gruppen der Gesellschaft.

Die Gemeinde der Zukunft sollte auch einen Blick für die Alten haben. In unserer Gesellschaft wird die Zahl der alten Menschen weiter ansteigen. Deshalb dürfen sich die Kirchen nicht vom Ideal des immerjungen Menschen anstecken lassen. Die Alten werden heute gerne aufs Abstellgleis abgeschoben. Sie haben nichts mehr zu sagen. Jungsein ist «in». Die makellose Jugend gilt als höchstes Lebensideal. All das hat mit biblischem Christentum nichts zu tun. Hier werden die Alten wertgeschätzt, ihnen wird mit Respekt und Würde begegnet. Ihnen gilt die Dankbarkeit der Gemeinde. Sie haben einen wichtigen Dienst zu tun. Mit ihrer Lebenserfahrung und Weisheit haben sie der Gemeinde viel zu sagen. Ihre Gebete sind das Fundament der Kirche. Jede Gemeinde tut gut daran, auch die alten Geschwister in ihre Überlegungen und Konzepte mit einzubeziehen.

Die biblische Koinonia (Gemeinschaft) ist von der Liebe geprägt. Gerade daran soll man übrigens wahres Christen-

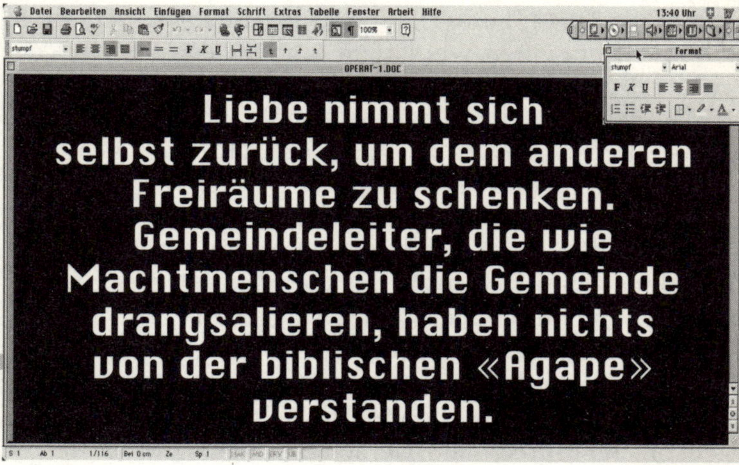

tum erkennen (Joh. 13,35). Diese Liebe ist nicht Schwächlichkeit oder Nachgiebigkeit. Aus Liebe zum Bruder und zur Schwester sind manchmal auch harte Schritte nötig. Liebe ist aber der Feind jeder Gleichgültigkeit. Liebe nimmt sich selbst zurück, um dem anderen Freiräume zu schenken. Gemeindeleiter, die wie Machtmenschen die Gemeinde drangsalieren, haben nichts von der biblischen «Agape» verstanden. Der Liebende lebt für den anderen, kümmert sich um dessen Bedürfnisse, fördert dessen Talente. Liebende leben von der Vergebung – auch in der Gemeinde! Wahre Gemeinschaft ist selbstlose Gemeinschaft. Sie fragt nicht nach den Streicheleinheiten der anderen, sondern gibt sich dienend und liebend für den anderen hin. Es geht ihr nicht um das eigene Wohl, sondern um das Wohl des anderen. In vielen Gemeinschaftssituationen versuchen wir, mit unserer Liebe den anderen zu beherrschen, ihn gütig zu stimmen oder seine Sympathie zu erheischen. Diese Art von Gemeinschaft ist «seelisch», entspringt also der alten menschlichen Natur, will über den anderen herrschen, über ihn bestimmen.

Was wir heute brauchen, ist eine dienende Gemeinschaft. «Wer groß sein will unter euch, der soll euer Diener sein» (Mk. 10,43; Luther), sagt Jesus zu seinen Jüngern. Es geht nicht um einen Wettkampf um die besten Plätze. Wie viel Neid und Zwietracht entstehen heute in den Gemeinden durch Macht- und Positionskämpfe. Der Kampf um die eigenen Rechte macht auch vor unseren Kirchen nicht Halt. Dabei sind Christen doch aufgefordert, sich nicht selbst zu überheben (Röm. 12,3.17). Dienende Nachfolge geht den untersten Weg, denkt nicht an die eigene Karriere in der Gemeinde, reißt sich nicht um die höchsten Posten, sondern ist auch für die niedrigsten Aufgaben bereit.

Die Gemeinde Jesu hat eine große Aufgabe und Verantwortung im neuen Millennium: Sie ist das Gewissen der Gesellschaft. Sie soll Orientierung geben, Wegweiser sein, Licht in der Dunkelheit. Gemeinden nach Gottes Herzen stehen auf klarem Fundament, haben den Blick für die Noch-Nicht-Christen und bilden intern eine erneuerte Kultur, die von Gottes Maßstäben geprägt ist. Ich will mich nicht abhalten lassen, von einer solchen Gemeinde im neuen Jahrtausend zu träumen. Wer mehr Impulse für die

Die Gemeinde Jesu hat eine große Aufgabe und Verantwortung im neuen Millennium: Sie ist das Gewissen der Gesellschaft.

Gemeinde von morgen bekommen möchte, dem seien folgende Bücher und Adressen empfohlen:

Das Buch des amerikanischen Baptistenpastors Rick Warren, *Kirche mit Vision*, gibt viele praktische Tipps und Anregungen für die eigene Gemeindearbeit. Im Gegensatz zu manchen anderen legt er Wert auf ein «qualitatives Gemeindewachstum».

Dietrich Bonhoeffers Buch *Gemeinsames Leben* ist ein Klassiker. Er warnt hier vor dem Missbrauch der Gemeinschaft, spricht von verbindlichem geistlichem Leben angesichts seiner Erfahrungen am Predigerseminar Finkenwalde.

Eine gute theologische Ausbildung für die Prediger von morgen bieten die bibeltreuen Ausbildungsstätten in Deutschland und in der Schweiz, die sich in der Konferenz Bibeltreuer Ausbildungsstätten (KBA) zusammengeschlossen haben (www.bibelschulen.org).

«Ohne Mission hat die Theologie keine Triebkraft,
ohne Theologie hat die Mission keinen Kompass.
Wir brauchen eine Theologie der Mission
und eine Mission der Theologie.»
Hans Kasdorf

8. Mission possible: Die *Evangelisation* im neuen Jahrtausend

«Hätt ich den Vers, der rau und heiser schölle,
so wie er passt für dieses finstre Nest,
auf dem die Felsen ruhn der ganzen Hölle,
den Saft des Themas hätt ich ausgepresst.»
Dante, Die göttliche Komödie

«O Land, Land, Land, höre des Herrn Wort.»
Jeremia 22,29

8. Mission possible:

Die *Evangelisation* im neuen Jahrtausend

8.1 Daten und Prognosen

Auf unserem Globus leben zur Zeit sechs Milliarden Menschen, davon sind ca. zwei Milliarden Christen. Jeder dritte Bewohner dieses Planeten zählt sich zu einer christlichen Kirche oder Denomination. Diese Zahl ist auf den ersten Blick beeindruckend. Das Christentum ist die größte Religion der Erde! Auf allen Kontinenten sind Christen vertreten. Überall gibt es Kirchen und Gemeinden. Kaum ein Ort auf der Welt, wo nicht ein Kirchturm zu finden ist oder Christen sich sonntags zum Gottesdienst versammeln.

Aber diese großen Zahlen täuschen. Denn die entscheidende Frage lautet: Wie viele «Christen» gehören eigentlich wirklich zur Gemeinde Jesu? Oder anders ausgedrückt: Wie viele Menschen müssen nicht missioniert werden, weil sie schon eine lebendige Beziehung zu Gott haben und Sündenvergebung durch das Werk Christi am Kreuz bezeugen können? Wie viele Menschen auf unserem Planeten Erde sind gerettet, wie viele sind verloren und brauchen deshalb die gute Nachricht vom Heil in Christus?

Sehen wir uns die Zahlen etwas genauer an. Von den zwei Milliarden so genannten Christen gehören über eine Milliarde zur Römisch-Katholischen Kirche. Diese «katholische» (das bedeutet eigentlich «allgemeine») Kirche ist die größte christliche Kirche der Welt. 17,4% aller Menschen sind Mitglied in dieser globalen Institution. In Nord- und Südamerika gehören sogar 50% aller Menschen zu dieser Kirche. Betreut werden sie von 4'439 Bischöfen, 404'626 Priestern sowie 814'779 Nonnen. Das Ausmaß dieser gigantischen Organisation kann man sich kaum vorstellen. Diese Zahlen bedeuten jedoch: Die Hälfte der nominellen Christenheit gehört einer Kirche an, von der wir – bei allem Respekt vor ihren großen Leistungen und vor manchen Gläubigen in ihrer Mitte – sagen müssen, dass sie in fundamentalen Heilsfragen eine andere Position vertritt als der Protestantismus. Trotz aller ökumenischer Entwicklungen, trotz aller Versuche, den Graben der Reformation zu überbrücken: In der Frage des Heils bleiben Unterschiede. Deshalb ist es bis heute nicht zu einer Annäherung in der Abendmahlsfrage gekommen.

Zudem gilt auch innerhalb der Römischen Kirche das Namenschristentum längst als Problem. Die Mitgliedschaft in der katholischen Kirche ist vielerorts mehr eine kulturelle denn eine religiöse Frage. Von einer persönlichen Beziehung zu Gott ist häufig gar nicht mehr die Rede. In Deutschland liegt der durchschnittliche Gottesdienstbesuch bei 10% der «Gläubigen». In anderen Ländern gehört es zum guten Ton, katholisch zu sein. Selbst hier würde kein katholischer Würdenträger behaupten, diese Menschen hätten durch ihre Mitgliedschaft automatisch eine lebendige Gottesbeziehung. Deshalb kann man nicht alle Katholiken pauschal als gläubige Christen bezeichnen. Folglich ist Mission in römisch-katholischen Gebieten der Welt eine Selbstverständlichkeit. Und so gibt es auch protestantische Missionare in Italien, Spanien, Österreich und in Brasilien.

Wie sieht es bei den übrigen Christen aus? Von der zweiten Milliarde der Christen sind 300 Millionen Orthodoxe, etwas mehr als 60 Millionen Lutheraner, ca. 75 Millionen Reformierte, 75 Millionen Anglikaner, 50 Millionen Baptisten und 70 Millionen Methodisten. Etwa 250 Millionen Christen zählen sich zur Weltpfingstbewegung. Bei diesem bunten Bild merken wir: Selbst bei den Protestanten

kann man nicht automatisch immer von Christen im biblischen Sinne sprechen. Wie viele Namenschristen finden sich auch unter diesen Gruppen, besonders in unserem Land! Wie viel frommes Mitläufertum ist zu konstatieren.

Unser Land ist längst kein christliches Land mehr. Nur noch 2% aller Protestanten gehen regelmäßig in den Gottesdienst. Zwar sind immerhin noch 27 Millionen Deutsche evangelisch, aber mit abnehmender Tendenz. Jedes Jahr laufen den evangelischen Landeskirchen ca. 300'000 Menschen davon, der katholischen Kirche ebenfalls 150'000. Das Heidentum lässt wieder grüßen. Der christliche Glaube ist vielfach nur noch in Restbeständen vorhanden.

Und auch die noch verbliebenen Protestanten glauben nicht mehr das, was in der Bibel steht. Nach einer Umfrage von Klaus-Peter Jörns aus Berlin hat sich das Bild von Religion in Deutschland fundamental verändert. Christentum ist nicht mehr Jenseitsreligion, sondern Diesseitsreligion. Hölle und Himmel sind keine jenseitigen Orte mehr, sondern diesseitige. Der religiöse Pluralismus macht es möglich, dass man Gott auch in anderen Religionen finden kann. Der alte Absolutheitsanspruch des Christentums ist passé. Heutige Christen haben keine Schwierigkeiten, sich auch mit liberalen ethischen Überzeugungen zu brüsten. Praktizierte Homosexualität und Kirche sind kein Widerspruch mehr. Die Ethik hat sich meiner individuellen Lebenseinstellung zu fügen. Man glaubt nicht mehr an das, was in der Bibel steht, weil die Bibelkritik diesen primitiven Kinderglauben längst ad absurdum geführt hat.

Wir sind also nicht nur eine «neuheidnische» Gesellschaft, sondern auch eine «neuchristliche», vielleicht sogar eine «postchristliche». Die Gesichter Gottes haben sich verändert. Sie sind nach den Wünschen der Menschen gestaltet. Es gibt nur noch den lieben Gott, der mein Leben verbessert. Einen Sündenfall scheint es nie gegeben zu haben. Deshalb muss der Mensch sich auch nicht mehr versöhnen lassen. Er ist überhaupt schwer davon zu überzeugen, dass er nicht ein gutes, sondern ein böses Wesen besitzt. Uns begegnet heute eine Kultur, die völlig säkularisiert und entchristlicht ist.

Summa summarum: Man kann nicht sagen, dass jeder dritte Bewohner der Erde ein «Christ» ist. Ich schätze die Zahl der wiedergeborenen Menschen auf vielleicht 700 Millionen. Das heißt: 5,3 Milliarden Menschen auf unserem Planeten müssen noch (oder weiterhin) missioniert werden, weil sie noch keine lebendige Beziehung zu Gott und das Heil in Christus noch nicht ergriffen haben! Sage da noch einer, es gäbe nichts mehr zu missionieren! Man könnte ob dieser Zahlen resignieren. Aber halt: Gott ist am Werk. Etwa 200'000 Menschen bekehren sich täglich. Wir hören besonders aus der Dritten Welt von großen Erweckungen, die Gott in seiner Gnade schenkt. In den letzten Jahrzehnten beobachtete man ein erstaunliches Gemeindewachstum in Südamerika, China und einigen afrikanischen Staaten. Man braucht also den Kopf nicht hängen zu lassen. Unser Gott ist am Werk. Er baut seine Gemeinde – allerdings außerhalb der westlichen Christenheit.

Warum gehen die geistlichen Aufbrüche an Europa vorüber? Warum gehen vom ehemals «christlichen Abendland» immer weniger Impulse für die Weltmission aus? Die Missionsanstrengungen der westlichen Christenheit stecken tatsächlich in einer unübersehbaren Krise. Grund dafür ist, wie ich meine, nicht in erster Linie der so genannte «steinige Boden» der modernen Gesellschaft. Die Gründe liegen tiefer. Sie hängen mit den Veränderungen innerhalb der Kultur und der Christenheit zusammen, die nicht ohne Folgen für die Mission geblieben sind.

Unsere Gesellschaft sägt mittlerweile an dem Ast, auf dem sie sitzt. Die christlichen Fundamente der Kultur werden aufgegeben. Die Trends der Moderne und Postmoderne haben mit dem Christentum nichts mehr zu schaffen. Der Mensch tritt heute an die Stelle Gottes. Er ist die letzte Instanz. Das Sichtbare ist unserer Welt wichtiger als das Unsichtbare. Das Irdische hat das Himmlische «aufgefressen». Als Folge dieser Verweltlichung haben wir auch die Wertmaßstäbe verloren. Uns fehlen heute die Orientierungslinien. Die pluralistische Beliebigkeit lässt uns ins Bodenlose stürzen. Man meint längst, dass alle Menschen selig werden können. Jeder nach seiner Fasson.

Längst ist unser Kontinent nicht mehr Hort des Christentums. Im Gegenteil: Ein Rückfall ins Heidentum ist zu konstatieren. New Age und Esoterik boomen. Die Menschen in

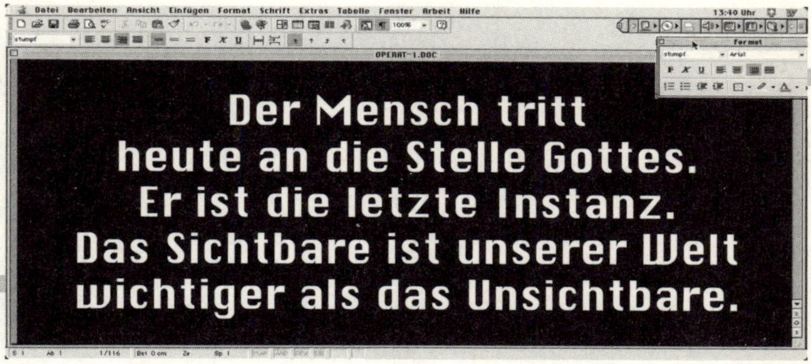

Europa glauben an alles Mögliche: an die Edelsteine, die Tamagotchis, DJs, Lady Diana, die Kelly Family, an den Goldhamster und am liebsten an sich selbst. Wir leben in einem heidnischen Land mit christlichen Restbeständen. Hexen feiern wieder auf dem Brocken, Schamanen treiben ihr Unwesen, Zauberei boomt. Es gibt in einigen afrikanischen Ländern zehnmal mehr gläubige Christen als in einem der Länder Europas. Wir leben heute in Deutschland mitten in einem brodelnden religiösen Kessel voller individueller und privater Frömmigkeit, die nichts mehr mit den Kirchen zu tun hat. In diesem Kontext ist Mission gefährdet.

Keine andere Ideologie hat die westliche Welt in den letzten 200 Jahren so stark beeinflusst wie der Individualismus. Der moderne Mensch nimmt sich heute sehr wichtig. Er sieht sich selbst als den Nabel der Welt. Er kreist ständig um sich und seine Bedürfnisse. Das «Ich» ist der letzte Maßstab aller Dinge geworden. Selbstverwirklichung und Selbstentfaltung sind die Megawerte der Moderne. Wir hören ständig in uns hinein, um festzustellen, wie es uns geht. Der moderne Mensch ist der Narzisst par excellence geworden: Er missbraucht die Welt nur noch als Spiegel für seine eigenen Befindlichkeiten.

Dieser moderne Individualismus zeigt sich auch in der Frage der Evangelisation und Mission. Mission muss mir etwas bringen, sonst gehe ich nicht. Evangelisation muss alle meine Bedürfnisse befriedigen, sonst bin ich nicht interessiert. Der Missionar nimmt sich heute ebenfalls wichtiger als früher. Hieß es früher noch: «Ich gehe dahin, wo Gott mich haben möchte», so heißt es heute: «Wir wollen uns unser Missionsgebiet erst einmal anschauen, ob es zu uns passt.» War Mission früher eine lebenslange Entscheidung, so geht der Trend heute hin zum «Short-Termer», zum Kurzzeitmissionar für einige Monate. Sobald Mission nicht zu meinen Bedürfnissen passt, wird sie uninteressant. Mission muss Spaß machen, toll sein, einen Erlebniswert mitbringen, sonst sind wir nicht interessiert.

Andere Probleme tauchen am Horizont auf: Eine der größten Herausforderungen der Mission ist die zunehmende Verstädterung der Dritten Welt. Diese Verstädterung bringt erhebliche Veränderungen mit sich. Das soziale Gefüge der Stadt ist anders als auf dem Land. Pluralismus und Individualismus sind hier an der Tagesordnung. Konkurrenzdruck wird unvermeidlich. Die Menschen in Städten leben zurückgezogener als auf dem Land, sind schwerer erreichbar, einsamer, anonymer, aggressiver. All das wird die Mission nicht leichter machen, im Gegenteil.

Wir beobachten aber auch eine innere Krise der Missionare. Immer mehr von ihnen brechen ihren Dienst ab, weil sie den Herausforderungen vor Ort nicht standhalten können. Die Belastbarkeit vieler Missionare hat abgenommen, ebenso die Anpassungsfähigkeit. Wer dreißig Jahre lang in einer Überflussgesellschaft gelebt hat, wird natürlich im Entwicklungsland Anpassungsprobleme bekommen. Wer in der Kuschelgesellschaft der Postmoderne nur auf der Harmoniewelle geschwommen ist, wird mit den knallhar-

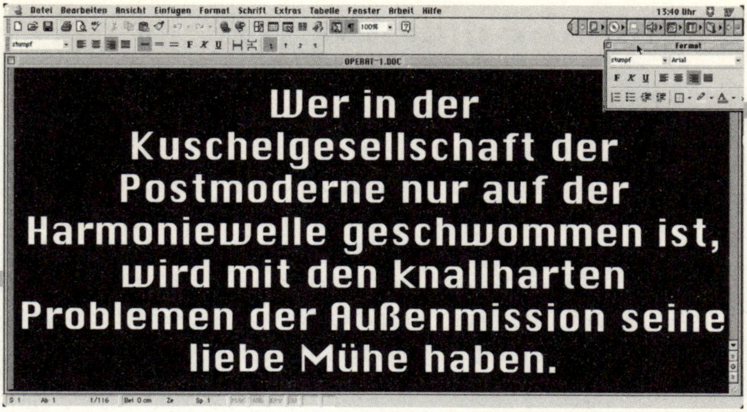

ten Problemen der Außenmission seine liebe Mühe haben. Seelische Krisen und Depressionen haben längst die Missionare erreicht. Die Quote der Abbrecher steigt dramatisch. Mittlerweile werden Beratungsstellen für ausgelaugte Missionare eingerichtet, um ihnen fachmännisch zu helfen.

Inzwischen gibt es auch große Konkurrenz für uns Christen. 1,2 Milliarden Muslime rütteln an der Vormachtstellung des Christentums. Der Islam schreitet international voran. Aber nur 2% aller protestantischen Missionare arbeiten unter Muslimen! Die völlig verfahrene Diskussion um islamischen Religionsunterricht an unseren Schulen und um den Gebetsruf von Moscheen und Muezzins in Deutschland haben uns wachgerüttelt. Wir stehen auch hier in Westeuropa mit dem Rücken zur Wand. Wir müssen uns in einem pluralistischen Angebot der Religionen erst zurechtfinden. Das religiöse Monopol des Christentums ist vom Tisch. Die anderen sind auch da und aktiver als wir selbst. Der Wettlauf um die Mission ist längst voll im Gange.

8.2 Impulse und Auswege

Bei den Auswegen plädiere ich wie in den vorangegangenen Kapiteln dafür, zunächst zu den Wurzeln zurückzugehen. Was bedeutet eigentlich «Evangelisation»? Evangelisation leitet sich vom griechischen Wort «euangelion» oder «euangelizomai» ab, was so viel wie «gute Nachricht» bzw. «gute Nachricht verkündigen» bedeutet. Schon der Evangelist Markus bezeichnet mit «euangelion» die Botschaft vom Kommen Christi, und zwar gleich im ersten Vers seines auch deshalb so bezeichneten «Evangeliums» (Mk. 1,1). Jesus Christus selbst predigte das Evangelium vom kommenden Gottesreich. Die Apostelgeschichte ist voll von Evangelisten, die das Evangelium von Jesus Christus verkündigen. Der Begriff war also schon in der Urgemeinde Inbegriff der Heilsbotschaft vom stellvertretenden Sühneopfer Jesu am Kreuz. Diese gute Nachricht sollen Christen in die ganze Welt tragen, wie es im Missionsbefehl unmissverständlich heißt. Nur durch die Botschaft des Evangeliums kommen Menschen zum Heil und zur Errettung. Die Evangelisation ist deshalb die Hauptaufgabe aller Christen.

Wir brauchen in der westlichen Welt, besonders in Deutschland, einen Neuaufbruch hin zur Weltmission. Stellen wir uns die Gesamtzahl der Christen einmal mit der Zahl 10'000 vor. Von diesen 10'000 Christen arbeiten im Durchschnitt nur zwei als vollzeitliche Missionare, das sind 0,02%. Eine erschütternd schwache Zahl. Die einfache Konsequenz: Wir brauchen mehr Menschen in der Weltmission! Das ist unser wichtigstes Kapital. Wir brauchen Missionare! Wo sind die Menschen, die mit Jesaja sagen: «Hier bin ich, sende mich» (Jes. 6,8)? Wo sind die Menschen, die bereit sind, sich von Gott rufen zu lassen? Gott baut sein Reich nicht mit Maschinen, sondern durch Menschen. Wir sind seine Botschafter! Wir sind sein Bodenpersonal! Gott braucht unseren Mund, unsere Füße und Hände!

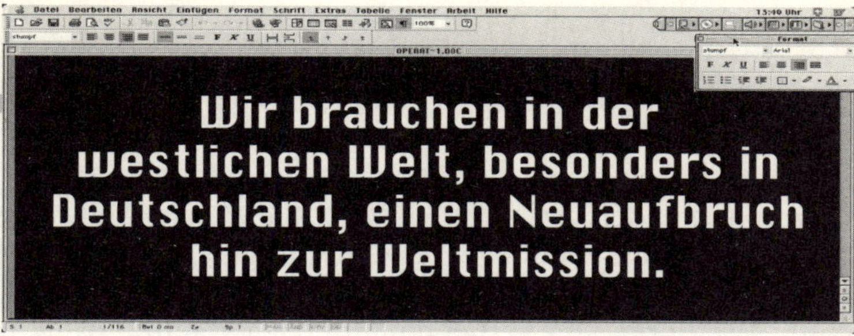

Wie wir sahen, ist Mission heute von innen heraus gefährdet. Sie ist längst nicht mehr selbstverständlich. Es gibt in den Kirchen genug Leute, die dafür überhaupt kein Verständnis haben. «Wir sind doch keine Seelenfänger», so sagt man. Der größte Feind aller Mission sind deshalb nicht die anderen Religionen, sondern die liberalen Christen. Diese Pseudochristenheit fällt der Mission seit Jahren in den Rücken. Manche Pfarrer und Kirchenleiter kämpfen für Asylsuchende, treiben aber keine Mission. Warum auch, wenn jeder am Ende doch gerettet wird? Warum auch, wenn uns die Rettung der Weltwirtschaft wichtiger ist als die Rettung der Seelen? Warum Mission, wenn wir die Bibel doch nicht ernst nehmen und wenn z.B. das Grab Jesu nicht leer war?

Deshalb brauchen wir zuerst eine Umkehr unserer kirchlichen Situation. Wir scheitern deshalb so kläglich in der Mission, weil in unserer heimatlichen Kirche etwas nicht stimmt. Wenn sich unsere Kirchen erneuern, dann wird sich auch die Mission erholen. Wenn wir umkehren von unserer ichbezogenen Frömmigkeit, dann wird es auch mehr Missionare geben. Wenn wir uns endlich verabschieden würden von einer den Glauben zerstörenden bibelkritischen Theologie, dann würde Mission in unserem Land wieder genesen. Wir brauchen bibeltreue Pastoren und Gemeindemitarbeiter, denen Mission ein Herzensanliegen ist und die junge Leute begeistern können für den wichtigsten Auftrag aller Zeiten!

Und noch etwas: Zur Mission gehört die Liebe zu den Verlorenen. Können wir noch weinen über Menschen, die ohne Christus ewig verloren gehen? Haben wir noch eine brennende Leidenschaft für Evangelisation? Wer das nicht hat, braucht mit Mission gar nicht erst anzufangen. Unsere postmoderne Zeit ist eine Zeit der Gleichgültigkeit. Wir schauen uns die Opfer der letzten Hungerkatastrophe in Afrika an – und essen im Fernsehsessel unsere Kartoffelchips. Wir hören von verheerenden Kriegen – und gähnen gelangweilt vor uns hin. Wir sehen Tausende von Menschen über unsere Straßen gehen – und können nicht mehr über ihre Verlorenheit weinen. Wer nicht mehr mit-leiden kann mit anderen, wird den verlorenen Seelen gegenüber kalt. Ohne Jesus gehen die Menschen ewig verloren, sie kommen in die Hölle. Wann begreifen wir das endlich einmal wieder?

Mission fängt hier vor Ort an. Mission ist nicht nur etwas für Experten. Bei Mission sind wir alle gefragt. Wir sollen selber missionieren und es nicht nur Experten überlassen. Das Aussenden von Missionaren darf nicht zum Alibi werden, selbst untätig zu sein. Mission beginnt nicht in Irian Jaya, sondern in der Siemensstraße, nicht in den Slums von São Paulo, sondern in den sozialen Brennpunkten unserer Heimatstadt, eben in der Nachbarschaft. Nur wer selber ein missionarisches Herz hat, kann andere von der Mission überzeugen. Mission ist Pflicht, nicht Kür. Mission ist der Hauptauftrag Jesu an alle Christen – ohne Ausnahme.

Was sollte einen Missionar im 21. Jahrhundert ausmachen? Zunächst: Er sollte die bestmögliche theologische Ausbildung haben. Kurzprogramme sind nicht der Weisheit letzter Schluss. Liebe zu den Verlorenen allein reicht nicht. Handfeste und praxisorientierte bibeltreue Ausbildung ist die wichtigste Voraussetzung, um in Zukunft standfeste Missionare zu haben. Hier haben wir geschlafen. In der Vergangenheit sind manchmal Missionare ausgereist, die für den Gemeindedienst in Deutschland nicht brauchbar waren. Ausgerechnet Leute, die sonst nichts werden konnten, schickte man nach Asien. Das war ein großer Fehler. In die Mission müssen die besten Leute. Leute, deren Weggang aus der Gemeinde mit Schmerzen verbunden ist, weil sie so gut sind. Mission ist anstrengend, hart, anspruchsvoll, herausfordernd. Deshalb ist die beste Ausbildung gerade gut genug.

Aber etwas Zweites muss hinzukommen. An diesem Punkt mangelt es noch mehr. Wir brauchen charakterfeste Missionare. Die meisten Probleme des Missionsfeldes hängen nicht mit einer falschen Theologie zusammen, sondern mit einer problematischen Persönlichkeitsstruktur. Manche Missionare scheitern, weil sie nicht im Team arbeiten können. Andere wiederum haben nie gelernt, mit Konflikten umzugehen. Wieder andere wollen wie die Machtmenschen nur die eigenen Ideen umsetzen. Wir brauchen deshalb Menschen, die ihre narzisstischen Glaubensformen ablegen und bereit sind, Rücksicht zu nehmen. Wir brauchen Männer und Frauen Gottes, die bereit sind, Verantwortung auf sich zu nehmen, Schwierigkeiten und Konflikte durchzustehen. Und wir brauchen Menschen, die feste Überzeugungen haben.

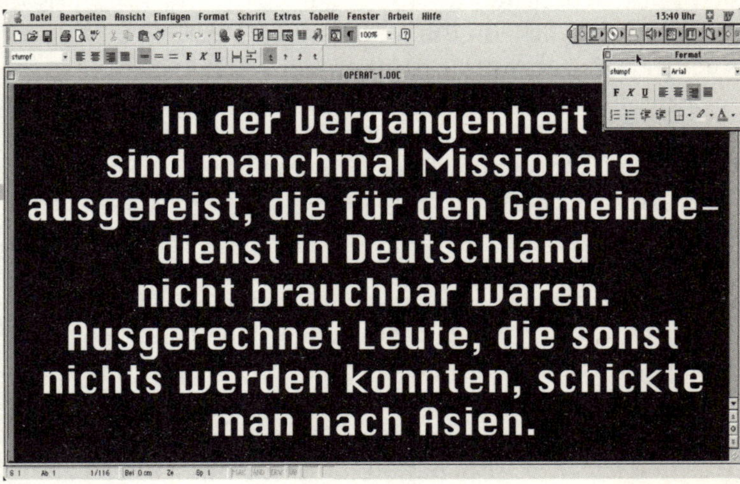

Ein wichtiger Teil dieser Persönlichkeit ist auch die Bereitschaft, Entbehrungen auf sich zu nehmen und Verzicht um Jesu Willen zu lernen. Kaum einer von uns kann noch verzichten. Bei uns bricht schon unser ganzes Leben zusammen, wenn wir keine Karten für das Spiel unserer Fußballmannschaft bekommen haben. Wer in der Mission nur nach dem Geldbeutel schielt, braucht gar nicht erst anzutreten. Wir brauchen Missionare, die schon im Heimatland gelernt haben, gegen den Trend des Materialismus und der Karriere zu schwimmen; Männer und Frauen Gottes, die bereit sind zum Verzicht um des Zieles willen.

Vielleicht müssen sich auch manche Missionskonzepte verändern. Das größte Bevölkerungswachstum erleben wir zur Zeit in Asien, insbesondere in Indien. Die Konsequenz: Wir müssen in der Mission strategischer denken. Wo werden in den nächsten Jahren die meisten Missionare gebraucht? Wo sind die größten Nöte? Ich kann nicht verstehen, warum unsere Missionare immer in die gleichen Länder gehen, statt zu den Unerreichten. Ich kann nicht verstehen, warum die Missionsgesellschaften so wenig strategisch denken und handeln. Hier hilft nur eine konsequente Zusammenarbeit aller an einem Tisch. Es geht nicht an, dass Missionswerke nur sich selbst sehen und in einem Werksegoismus ihre Privatstrategien entwickeln. Die Situation der Welt ist zu ernst für Alleingänge. Der Auftrag ist zu groß für Alleinvertretungsansprüche. Ich fordere von allen evangelikalen Missionen eine konsequentere Zusammenarbeit. Man sollte sich gegenseitig helfen und korrigieren, Projekte gemeinsam verwirklichen, wenn die Kraft des einzelnen Werkes zu schwach ist. Warum das tun, was der andere viel besser kann?

Der größte Mangel an Missionaren herrscht im «10/40-Fenster», das heißt in der islamischen Welt. 97% der am wenigsten evangelisierten Menschen leben hier, aber nur 2% aller Missionare arbeiten unter Muslimen. Konsequenzen: Wer bereitet sich dafür vor? Wer ist bereit, Arabisch zu lernen, die Sprache, die der Schlüssel zu den Herzen der Muslime ist? Wer ist bereit, in die Islam-Mission zu gehen?

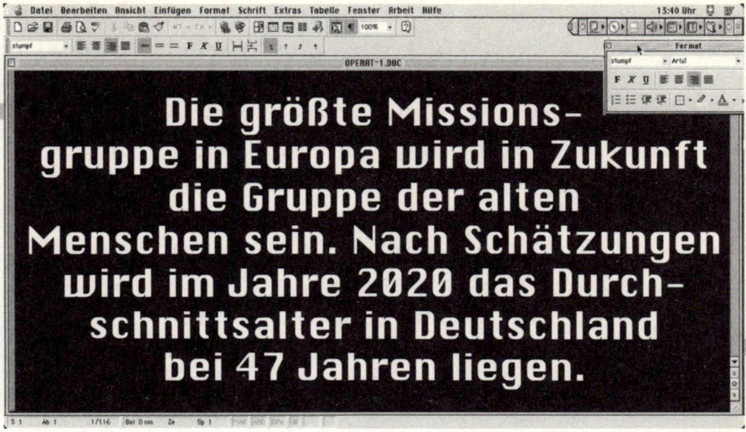

Übrigens: Die größte Missionsgruppe in Europa wird in Zukunft die Gruppe der alten Menschen sein. Nach Schätzungen wird im Jahre 2020 das Durchschnittsalter in Deutschland bei 47 Jahren liegen, im Jahre 1990 lag es bei 39 Jahren! Ich kenne kein Missionswerk, das es sich zur Aufgabe gemacht hat, verstärkt unter älteren Menschen zu evangelisieren. Dagegen kenne ich Dutzende von Jugendmissionswerken. Warum denken wir nicht stärker strategisch?

Was benötigen wir aber für die Evangelisation vor Ort, für die Evangelisation im postmodernen Europa? Wie können wir in unserer Zeit heute den Menschen, die säkularisiert sind, die Nachricht von Jesus sagen? An Rezepten zum Thema «Evangelisation in der Postmoderne» gibt es keinen Mangel. In den letzten Jahren kamen viele Bücher zu diesem Thema auf den Markt, die gute (oder weniger gute) Tipps für die Mission im neuheidnischen Europa vermittelten.

Jedem Christen ist klar, dass nicht jedes Mittel zur Evangelisation recht ist. Eine Zwangsmissionierung widerspricht dem freimachenden Evangelium von vornherein und wäre heute ohnehin undurchführbar. Aber auch unsittliche Werbung und Manipulation bleibt für Christen ausgeschlossen. Die Frage ist also nicht nur, was wir predigen sollen, sondern auch, wie dies geschehen soll. Die Spannung muss klar erkannt werden: Auf der einen Seite wollen und dürfen wir beim «Was» keine Abstriche machen, andererseits ist das «Wie» eine Frage der Liebe zum Zuhörer. Er soll unsere Botschaft ja in seiner Sprache verstehen, und deshalb müssen wir auf seine Wellenlänge kommen. Wie weit darf jedoch die Anpassung an die Welt gehen, ohne das Evangelium inhaltlich zu verraten?

Zunächst gilt auch hier: Ohne Gebet geht nichts, auch nicht in der Evangelisation. Das soll keine fromme Floskel sein. Zunächst muss ich den Menschen, dem ich von Jesus weitersagen möchte, im Gebet vor Gott bringen. Nennen Sie konkret seinen Namen und bitten Sie Gott, er möge Ihnen eine gute Gelegenheit, Mut und die richtigen Worte schenken. Im Gebet bereiten wir die Situationen des Alltags vor. Durch das Gebet bringen wir auch zum Ausdruck, dass Evangelisation nicht in unserer Hand liegt. Gott ist es, der Menschen bekehrt, nicht wir! Wir sind nur seine Boten.

Dann ist es nötig, wieder neu Kontakte zu Nichtchristen zu knüpfen. Viele Christen verlieren den Kontakt zu Ungläubigen, je länger sie im Glauben stehen. Das ist zunächst einmal natürlich, weil sich die Beziehungen verlagern. Aber es ist auch gefährlich, denn viele Christen haben wenig Kontakte zu Ungläubigen. Leider sind unsere gemeindlichen Terminkalender so voll, dass wir gar keine Zeit

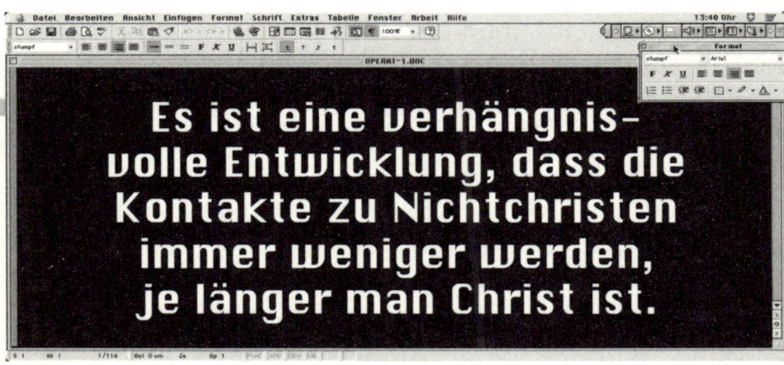

mehr für unsere Zeitgenossen haben. An diesem Punkt haben wir uns dem Trend zur Privatisierung angepasst. Hier wäre es angebracht, wenn die Gemeinden ihren Mitgliedern einmal freigeben würden, um bewusster Kontakte zu Noch-Nicht-Christen zu pflegen. Es ist eine verhängnisvolle Entwicklung, dass die Kontakte zu Nichtchristen immer weniger werden, je länger man Christ ist. Diese Beziehungslosigkeit belegt einmal mehr die Ghettoisierung des modernen Christentums. Die Evangelikalen sind zu einer Art Subkultur der Moderne geworden. So sind wir heute aufgefordert, wieder neu Beziehungen zu Menschen zu knüpfen, die noch nichts von der Rettung und Hoffnung in Jesus Christus wissen.

Um neue Kontakte zu knüpfen, müssen wir neue Wege gehen, und zwar hin zu den Noch-Nicht-Christen. Wir müssen Mitglieder werden in verschiedenen Vereinen, wie das manche meiner Bekannten machen. Wir sollten Straßenfeste veranstalten, Nachbarn einladen und beschenken, einen Kochkurs besuchen, Nachhilfeunterricht geben, usw. usw. Hier ist viel Kreativität gefragt. Unsere Hobbys können uns helfen, Kontakte zu knüpfen. Kontakt bekommt man auch durch die Samariterstrategie, indem man einfach Gutes tut. Soziale Dienste suchen dringend Mitarbeiter. Warum sich nicht um die sozial Ausgegrenzten kümmern?

Das alles braucht Zeit, kann nicht von heute auf morgen geschaffen werden. Wir können nicht einfach unserem Nachbarn, mit dem wir bisher kein einziges Wort gesprochen haben, eine Einladung zu einer Evangelisation in die Hand drücken. Hier fehlt der Vorlauf, die Hinführung, das Vertrauen untereinander. Der moderne Mensch schätzt heute echte und tiefe Freundschaften sehr hoch ein. In der modernen Welt ist er einsam geworden, und doch sehnt er sich nach dem Du. So muss die Evangeliumsverkündigung von heute «beziehungsorientiert» ablaufen. Der Anstoß zum Glauben wird nicht über Zeitungsannoncen, Plakate, Traktate oder Großveranstaltungen gegeben, sondern in der Regel über Freunde und Bekannte.

In welchem Alter bekehren sich heute eigentlich die meisten Menschen? Nach einer neuen Umfrage unter den Studierenden von Bibelschulen stellte sich heraus, dass 53% bis zum 15. Lebensjahr zum Glauben gekommen waren. 76% bis zum 20. Lebensjahr. Sollte diese Statistik zumindest in der Tendenz generell gelten, würde das heißen, dass die Kinder- und Jugendevangelisation von ungeheurer Wichtigkeit ist. Wenn 76% aller Gläubigen bis 20 Jahre ihre Entscheidung für Christus getroffen haben, müssen wir unbedingt hier unsere Hauptkraft investieren (ohne dabei die Evangelisation unter der wachsenden Gruppe der älteren Menschen zu vernachlässigen, wie ich weiter oben ausgeführt habe). In der gleichen Umfrage wurde gefragt, durch wen man zum Glauben gekommen sei: durch Eltern oder Geschwister 34%; durch Gemeinde 39,1% (davon bei Evangelisationen 24%); durch Freunde 27,7%; ohne fremde Hilfe 8,7%. Man erkennt daraus, dass die persönlichen Kontakte wie Familie oder Freunde beim Schritt hin zum Glauben die größte Hilfe sind. Die Gemeinde und die klassische Evangelisation erreicht jedoch prozentual immer noch einen erheblichen Anteil derer, die zum Glauben finden. Evangelistische Großveranstaltungen sollte man deshalb nicht abschaffen, sondern ergänzen durch persönlichere und kontinuierlichere Formen der Evangelisation.

Bei allen missionarischen Bemühungen um unsere Zeitgenossen dürfen wir jedoch unbedingt eins nicht übersehen: Die Botschaft vom Kreuz ist immer ein Skandalon (ein «Ärgernis» im Sinne von 1. Kor. 1,23). Unsere missionarischen Strategien dürfen auf keinen Fall dahin führen, dass wir ein sanftes und angenehmes und damit verfälschtes Evangelium vertreten. Schon wird selbst bei konservativen Christen gefordert, das Evangelium «ohne Dogmatik» zu verkündigen, weil Dogma und Apologetik die Menschen nur abschrecken würden. Letztlich geht hier die Effektivität vor, die Substanz bleibt auf der Strecke. Man fordert, dass Christen sich an der Fernsehwerbung ein Beispiel nehmen sollten, wo man mehr mit Anspielungen und Selbstironie arbeitet und wo die Botschaft nicht gleich vollständig gesagt wird – das Evangelium soll quasi in mundgerechte Häppchen verkleinert werden.

Das «Wort vom Kreuz» ist aber immer schon eine Torheit gewesen – so war es zur Zeit der Apostel, und so ist es heute. Die Botschaft von der Menschwerdung Gottes widerspricht radikal allen Selbsterlösungsvorstellungen des

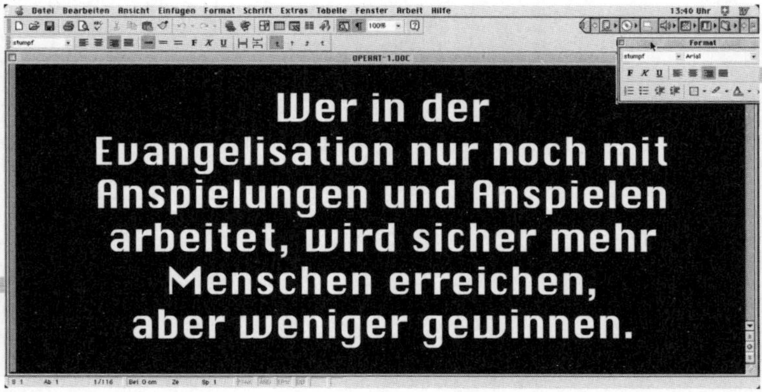

(modernen) Menschen. Diese Spannung müssen wir aushalten, auch in einer Zeit der Harmonie und des Ausgleichs. Wenn wir an diesem Punkt fallen, fällt die ganze Glaubwürdigkeit der christlichen Botschaft. Diese Nachricht vom sterbenden Gottesknecht widersprach den damals herrschenden religiösen und philosophischen Vorstellungen im Judentum wie im Griechentum. Und trotzdem war sie das Evangelium. Diese Mitte des Glaubens in kleine Häppchen zu zerschneiden, heißt die Botschaft zu zerfasern. Wer in der Evangelisation nur noch mit Anspielungen und Anspielen arbeitet, wird sicher mehr Menschen erreichen, aber weniger gewinnen. Die Torheit des Evangeliums ist nicht zu umgehen. Vielleicht schämen wir uns als Christen dieser Torheit und wollen deshalb die angenehmere Alternative haben: das zeitgemäße Evangelium.

«Plus esse, quam videri.
Mehr Sein als Schein.»

9. Transparent, leidenschaftlich, echt:

Christsein im neuen Jahrtausend

«In seinem ganzen Wesen
lag etwas von Selbstachtung und Würde,
das jedoch mit einer vertrauenden und
bescheidenen Einfachheit verbunden war.»
H. Beecher-Stowe über Tom, Onkel Toms Hütte

«Schon lange malst Du Dein Bild in mir,
auf der Leinwand Deiner Welt.
Du hast mich befreit, ich selbst zu sein,
weil Deine Hand mich hält.»
Friedemann Walldorf, Image

9. Transparent, leidenschaftlich, echt:

Christsein im neuen Jahrtausend

9.1 Daten und Prognosen

In diesem Kapitel wollen wir der Frage nachgehen, welche Charaktereigenschaften des Menschen in unserer postmodernen Zeit besonders nötig sind. Die Krise der Moderne ist nämlich nicht nur eine Krise der äußeren Strukturen, sondern eine Krise der inneren Verhaltensmuster.

Der Mensch ist mit sich selbst nicht mehr im Reinen. Wichtige Charaktereigenschaften sind ihm abhanden gekommen. Von allen Seiten hört man heute die Klage über fehlende Charakterstärke in unserem Land. Offensichtlich gibt es wenige Menschen mit Rückgrat und mit einem klaren Persönlichkeitsprofil. Feste Überzeugungen und Gesinnungen haben sich verflüchtigt. Mit Sehnsucht blickt man auf bekannte Personen des öffentlichen Lebens zurück, die längst den Zenit des Lebens überschritten haben, aber für unverwechselbare Originalität und klare Überzeugungen stehen. Heutige Politiker sind dagegen unberechenbar und oftmals profillos geworden. Klare politische Grundsätze verschwimmen. Man weiß nicht mehr, woran man ist. Gut ist, was der Mehrheit dient, böse ist, was ihr schadet – so scheint es. Vor allen Dingen legt man sich nicht mehr fest. Man steht in der dauernden Gefahr, sich den unterschiedlichen Erwartungen der Welt anzupassen. Der Konformitätsdruck nimmt zu. Je nach Situation drehen wir unser Fähnchen nach dem Wind. Was kümmert uns unser Geschwätz von gestern! Heute ist heute, ein neuer Tag mit neuen Entscheidungen, die nichts mit den vergangenen Positionen zu tun haben müssen. Je nach Situation passen wir uns an. In der Gemeinde sind wir so, am Arbeitsplatz anders. Wir wechseln unser Profil von Situation zu Situation. Der Pluralismus der Moderne macht uns zu modernen Chamäleons. Am Ende wissen wir selbst nicht mehr, wofür wir eigentlich stehen und was wir glauben sollen. Wir haben gelernt, uns anzupassen, und dabei sind uns die Prinzipien abhanden gekommen.

In meinem Buch *Trends 2000* habe ich ausführlicher die Entwicklungen zum Pluralismus und Individualismus dargelegt, die für die derzeitige Situation erhebliche Verantwortung tragen. Der postmoderne Mensch ist in sich selbst verliebt und sieht sich als den Mittelpunkt des Universums an. Seine individuelle Freiheit und Autonomie geht ihm über alles. Der Autismus der modernen Selbstverliebtheit

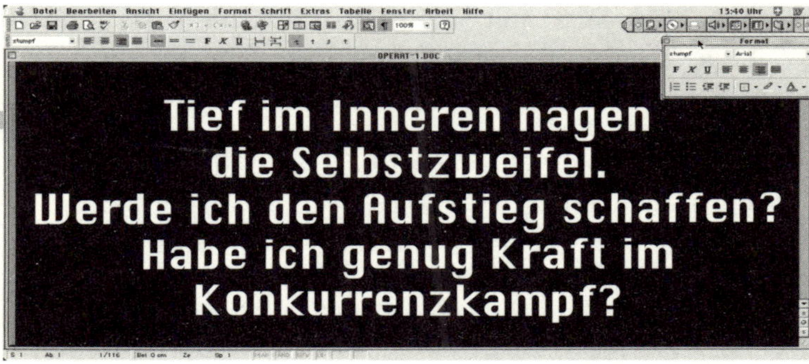

feiert fröhliche Urständ. «Mir geht nichts über mich» – dieser Kernsatz wird heute systematisch ausgelebt. Die Werte des Ichs stehen über den Werten der Gemeinschaft. Wir kreisen ständig um uns selbst, horchen dauernd in uns hinein, tasten täglich unsere Empfindungen ab.

Und doch ist der moderne Mensch zutiefst verunsichert. Das Selbstbewusstsein ist nur ein äußerer Schein. Die Selbstbespiegelung führt nämlich keineswegs zu einer festeren Identität. Im Gegenteil: Tief im Inneren nagen die Selbstzweifel. Werde ich den Aufstieg schaffen? Habe ich genug Kraft im Konkurrenzkampf? Wird meine Andacht im Kinderkreis ankommen? Liebt mich meine Ehefrau? Werden unsere Kinder ihren Weg einmal machen? Kann ich ihnen ein guter Vater sein?

Bei der Suche nach Sicherheit orientiert der moderne Mensch sich gerne an den «Stars». Stars sind eine typische Erscheinung unserer Zeit. Durch die Eigenwerbung wird der Starkult systematisch gefördert. Stars sind die Ersatzgötter der Moderne, durch das Scheinwerferlicht der Medien zu unnahbaren Helden erhoben, mit Glorienschein und Sternschnuppenstaub aufgepeppte Objekte der Anbetung. Stars sind nicht nur die Helden der Musikindustrie. Längst gibt es auf allen Gebieten des Lebens die Heroen: Star-Anwälte, Star-Architekten, Star-Köche, Star-Prediger usw. Da die Medien ständig Neues fordern, kommen und gehen die Helden im Minutentakt. Da sich auch die Begriffe abnutzen, erfand man neue Superlative: Genie, Diva, Primadonna, Medien-Mogul, Pop-Ikone, Legende. Dahinter stehen oft einfache Menschen, die ihre Fehler überdecken lassen und von anderen inszeniert und ins rechte Licht gerückt werden. Die Inflation der Stars offenbart jedoch nur die Problemlage, dass wir mit dem eigenen Alltag und der Durchschnittlichkeit unseres Lebens nicht mehr fertig werden.

Zusätzlich stellt man heute einen häufigen Wechsel von Meinungen fest. Ewige Überzeugungen sind heute eher selten anzutreffen. Meinungen kann man schnell ändern, Überzeugungen dagegen nur unter heftigen Schmerzen. In der Orientierungslosigkeit der pluralistischen Moderne ist dagegen nichts mehr sicher. Was heute als gesicherte Erkenntnis erscheint, kann morgen schon ins Reich der Mythen gehören. Deshalb ist es «en vogue», sich lieber nicht festzulegen. Man dreht das Fähnchen nach dem Wind, es fehlt die Kraft, aus Überzeugung einmal gegen den Strom zu schwimmen. In der Harmoniesehnsucht unserer Zeit gelten Überzeugungstäter schnell als Querulanten und Prinzipienreiter.

War die SPD früher für soziale Gerechtigkeit und für die Rechte der Arbeitnehmer, kommen einem heute manche Zweifel. Galt die CDU früher als Garantin für konservative Familienpolitik, sind an diesem Punkt heute neue Fragen entstanden. Fühlten sich die Grünen früher als pazifistische Speerspitze der Politik, reibt man sich heute angesichts der angepassten Realpolitik verwundert die Augen. Natürlich ist es nicht falsch, dank besserer Einsichten Meinungen zu ändern. Die Frage stellt sich jedoch: Für was steht man eigentlich noch? Was sind die Werte und unaufgebbaren Prinzipien einer Gruppe?

Diese allgemeine gesellschaftliche Prinzipienlosigkeit ist längst zu uns Christen übergeschwappt. Auch wir haben Mühe, unsere Prinzipien zu formulieren und zu leben. Was ist uns unaufgebbar wichtig? Auch uns fehlen die Persönlichkeiten in Kirchen und Gemeinden. Auch bei Christen weiß man manchmal nicht, woran man ist. Heute reden wir so, morgen jedoch ganz anders. Die Grundüberzeugungen mancher Kirchen und Freikirchen haben sich verflüchtigt. Elementare Überzeugungen sind für jede Gruppe jedoch absolut notwendig, um eine Identität zu entwickeln. Wenn diese Säulen umgeworfen werden, gerät alles ins Wanken.

So gilt es, in der heutigen Zeit über persönliche Werte und Überzeugungen nachzudenken. An diesem Punkt geht es in erster Linie um das Ethos des Menschen. Jede Verhaltensweise entspringt einem ethischen Prinzip. Deshalb müssen Lösungen zur Veränderung des inneren Menschen tiefer ansetzen als mit dem bloßen Appell, netter zueinander zu sein.

9.2 Impulse und Auswege

Wir benötigen heute zunächst klare Prinzipien statt schneller Lösungen. Man könnte hier auch den Begriff «Werte» verwenden. Werte sind fundamentale Überzeugungen, die hinter jedem Tun des Menschen stehen. Werte sind die Säulen der menschlichen Existenz, nichthinterfragbare Axiome des menschlichen Handelns. Von den Werten her bestimmen wir unsere Handlungsweisen. Menschen mit Prinzipien und Werten sind berechenbar. Man weiß, woran man bei ihnen ist. Sie stehen auf einem festen Fundament, haben klare ethische Überzeugungen. Auf sie kann man sich verlassen.

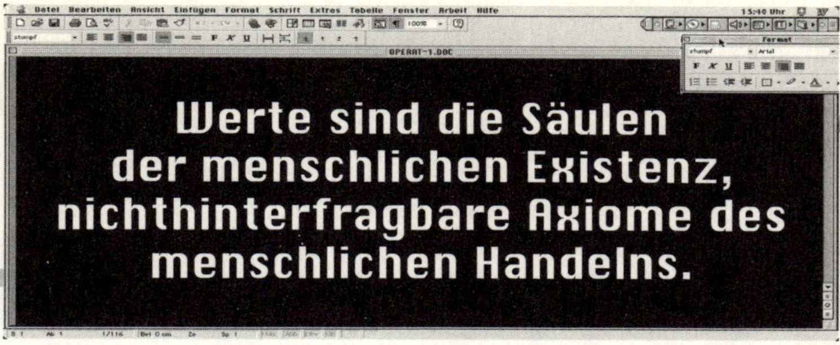

Natürlich müssen die Prinzipien die richtigen sein! Auch Adolf Hitler hatte feste Überzeugungen – fatalerweise die falschen. Schon daran merken wir: Hinter den letzten Überzeugungen des Menschen stehen letzte fundamentale Fragen des Lebens. Deshalb müssen wir verstehen: Es gibt keine letzten Prinzipien ohne Religion. Kein Mensch kann ohne ein transzendentes, nichthinterfragbares Grundgerüst für seine Ethik leben. Selbst der Atheist hält an Axiomen fest, die durch nichts bewiesen werden können. Wenn wir unserem Verhalten eine feste Regel geben wollen, ohne ständig nach anderen Kriterien entscheiden zu müssen, brauchen wir ein festes Geländer, eine Leitplanke des Lebens.

An diesem Punkt bietet uns der christliche Glaube etwas ungemein Wichtiges an: klare Werte für das Leben. Das Christentum ist keine theoretische Größe, keine bloße philosophische Spekulation, sondern umfassende Lebenshilfe für die Grundfragen der menschlichen Existenz. Der Glaube an Christus gibt mir klare Leitlinien, damit ich erkenne, wie ich leben soll. «Jesus schafft Persönlichkeiten, die das Salz der Erde sind» – dieser Liedvers stimmt! Solche Persönlichkeiten haben feste Werte im christlichen Glauben gefunden und können danach ihr Leben offensiv und transparent gestalten.

Darum geht es! Christsein im neuen Millennium muss sich wieder an den Geboten und Ordnungen Gottes orientieren, um seinem Auftrag gerecht zu werden. Was wir heute wieder brauchen, ist eine Rückbesinnung auf die biblischen Tugenden. Tugenden sind konkrete, von Gott gebotene Verhaltensweisen, die ein geordnetes Zusammenleben der Menschen ermöglichen. Jede menschliche Gemeinschaft lebt von solchen Übereinkünften. Tugenden sind der konkrete Ausdruck einer sittlichen Norm. Deshalb geht es nicht um Tugend an sich, sondern um den richtigen Maßstab für die Tugend.

Nun müssen wir gleich einige Missverständnisse ausräumen. Der Begriff «Tugend» ist heute negativ besetzt. Die meisten Zeitgenossen denken dabei an preußischen Drill oder puritanische Gesetzlichkeit. Andere verbinden ihn mit der griechischen Philosophie und denken an Platos vier Kardinaltugenden (Weisheit, Tapferkeit, Besonnenheit, Gerechtigkeit). Das alles ist hier nicht gemeint. Es geht vielmehr um die biblische Tugendlehre. Die Bibel kennt viele Aufzählungen von Verhaltensweisen, die Gott von dem Menschen fordert (Gal. 5,22f; Kol. 3,12–17; Eph. 4,1–3; Eph. 4,32–5,2; Tit. 1,8–9; 2. Petr. 1,5–7; 1. Tim 3,2–6). Sie verurteilt zudem an vielen Stellen die Untugenden des Menschen (Gal. 5,19–21; Eph. 5,3–5; Tit. 1,7f; 2. Tim. 3,1–5). Zur antiken Tugendlehre gibt es aber einen wesentlichen Unterschied in der biblischen Ethik. Menschliche Wesens- und Charaktereigenschaften, und seien sie noch so wertvoll, schaffen nicht die Veränderung des Menschen. Tugenden werden durch den Glauben an Christus gelebt und durch diesen Glauben geformt, nicht durch den guten Willen des Menschen. Der Heilige Geist wirkt die Frucht des Geistes, die Tugenden. Diese Tugenden orientieren sich wiederum nicht an menschlichen Meinungen, sondern an den Geboten der Bibel. Gott schenkt dem Menschen in seiner Gnade nicht nur die Maßstäbe zum Leben, sondern gibt uns auch durch den Glauben die Kraft, tugendhaft leben zu können. Wir müssen es nicht aus unserem eigenen Vermögen versuchen. Wir können uns nicht wie Baron von Münchhausen eigenhändig aus dem Sumpf ziehen. Gott hat alles zu unserer Heiligung getan. Christen lassen ihn in ihr Leben hineinwirken.

Ein tugendhaftes Leben nach den festen Maßstäben Gottes ist eine der Hauptforderungen des Neuen Testaments: «Übrigens, Brüder, alles, was wahr, alles, was ehrbar, alles, was gerecht, alles, was rein, alles was liebenswert, alles, was wohllautend ist, wenn es irgendeine Tugend und wenn es irgendein Lob gibt, das erwägt» (Phil. 4,8). «Eben deshalb wendet aber auch allen Fleiß auf und reicht in eurem Glau-

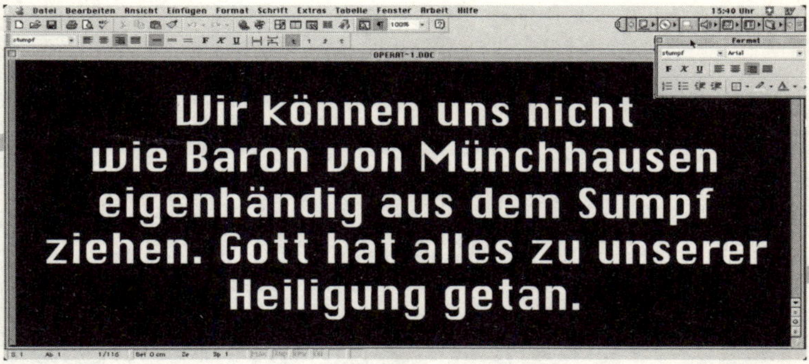

ben die Tugend dar, in der Tugend aber die Erkenntnis ...» (2. Petr. 1,5). Die ganze Existenz des Christen besteht darin, Gott durch ein gerechtes Leben zu verherrlichen. Christen haben übrigens auch den Auftrag, die Tugenden Gottes anderen Menschen zu verkünden, sei es durch das Wort oder durch die Tat (1. Petr. 2,9). Die Tugenden des christlichen Glaubens gelten für alle Menschen! Sie sind nicht nur für die Ultra-Frommen gültig. Gottes gute Gebote sind nicht nur für die Christen gut, sondern für alle seine Geschöpfe.

Nur einige wenige biblische Tugenden seien an dieser Stelle herausgegriffen. Sie sollen uns exemplarisch deutlich machen, wie ein gottgefälliger Lebensstil der Christen aussehen könnte. Vielleicht kann diese (unvollständige) Liste als Anregung dienen, um in einer Predigtreihe, in der Bibelstunde, im Hauskreis oder in anderen Gruppen je eine biblische Tugend näher zu beleuchten.

Die Liebe gilt als die Kardinaltugend der Christen (Eph. 5,2). Bitte lesen Sie dazu den ganzen Abschnitt 1. Kor.

13,4–8. Dieses halbe Kapitel ist eine Perle der ganzen Bibel. Es gibt kaum einen Text der Weltliteratur, der die gesamte westliche Gesellschaft so in Frage stellt, wie dieses «Hohelied der Liebe». Diese Art von Liebe scheint tatsächlich das genaue Gegenteil unserer heutigen Lebenshaltung zu sein. Hinter der hier beschriebenen selbstlosen Liebe steht die Selbstverleugnung des Menschen, nicht die Selbstverwirkli-

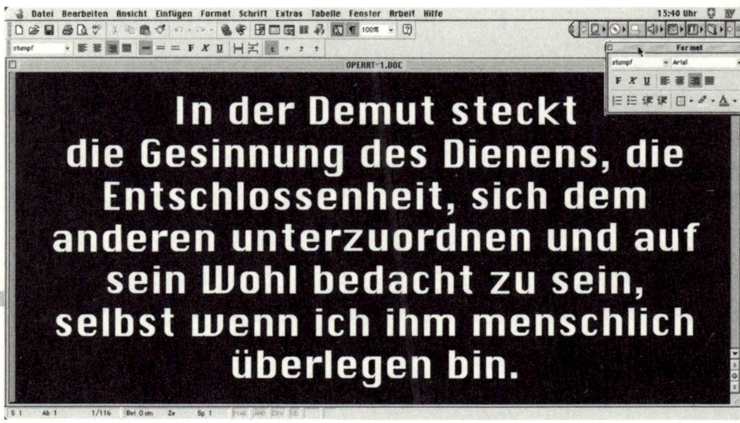

chung. Sie wurde in Christus verwirklicht, als er stellvertretend für die Sünden aller Menschen am Kreuz starb. Gottes Wesen ist Liebe (1. Joh. 4,8). Diese Liebe soll sich nicht nur in Worten, sondern in konkreten Taten zeigen (1. Joh. 4, 7–21). Sie macht nicht Halt bei den Feinden und ist deshalb das Band der Vollkommenheit (Kol. 3,14). Wir brauchen heute in Gesellschaft und Gemeinde eine Revolution der Liebe!

Gott fordert von uns ferner die Tugend der Demut (Kol. 3,12; Eph. 4,2), heute ein wahrlich seltenes Gut. In der Demut steckt die Gesinnung des Dienens, die Entschlossenheit, sich dem anderen unterzuordnen und auf sein Wohl bedacht zu sein, selbst wenn ich ihm menschlich überlegen bin. Demut ist nicht schwächliche Nachgiebigkeit, sondern die Bereitschaft, um des Zieles willen den untersten Weg zu gehen. Der Demütige achtet den anderen höher als sich selbst (Phil. 2,3). Das beste Vorbild für Demut gab uns Jesus Christus selbst, der als Gott Mensch wurde, um uns zu erlösen (Phil. 2,6ff; Mt. 11,29).

Man muss sich einmal vorstellen, was dies bedeutete: Gott, der Allmächtige, Heilige, Sündlose, der König aller Könige, der Schöpfer des Universums, der Erhabene, Allwissende, die Verkörperung der Schönheit, die reine Güte und Liebe – dieser Gott steigt herab in eine armselige Krippe, lässt sich von Menschen anspucken und endet verblutend am Kreuz. Er wird sogar zur Sünde! Das ist die personifizierte Demut. In unserem Zeitalter des Egoismus und des Karrierestrebens brauchen wir dringend wieder eine Revolution der Demut, sowohl in der Gesellschaft wie auch in der Gemeinde. Was würde sich dadurch nicht alles ändern!

Gleich nach der Demut folgt als biblische Kardinaltugend die Sanftmut (Eph. 4,2; Gal. 5,23). Hinter dem biblischen Begriff der Sanftmut steht das Bild eines gezähmten Tieres, das gelernt hat, sich zu beherrschen und dessen Kraft gebändigt ist. Sanftmütige Menschen sind Personen, die ihre Kräfte bündeln und beherrschen können, die nicht wild und unbeherrscht um sich schlagen, sondern sich selbst zurücknehmen, um das Ziel zu erreichen. Diese Sanftmütigen werden das Himmelreich ererben (Mt. 5,5). Sanftmut hat auch nichts mit profilloser Schwächlichkeit zu tun, denn Paulus fordert uns auf, sanftmütig zurechtzuweisen (Gal. 6,1). Sanftmut ist hier das Gegenteil von Streitsucht. Christus ist wie bei der Demut das absolute Vorbild aller Sanftmut (Mt. 11,29). Er, der Heiland dieser Welt, hätte mit Macht und Autorität dazwischenschlagen können. Ihm wäre es ein Leichtes gewesen, sich Legionen von Engeln zu Hilfe kommen zu lassen. Aber um des Zieles willen hielt er seine Macht zurück, um uns zu erlösen.

Was uns heute ebenfalls fehlt, sind Geduld und Langmut (Eph. 4,2; Gal. 5,22). Geduld ist das Aushalten einer Spannung, die durch das Böse geschieht. Sie ist also nicht passives Erdulden, sondern aktives Aushalten einer Spannung. Das fällt uns schwer, weil wir alles lieber selbst in die Hand nehmen wollen. Die Zeit läuft uns scheinbar davon. Wir haben so viel zu tun, dass wir nicht warten können. Die Beschleunigungsgesellschaft fordert ihren Tribut. Alles muss sofort und auf Knopfdruck geschehen. Wir haben keine Nerven für langes Warten. Geduld heißt jedoch: Ich haue nicht gleich dazwischen. Ich vertraue darauf, dass Gott am Ende ein gerechtes Urteil fällen wird (Röm. 2,3). Der Geduldige nimmt sich selbst nicht so wichtig. Er hat Glauben an den allmächtigen Gott. Der wird es am Ende richten. Gerade für das Zusammenleben in Kirche und Gemeinde ist Geduld eine wichtige Charaktereigenschaft (Jak. 5,7–11). Übrigens: Gott hat auch Geduld mit uns. Wie viel mehr sollten wir sie miteinander haben.

Noch etwas fehlt uns heute: die Güte. Der Begriff wird in der Bibel auch mit «Freundlichkeit» übersetzt. Gütige Menschen sind solche, die das Gute tun. Das Gute ist aber im christlichen Glauben nur das, was Gott selber für gut befindet! Gut ist folglich das, was Gottes Geboten entspricht. Nicht der Mensch setzt hier den Maßstab, sondern sein göttlicher Schöpfer. Übrigens: Gott selbst ist gut (Ps. 86,5; Mk. 10,18; Ps. 145,9). Sein Wesen stimmt also auch mit seinen Maßstäben überein – ein Megawert, der auch uns Menschen gut zu Gesicht stehen würde. Weil Gott selbst gut ist und das Gute tut, soll auch unser Handeln vom Tun des Guten gekennzeichnet sein (3. Joh. 1,11). Die Frage lautet deshalb ganz praktisch: Wem kann ich heute etwas Gutes tun?

Der Kontrast der biblischen Tugenden zur heutigen Zeit wird am deutlichsten beim nächsten Thema, der Treue. Nichts fehlt in unserer Gesellschaft und in unseren Gemeinden so sehr wie die Treue. Treue ist die zuverlässige Festigkeit im Handeln, die unbedingte Verlässlichkeit, die auch dann nicht aufhört, wenn keine Gegenleistung mehr zu erwarten ist. Sie ist eine nicht nachlassende Durchhaltekraft. Sie gibt nicht auf, wenn Gegenwind kommt. Sie bleibt beständig, auch wenn die eigene Lust nachlässt. Treue ist auf Langfristigkeit ausgelegt, nicht auf Kurzatmigkeit. Auch beim Thema Treue ist die Grundlage: Gott ist treu (5. Mose 7,7–9; Ps. 89,34). Er steht zu seinem Wort. Auf ihn kann man sich verlassen. Auch Christus war treu (Hebr. 2,17). Und deshalb soll auch das Leben der Christen durch Treue gekennzeichnet sein (Offb. 2,10).

Das gilt auch für die ganz praktische Gemeindearbeit. Wie oft habe ich es selbst erlebt: Bei der Gründung einer neuen Gruppe stehen die Mitarbeiter Schlange. Jeder will dabei sein. Jeder setzt sich ein, damit der Start gelingt. Aber nach zwei oder drei Jahren nagen die ersten Zweifel. Der anfängliche Elan verflacht. Vielleicht nimmt auch der Erfolg ab. Und ehe man sich's versieht, werden Argumente zusammengebastelt, um sich klammheimlich aus der Mitarbeiterschaft zu verabschieden. Zurück bleiben die Treuen, oder sollte man besser sagen: die Treu-Doofen? Gemeindearbeit, wie jedes gesellschaftliche Engagement, lebt von der Verbindlichkeit und vom langen Atem der Mitarbeiter. Wer nicht bereit ist, auch die zweite und dritte Meile zu gehen, wird keinen guten Dienst tun können. Wer nicht bereit ist, auch Durststrecken in der Gemeinde durchzuhalten, ist nicht geschickt zum Bau des Reiches Gottes. Die Länge trägt die Last! Wo sind Menschen, die verbindlich und treu und selbstlos ihren Dienst versehen, nicht nur über sechs Monate, sondern über sechs Jahre?

Die Tugendlisten der Bibel sind lang. Barmherzigkeit, herzliches Erbarmen und Mitleid gelten als Eigenschaften

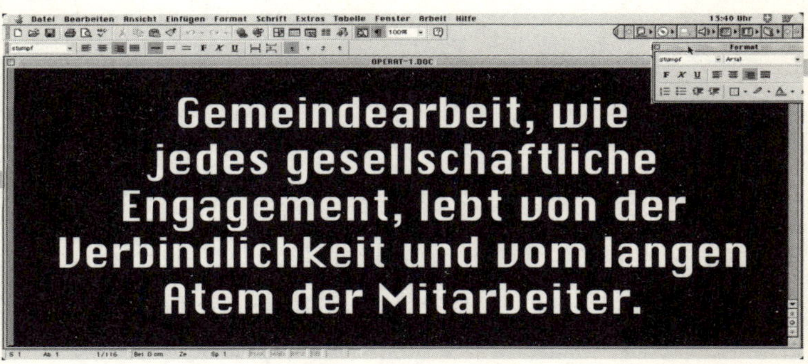

Jesu (Mt. 9,36; Mk. 1,41) und als Kennzeichen der Christen (Eph. 4,32; Kol. 3,12). Vergebungsbereitschaft (Eph. 4,32; Kol. 3,13) spiegelt Gottes Gnade an uns wider und sollte deshalb auch in unserem Alltag an der Tagesordnung sein. Wahrhaftigkeit – in einer Zeit der Lügen – ist heute ein weiterer «Megawert». Viele Politiker, Schauspieler, Sportler und Strafverteidiger leisten sich so genannte «Spin-Doctors», Schönredner, die durch die Medien ihre Arbeitgeber trotz Krisen in ein gutes Licht rücken. Diese gut bezahlten Meinungsmacher (oder besser: Meinungsmanipulatoren) drehen (engl. «spin») Sachverhalte so hin, dass sie im Scheinwerferlicht glanzvoll erscheinen. Hier werden das Image aufpoliert, der Schaden begrenzt und die Skandale schöngefärbt. Die Wahrheit wird auf kreative Weise verdreht, die Täuschung geschieht unterschwellig und unbemerkt. Der Täter wird als Opfer einer geschickten Intrige hingestellt.

Gottes Maßstäbe sind dagegen klar: «Legt die Lüge ab und redet Wahrheit» (Eph. 4,25). Christus selbst war die Wahrheit (und Wahrhaftigkeit) in Person (Joh. 14,6). Üble Nachrede wird in der Bibel scharf gebranntmarkt (Jak. 4,11). In einer Welt der Intrigen und Verleumdungen – auch in christlichen Kreisen – ist die Verpflichtung auf absolute Wahrhaftigkeit eine Kampfansage und ein Meilenstein.

Die Dankbarkeit ist uns ebenfalls abhanden gekommen. «Die glücklichsten Menschen sind nicht die, die am meisten haben, sondern die, die am meisten danken.» Die-

ser Satz fiel mir neulich in die Hände. Er stellt unsere gesamte materialistische Zeit in Frage. Dankbarkeit ist der Schlüssel zum wahren Glück des Menschen. Aber wo finden wir heute Dankbarkeit? Eine alte Weisheit berichtet davon, dass sich im Himmel zwei menschliche Tugenden zum ersten Mal begegnet sind: die eine heißt Großzügigkeit, die andere Dankbarkeit. Stimmt nicht das Sprichwort: «Undank ist der Welt Lohn»?

Wir sind undankbar geworden. Es gibt viele Gründe dafür: Manches ist uns so selbstverständlich geworden, dass wir dafür nicht mehr dankbar sind. Wer dankt schon dem Postboten, der Müllabfuhr, der Frau am Bankschalter, dem Lehrer in der Schule, dem Pastor in der Gemeinde? Die tun doch nur ihre Pflicht, so meint man. Muss man denen denn danken? Nachher werden die noch eingebildet.

Der Apostel Paulus nennt die Undankbarkeit Gott gegenüber die Ursünde aller Menschen: «Sie kannten Gott, haben ihn aber weder als Gott verherrlicht noch ihm Dank dargebracht», schreibt er über die Einstellung des von Gott getrennten Menschen (Röm. 1,21). In seinem zweiten Brief an seinen Schüler Timotheus nennt er die Undankbarkeit ein Zeichen der Endzeit (2. Tim. 3,1–2). Aber schon zur Zeit Jesu gab es undankbare Menschen. Einmal heilte Christus zehn Aussätzige, aber nur einer kam zurück, um sich bei ihm zu bedanken (Lk. 17,11–19). Das Problem der Undankbarkeit scheint also zeitlos zu sein.

Dabei ist Jesus Christus das beste Beispiel eines dankbaren Menschen. Obwohl er Gott in Menschengestalt war, lesen wir mehrfach von ihm, dass er dankte (Mt. 14,19; 26,26f; Joh. 11,41). Jesus war uns in seiner Dankbarkeit ein Vorbild. Sein ganzes Wesen spiegelte die Dankbarkeit gegen Gott wider. Wenn Jesus dankbar war, sollten wir es nicht auch sein? Die Bibel fordert uns zudem auf, jederzeit dankbar zu sein (Eph. 5,20; 1. Thess. 5,18). Ja, eigentlich soll die gesamte Existenz des Menschen den Dank gegenüber Gott und den Menschen ausdrücken. Der Mensch ist geschaffen, um Gott zu loben (Eph. 1,12), d.h. Gott zu erhöhen und ihm zu danken. Wir verfehlen unsere Bestimmung, wenn wir nicht dankbare Menschen sind.

Legen Sie jetzt bitte dieses Buch für einige Minuten aus der Hand (aber das Weiterlesen dann nicht vergessen!) und überlegen Sie konkret, wem sie heute einmal ihre Dankbarkeit ausdrücken sollten. Sie können sicher sein: Es tut dem anderen gut! Wann haben wir Männer uns bei unseren Frauen zum letzten Mal für ihre Liebe und Unterstützung bedankt? Wann haben Kinder das letzte Mal bei den Eltern einen Herzensdank vom Stapel gelassen? Keine Angst: Die Bedankten werden nicht gleich eingebildet. Dafür kam unser Dank bisher zu spärlich. Aber Beziehungen werden wieder heil, wenn ich meine Wertschätzung ausdrücke. Auch in der Gemeinde haben wir eine Dankoffensive nötig. Viele setzen sich für das Wohl der Gemeinde ein – danken wir es ihnen? Oder haben wir uns auch daran schon gewöhnt? Bei allem darf der Dank an Gott nicht fehlen. Ja, er soll sogar an erster Stelle stehen. Die meisten Briefe des Neuen Testaments fangen deshalb damit an: mit dem Dank für die Gnade und den Segen Gottes. Vergessen wir auch hier nicht, was Gott alles Gutes an uns getan hat.

Unsere Liste christlicher Tugenden ist noch nicht zu Ende. Dazu gehört auch unbedingt die Freude (Phil. 4,4). Überall, wo Jesus auftauchte, kam Freude in das Leben der Menschen (Lk. 2,10; Joh. 15,11; 16,24; Mt. 28,8). Selbst in leidvollen Situationen des Lebens empfingen Christen die Freude des Herrn (Jak. 1,2). Die Freudlosigkeit vieler christlicher Kreise heute ist dagegen erschreckend.

Frieden ist eine weitere Eigenschaft, die auf Gott selbst zurückgeht und die uns Menschen sichtbar prägen sollte. Wie alle Tugenden ist auch sie eine «Frucht des Geistes» (Gal. 5,22), d.h. sie ist ein Geschenk Gottes. Frieden fällt uns nicht automatisch zu, er muss errungen werden (2. Tim. 2,22). Christen sollen als Friedensstifter in dieser Welt einen Unterschied machen (Jak. 3,18). Es fällt immer auf, wenn der Friede Christi in den Herzen von Menschen regiert (Kol. 3,15).

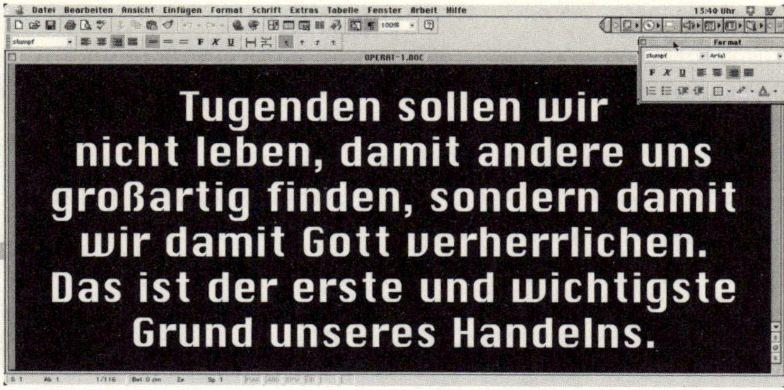

In einer Zeit moralischer Dekadenz, die erstaunliche Parallelen zur Ära des Unterganges von Rom zeitigt, dürfte auch die Tugend der Keuschheit als Antipode dienen (Gal. 5,23). Sie wird eng mit der Selbstbeherrschung verbunden. Der Begriff bezieht sich nicht nur auf den sexuellen Bereich, sondern auf alle Handlungen des Menschen.

Andere Tugenden seien nur angedeutet: Besonnenheit, Gerechtigkeit, Gastfreundschaft (Tit. 1,8). Aber auch Fleiß, Pünktlichkeit, Tapferkeit, Sparsamkeit, Mäßigung, Anstand, Respekt, Pflichtgefühl, Verlässlichkeit und Achtung dürfen nicht unerwähnt bleiben.

Tugenden sollen wir nicht leben, damit andere uns großartig finden, sondern damit wir damit Gott verherrlichen. Das ist der erste und wichtigste Grund unseres Handelns. Automatisch werden wir dann in zweiter Linie zu glaubwürdigen Menschen, denen man vertraut und die auch ein Zeugnis sind für ihren Heiland. Glaubwürdigkeit, dieser Megawert unserer Zeit, ist da vorhanden, wo man Menschen vertrauen kann, weil sie verlässlich und berechenbar sind. Genau solche Menschen müssen Christen sein.

Christsein im neuen Millennium ist eine große Herausforderung und wird dauernd angefochten bleiben. In der Hektik des Alltags werden wir jeden Tag darum kämpfen müssen. Ein Leben, das Gott gefällt und sich nicht nach den

Maßstäben der Zeit richtet, fällt keinem in den Schoß. Es muss errungen werden. Niemand wird ohne Fehler und Versagen dieses alternative Leben führen können. Deshalb sind Buße und Bekenntnis fundamentale Bestandteile eines glaubwürdigen Christenlebens. Das tägliche Sündenbekenntnis vor Gott sollte zu unserem Christsein gehören. Dabei geht es nicht um den «Bußgang nach Canossa» oder um eine ständige Selbstkasteiung des armen Sünders, sondern um das schlichte Gebet des Gläubigen um Vergebung der Schuld. Nur die selbstgerechten Pharisäer haben die Beichte nicht nötig. Wer sich aber selbst im Lichte Gottes sieht, der erkennt sich als Sünder. Dies gilt auch für Christen, nicht zuletzt für diejenigen, die im so genannten vollzeitlichen Dienst stehen!

Um das Christsein in Treue und Verbindlichkeit zu leben, helfen uns feste Tagesabläufe. Die geistliche Übung verlangt geradezu nach einem gewohnten Schema, nach festen Regeln. Ich empfehle jedem Christen feste Gebetszeiten am Tag. Der Morgen eignet sich je nach häuslicher Situation besonders gut für eine Zeit der Besinnung, des Gebetes und der Bibellese. Ich empfehle aber auch kleine, über den Tag verteilte Besinnungspausen – und wenn sie nur Sekunden dauern –, in denen wir uns neu auf Gott ausrichten und still zu ihm beten. Auch als Abschluss des Tages sollte das Gebet nicht fehlen, ebensowenig die Andacht mit der Familie. Hilfreich können auch gewisse Traditionen sein. Mich haben Familien sehr beeindruckt, bei denen es feste «Rituale» gibt. Sei es die Tradition, dass sich alle Familienmitglieder an bestimmten Festtagen treffen (die Top-Priorität im Jahr), sei es, dass man Weihnachten, Ostern oder den Geburtstag nach bestimmten Regeln feiert.

Unsere Welt und unsere Gemeinden brauchen von Gott geformte Persönlichkeiten, die konsequent nach den biblischen Prinzipien und Werten leben. Fangen wir doch heute an, Gott um eine Erneuerung unseres persönlichen Lebens zu bitten und auf seine Resultate zu warten.

«Die Welt schadet viel weniger,
wenn sie einen verachtet und verschmähet,
als wenn sie einen liebkoset und schmeichelt.»
August Hermann Francke, Lebenslauff, 1690

Epilog

Transformation und Erweckung im neuen Jahrtausend

«Lebe in deinem Jahrhundert,
aber sei nicht sein Geschöpf.»
Friedrich Schiller

«Ziel der Erweckung ist eine lebendige, anbetende,
zeugnisfähige, heilige und den Herrn erwartende Gemeinde
und ein gottesfürchtiges, bußfertiges
und schließlich christusgläubiges Volk Gottes.»
Volkhard Scheunemann, Wo Gottes Feuer brennt

Epilog

Transformation und Erweckung im neuen Jahrtausend

Das 20. Jahrhundert liegt hinter uns. Wohl kein Jahrhundert der Weltgeschichte wurde von solchen Gegensätzen bestimmt. Es war geprägt von zwei schrecklichen Weltkriegen, atemberaubenden technischen Fortschritten, dem Aufstieg und Fall von unterschiedlichsten Ideologien. Es brachte so gegensätzliche Menschen hervor wie Hitler und Gandhi, Stalin und Mutter Teresa, Einstein und Bill Gates, Mao und Adenauer, Clinton und Kaiser Wilhelm II. Das 20. Jahrhundert war das Jahrhundert bisher nicht gekannten Wohlstands und gleichzeitig erschütternder Armut. Es verzeichnete neue Toleranz und blutigsten Genozid. In diesem Jahrhundert kamen ca. 200 Millionen Menschen gewaltsam zu Tode, wurden zusätzlich Hunderttausende von ungeborenen Kindern abgetrieben, wurden andererseits so viele Menschen geboren wie in vielen Jahrhunderten vorher nicht. Das Christentum schrumpfte im so genannten christlichen Abendland in nie gekanntem Ausmaß, verzeichnete aber in der Dritten Welt ein unbeschreibliches Wachstum.

Das dritte Jahrtausend ist nun angebrochen. Die Zeiten sind keineswegs langweiliger geworden. Die Herausforderungen dieser Welt nehmen uns alle gefangen. Globale Entwicklungen und Krisen fordern von uns Christen einen Blick über den Tellerrand unserer individualistischen Frömmigkeit. Die Jahrtausendwende ist ein Denk-Mal. Gott möchte uns neu klar machen: Wir haben eine Verantwortung für die Welt! Christsein hat eine öffentliche Dimension. Wir sollen und müssen uns einmischen in die globale Politik, in die internationalen Finanzmärkte, die planetarischen Umweltbemühungen. Christen haben eine universale Botschaft für alle Kulturen dieser Welt. Sie haben grundlegende Antworten auf die globalen Herausforderungen der Moderne. Christen sind gefragt, alle Bereiche der Kultur mit dem christlichen Glauben zu durchdringen.

Wir haben gesehen: Die Wirtschaft drängt an die Macht. Sie hat die Politik vom ersten Platz verdrängt. Fundamentale Brüche und Veränderungen beherrschen den

Arbeitsmarkt. Der pure Kapitalismus feiert Urständ. Das schnelle Geld lässt moralische Kategorien verschwimmen. Der Faktor Mensch bleibt auf der Strecke. Die Weltwirtschaft braucht deshalb eine stabile Ethik. Manager und Finanzjongleure benötigen klare und allgemein verbindliche Werte, damit nicht der kalte Krieg des Kapitalismus regiert. Ehrlichkeit und Wahrhaftigkeit müssen wieder eingefordert werden. Trotz Leistungsgesellschaft und Kostendruck darf der Mensch nicht auf der Strecke bleiben. Die biblischen Leitlinien für eine gottgewollte Wirtschaftspolitik müssen von den Christen wieder ins Spiel gebracht werden.

Wir haben auch die Krise der modernen Familie beleuchtet. Der Zusammenhalt ist brüchig geworden. Die Ehen fallen auseinander, der autonome Single beherrscht die Szene. Spannungen zwischen Jung und Alt sind nicht neu, haben aber eine neue Qualität erreicht. Kinder mutieren zu kleinen Erwachsenen, verlieren frühzeitig ihre Unschuld, quälen sich mit Ängsten und Problemen der Erwachsenenwelt. Auch hier haben Christen etwas zu sagen, müssen Pädagogen und Politiker an den Wert von Familie erinnern, sollen sich einmischen in die Schulpolitik, können Einfluss gewinnen auf die Gesetzgeber. Kinder müssen wieder Kinder werden. Sie sind unser wertvollstes Zukunftskapital!

Auch die Kultur verfällt. Ob Kunst oder Musik, Sprache oder Essen, Sport oder Spiel – auch hier haben sich die Maßstäbe verschoben. Alles scheint erlaubt zu sein, jeder setzt sich seine eigenen Werte, anything goes. Kunst degeneriert, Sprache verfällt, die Esskultur nimmt ab. Auch das Freizeitverhalten der Freizeitgesellschaft gibt uns Probleme auf. Die Herausforderungen sind riesig. Christen haben den Auftrag, Kunst zu erneuern und sie auf ihre Ursprünge zu verpflichten. Kunst im Sinne Gottes lebt in Freiheit und Bindung zugleich. Eine erneuerte Kultur bietet Stabilität und Sicherheit für den Zusammenhalt eines Volkes. Eine Erneuerung der Kunst, der Sprache, des Freizeitverhaltens und aller anderen kulturellen Verhaltensweisen kann ein großer Segen für das Volk wie auch für die Kirchen und Gemeinden sein.

Die Veränderungen der Welt drücken auf die Beziehungen. Der moderne Mensch versteht sich nicht mehr mit sich selbst und seinen Nachbarn. Freundschaften werden schwieriger und für eigene Zwecke missbraucht. Man fühlt sich ständig gekränkt und verletzt. Wir wissen nicht, wie

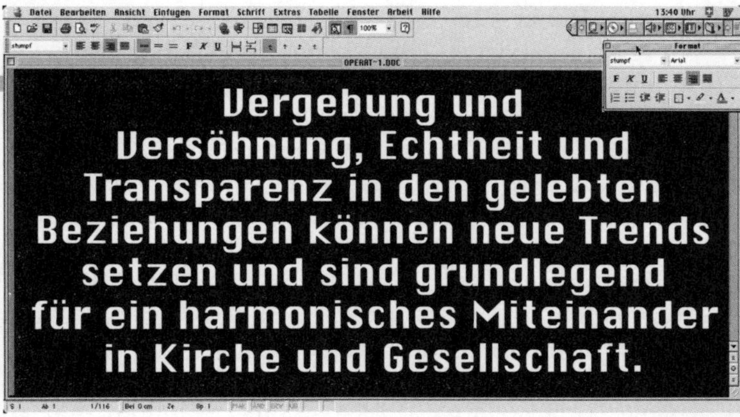

wir miteinander umgehen sollen. Deshalb ist es nötig, über die erneuerte Gottesbeziehung auch erneuerte Menschenbeziehungen zu entwickeln. Christen haben die Aufgabe, vorbildlich miteinander umzugehen. Vergebung und Versöhnung, Echtheit und Transparenz in den gelebten Beziehungen können neue Trends setzen und sind grundlegend für ein harmonisches Miteinander in Kirche und Gesellschaft.

Wir haben das Denken verlernt und lassen andere für uns denken. Gemeinsames Wissen ist uns abhanden gekommen. Unter Bildung verstehen wir alle etwas anderes. Wir reden aneinander vorbei, weil jeder etwas anderes weiß. Der Bildungskanon verschwimmt. Die Bildungspolitik steht vor ungelösten Fragen. Und auch in den Kirchen und Gemeinden nimmt die Bibelkenntnis ab. Hier müssen wir lernen: Der christliche Glaube ist nicht bildungsfeindlich. Im Gegenteil: Glauben ohne Denken ist unmöglich. Die Erneuerung des Menschen reicht bis hinein in unsere Denkkategorien. Christen haben ein neues Denken, einen neuen Denkrahmen für alle Gebiete des Lebens und der Wissenschaft. Dieses erneuerte Denken denkt von Gott her, ist nicht unlogisch, weiß etwas von Wahrheit und Wirklichkeit. Deshalb ist es nötig, die Bildung zu fördern und wieder das richtige Denken zu lernen.

In den christlichen Gemeinden herrscht angesichts der Erosion des Glaubens große Verunsicherung. Die säkularen Zeitgenossen können mit den Kirchen nichts mehr anfangen. Sie laufen den Kirchen in Scharen davon. Aber auch innerhalb der christlichen Gemeinde herrscht Verwirrung: Sollen wir uns dem Zeitgeist anpassen oder nicht? Traditioneller Gottesdienst oder postmoderner? Was sind eigentlich noch die unaufgebbaren Basissätze des Glaubens? Hier gilt: Die lehrmäßige Unterweisung muss in den Kirchen wieder ihre zentrale Stellung einnehmen. Glaube ist mehr als ein religiöses Gefühl oder eine meditative Stimmung. Der Glaube ist ein Glaube an geschichtliche Heilswahrheiten, die den Menschen anschaulich vermittelt werden müssen. Die größte Herausforderung der Zukunft wird die lehrmäßige Schulung der Christen werden. Nachfolge wird schwieriger. Deshalb ist Bildung gefragt.

Die Verunsicherung spürt man auch beim Thema Evangelisation. Der Liberale stellt sie generell in Frage, denn jeder ist ja angeblich auf dem Weg zum Heil. Der Konservative pocht auf die alten Evangelisationsmethoden und verwirft jede moderne Form. Deshalb gilt es, sich auf die Grundlagen zu besinnen. Die Grundlage des Glaubens ist die Erlösungstat Jesu am Kreuz. Der Missionsbefehl gilt auch heute noch. Menschliche Methoden können niemanden zum Christen machen. Gott allein wirkt durch sein Wort das Heil. Dahinter stehen alle noch so nötigen menschlichen Anstrengungen um eine zeitgemäße Verkündigung zurück. Gott baut seine Gemeinde, auch heute noch, und besonders in der Dritten

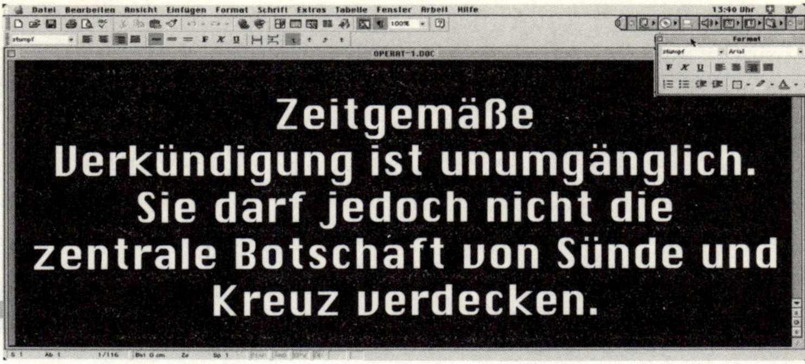

Welt. Aber er gebraucht dazu in seiner Gnade uns Menschen, denen die Evangelisation das wichtigste Anliegen ihres Lebens sein sollte. Zeitgemäße Verkündigung ist unumgänglich. Sie darf jedoch nicht die zentrale Botschaft von Sünde und Kreuz verdecken.

Bliebe da noch unser ganz persönliches Christenleben. Wie lebt man denn eigentlich authentisches und bibelorientiertes Christsein in unserer Zeit? In einer Welt ohne Persönlichkeiten ist es nötig, feste Charakterwerte zu besitzen. Es fehlen heute jedoch Menschen mit klaren Tugenden und Werten, die verlässlich und berechenbar sind, die für bestimmte Positionen stehen und ihr Fähnchen nicht dauernd nach dem Wind drehen. Diese Werte müssen zudem einem Maßstab entsprechen, der außerhalb des menschlichen Ichs liegt. Christen wissen um einen solchen Maßstab. Sie haben ihn in der Heiligen Schrift gefunden und dürfen durch die Kraft Gottes nach diesen klaren Richtlinien ihr Leben gestalten. Christus schafft durch den Glauben Persönlichkeiten, die in unserer Welt einen Unterschied machen können.

Die großen Herausforderungen unserer Zeit können nicht einfach auf die Seite geschoben werden. Wer sich ihnen nicht stellt, läuft vor den offensichtlichen Problemen davon. Wer sie apokalyptisch übersteigert, schürt nur Angst und fördert keine Lösungen. Christen müssen sich vor zwei Dingen hüten: vor der Wirklichkeitsflucht und vor dem Konformismus. Es geht weder um Rückzug in die private

Innenwelt noch um Anpassung an die säkularisierte Kultur, sondern um die Transformation der Welt durch den christlichen Glauben. Wir brauchen ein christliches Denken und einen christlichen Lebensstil, der geprägt ist von den Grundlagen des Wortes Gottes und ausgerichtet ist auf die Realitäten dieser Welt. Wir brauchen eine Durchdringung unserer Kultur mit den Werten des Evangeliums. Kein Bereich des Lebens ist hier ausgeschlossen.

Am Ende dieses Buches steht deshalb mein Appell an alle Christen: Nicht resignieren! Nicht den Kopf in den Sand stecken, sondern die Herausforderungen dieser Welt offensiv annehmen! Vogel-Strauß-Politik wird uns nicht weiterbringen. Diese Welt braucht die Botschaft von Jesus Christus – vielleicht dringender als je zuvor. Christsein ist keine zweistündige emotionale High-Erfahrung am Sonntag Vormittag, sondern eine 24-Stunden-Realität, basierend auf klarer Glaubensgrundlage. Christentum ist nicht nur Herz, sondern auch Verstand. Der christliche Glaube bezieht sich auf Körper, Seele und Geist. Er gilt für alle Bereiche des Lebens. Er vermittelt die Grundlagen für unsere Sicht der Welt, des Menschen, der Sünde, der Erlösung, der Schöpfung und der Geschichte.

Vielleicht fehlt den heutigen Christen eine Eigenschaft am dringlichsten: der Mut. Alexandr Solschenizyn hat schon vor Jahren vom «Verlust der Zivilcourage» im Westen gesprochen. Der gesellschaftliche Mut ist dahin. Einzelne mutige Menschen fallen nur deshalb auf, weil die Masse schweigt. Willenlosigkeit und Haltlosigkeit haben sich aber auch der Kirche Jesu bemächtigt. Feigheit ist festzustellen. Unser Wohlstand und die Freiheit haben uns weich geklopft. Deshalb brauchen wir wieder mutige Männer und Frauen, die bereit sind, Farbe zu bekennen. Menschen, die Licht und Salz sind in der Welt, die Bereitschaft zeigen, sich in diese Welt hineinrufen zu lassen, um Hoffnungsboten zu sein. Wir brauchen keine Anpassung, aber auch keine Isolation, sondern liebevolle Konfrontation mit dieser Welt.

Auch das dritte Jahrtausend steht unter der Vorsehung Gottes. Jedes Jahr im neuen Jahrtausend wird wieder ein «Anno Domini» sein, ein Jahr des Herrn. 2000 Jahre nach Christus heißt nicht «ohne Christus», auch nicht nur «nach Christus», sondern vor allem: «mit Christus». Christus bleibt auch im dritten Jahrtausend der Herr der Welt. Deshalb können Christen Hoffnungsträger sein.

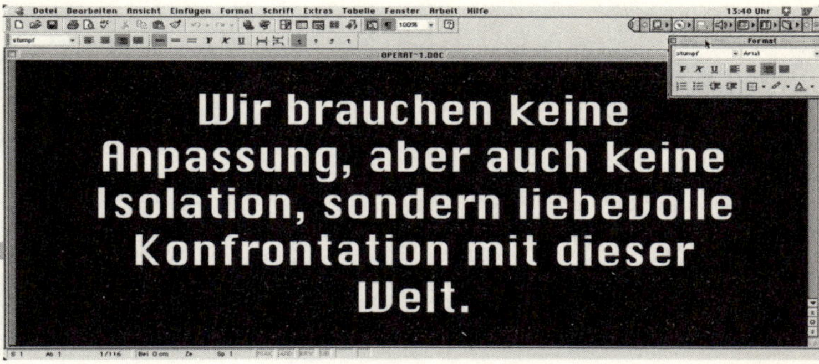

Eins aber dürfte klar sein: Wir brauchen in unserer westlichen Gesellschaft und in unseren Gemeinden einen Neustart, ein «Reset». Einen solchen notwendigen Neustart könnte man auch als «Erweckung» bezeichnen. Erweckungen sind geistliche Aufbrüche, die Gott in seiner Gnade schenkt. In seiner Heilsgeschichte sehen wir in Krisenzeiten immer wieder erweckliche Aufbrüche, die nicht nur die Kirchen und Gemeinden, sondern ganze Landstriche veränderten. Solche Aufbrüche kamen schon zu biblischen Zeiten vor: Die Heilige Schrift spricht von Erweckungen unter Samuel (1. Sam. 7), Asa (2. Chron. 14–15), Joschafat (2. Chron. 20,14–19), Jona (Jon. 3), Jojada (2. Chron. 23,16–21), Hiskia (2. Chron. 29–32), Josia (2. Kön. 22–23), Esra und Nehemia (Esr. 8–10; Neh. 8–9) und am Pfingsttag (Apg. 2).

Die Bibel macht deutlich: Gott möchte Erweckung seines Volkes. Immer wieder hat er an geistlichen Tiefpunkten sein Volk erneuert und erweckt. Schon die Begriffsanalyse macht klar, dass Gott der Urheber der Erneuerung war, nicht die Menschen. Er möchte die Hinwendung der Menschen zum Heil und zum Schöpfer. Gott ist an den Menschen interessiert und an ihrem geistlichen Wohlergehen. Die Grundlage aller Erweckung ist dabei der stellvertretende Erlösungstod Jesu Christi am Kreuz. Nur durch Jesus Christus ist Erweckung möglich und Buße überhaupt sinnvoll. Erweckung lebt von der Gnade Gottes, nicht von der

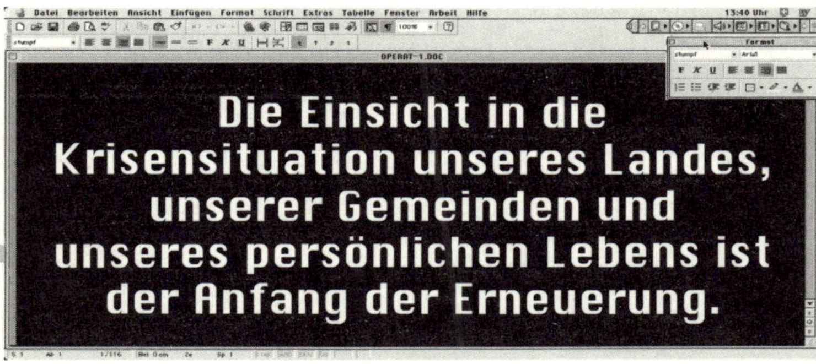

menschlichen Bußleistung. Wer Erweckung ohne die christologische Seite predigt, überfordert den Menschen hoffnungslos und wirft ihn auf sich selbst zurück.

Die Bibel spricht aber auch von Bedingungen für Erweckungen: «Wenn mein Volk, über dem mein Name ausgerufen ist, sich demütigt, und sie beten und suchen mein Angesicht und kehren um von ihren bösen Wegen, dann werde ich vom Himmel her hören und ihre Sünden vergeben und ihr Land heilen» (2. Chron. 7,14). Die Umkehr, die Buße, ist der Schlüssel zur Erweckung. Die Einsicht in die Krisensituation unseres Landes, unserer Gemeinden und unseres persönlichen Lebens ist der Anfang der Erneuerung. Diese Einsicht treibt uns vor Gottes Angesicht, führt zur Umkehr und zum Sündenbekenntnis. Wie sein Volk Israel im Alten Bund müssen auch wir uns von den «falschen Göttern» des Materialismus, des Individualismus und des Pluralismus verabschieden. Kennzeichen biblischer Erweckungen ist auch die Ehrfurcht vor Gottes

Wort und seinem Willen (2. Chron. 14,3; 2. Kön. 23,2; Neh. 8,1–3).

Die Folgen von biblischen Erweckungen sind Ruhe (2. Chron. 14,5–6; 15,15), Frieden (2. Kön. 22,20), Freude (2. Chron. 23,21) und Heilung des Volkes (2. Chron. 30,20). Gott benutzte dazu geistliche Führer, die bereit waren, auf ihn zu hören und das Volk zur Umkehr zu rufen. Diese Menschen waren häufig Könige und Führer des Volkes, nicht immer nur beliebt, aber mit einer großen Bereitschaft, auf Gott zu hören und sich selbst verändern zu lassen. Aber es gab auch Erweckungen durch einfache Menschen, die sich gehorsam und treu von Gott gebrauchen ließen.

Die «Operation Zukunft» hat gerade erst begonnen. Spekulationen über ihren Fortgang helfen uns nicht. Euphorie oder Ängste vor der Zukunft bringen uns nicht weiter. Vielmehr müssen wir nüchtern und sachlich einfach das tun, was Gott in seinem Wort von uns verlangt: nach seinen Geboten leben, die Verantwortung für die Welt in die Tat umsetzen und vor allem auf Gottes Allmacht vertrauen. Ich jedenfalls wünsche mir hellwache Christen, die in unserer Zeit aktiv und offensiv christliche Positionen vertreten. Wer hilft mit bei dieser «Operation Zukunft»?

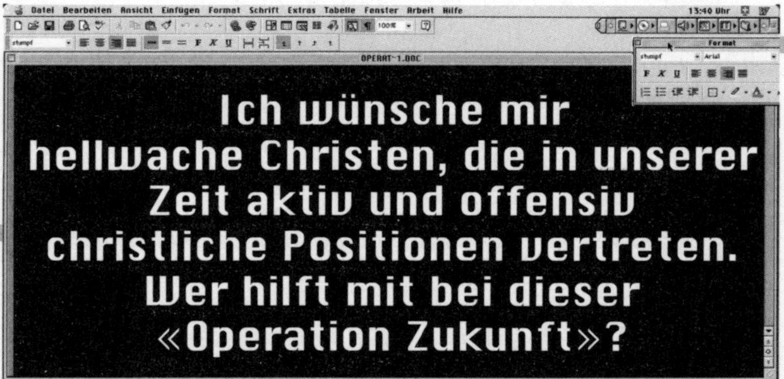

Literaturangaben

Stephan Holthaus wurde u. a. inspiriert durch die folgenden Bücher (aus denen er teilweise auch einzelne Sätze zitiert):

Birg, Herwig. *Die Weltbevölkerung: Dynamik und Gefahren.* München: C.H. Beck, 1996.

Bloom, Allan. *The Closing of the American Mind.* New York: Simon & Schuster, 1987.

Büchner, Peter (Hg.) u.a. *Vom Teddybär zum ersten Kuß: Wege aus der Kindheit in Ost- und Westdeutschland.* Opladen: Leske + Budrich, 1996.

Faix, Tobias. *Die wa(h)re Jugend: Jugendliche besser verstehen.* Neuhausen-Stuttgart: Hänssler, 1997.

Frost, Rob / Wilkinson, David. *A New Start? Hopes and Dreams for the New Millennium.* London: Hodder & Stoughton, 1999.

Giddens, Anthony. *Der dritte Weg: Die Erneuerung der sozialen Demokratie*. 2. Aufl. Frankfurt: Suhrkamp, 1999.

Glotz, Peter. *Die beschleunigte Gesellschaft: Kulturkämpfe im digitalen Kapitalismus*. München: Kindler, 1999.

Horx, Matthias. *Trendbuch 1.* 2. Aufl. Düsseldorf: Econ, 1994.

Horx, Matthias. *Trendbuch 2: Megatrends der späten neunziger Jahre*. Düsseldorf: Econ, 1995.

Issues 2000: *Evangelical Faith & Cultural Trends in the New Millennium*. Hg. Mal Couch. Grand Rapids: Kregel, 1999.

Kelly, Gerard. *Get A Grip on the Future*. London: Monarch, 1999.

Opaschowski, Horst W. *Generation @: Die Medienrevolution entläßt ihre Kinder*. Hamburg: HB, 1999.

Postman, Neil. *Wir amüsieren uns zu Tode: Urteilsbildung im Zeitalter der Unterhaltungsindustrie*. Frankfurt: S. Fischer, 1985.

Schaeffer, Francis. *Die große Anpassung: Der Zeitgeist und die Evangelikalen*. 2. Aufl. Bielefeld: CLV, 1998.

Schaeffer, Francis. *Gott ist keine Illusion*. Wuppertal: R. Brockhaus, 1984.

Sennett, Richard. *Verfall und Ende des öffentlichen Lebens: Die Tyrannei der Intimität*. Frankfurt: S. Fischer, 1983.

Sweet, Leonard. *SoulTsunami: Sink or Swim in new Millennium Culture*. Grand Rapids: Zondervan, 1999.

Abkürzungen

CDU Christlich-demokratische Union (Deutschland)

EKD Evangelische Kirche in Deutschland

SMD Studentenmission in Deutschland

SPD Sozialdemokratische Partei Deutschlands

Stephan Holthaus
Brunnen fokus
Trends 2000
Der Zeitgeist und die Christen

Das Buch, das großes Aufsehen erregte:

Stephan Holthaus
Trends 2000
Der Zeitgeist und die Christen

Immer schneller wechseln sich neue Moden, Wellen und Trends ab. Pluralismus, Individualismus und Materialismus bestimmen uns. Technik und Medien haben uns fest im Griff. Die neue Softwelle und die postmoderne Erlebnisfixiertheit faszinieren besonders Junge. Allgemeinverbindliche ethische Werte haben sich verflüchtigt. Und doch empfindet der moderne Mensch Orientierungslosigkeit. Neue religiöse Formen außerhalb der Kirche boomen. Sehnsüchte nach Sinn brechen auf.

Holthaus' Buch analysiert die Fundamente der modernen Kultur und macht ihren Einfluss auf die christlichen Gemeinden offenbar. Es zeigt die Gefahren einer Kultur, die ihre christlichen Wurzeln hinter sich lässt und Menschen an die Stelle Gottes setzt. Es deckt die schleichende Anpassung der Christen an den Zeitgeist auf, zeigt aber auch Chancen, einer nach Sinn suchenden Gesellschaft das Evangelium nahe zu bringen.

Am Ende steht der Aufruf zur Gegenkultur der Christen, um der Anpassung zu widerstehen und eine bibelorientierte Alternativgesellschaft aufzubauen, in der die missionarische Existenz offensiv gelebt wird. Holthaus zieht dabei neueste Untersuchungen von Soziologie und Trendforschung zu Rate.

FTA.Holt@t-online.de

Stephan Holthaus